2000 Mules

Dinesh D'Souza

VOTE BY MAIL

2000 Mules

Sie dachten, wir würden ihnen nicht auf die Schliche kommen. Sie haben sich geirrt.

KOPP VERLAG

1. Auflage Oktober 2022

Copyright © 2022 by Dinesh D'Souza
Originally published in the United States by Regnery Publishing

Titel der amerikanischen Originalausgabe:
2000 Mules – They thought we'd never find out. They were wrong.

Copyright © 2022 für die deutschsprachige Ausgabe bei
Kopp Verlag, Bertha-Benz-Straße 10, D-72108 Rottenburg

Alle Rechte vorbehalten

Bibliografische Information der Deutschen Nationalbibliothek:
Die Deutsche Nationalbibliothek verzeichnet diese Publikation
in der Deutschen Nationalbibliografie; detaillierte bibliografische
Daten sind im Internet über *http://dnb.d-nb.de* abrufbar.

Übersetzung aus dem Amerikanischen: Matthias Schulz
Lektorat: Christina Neuhaus
Umschlaggestaltung, Satz und Layout: Stefanie Huber

ISBN: 978-3-86445-889-7

Gerne senden wir Ihnen unser Verlagsverzeichnis
Kopp Verlag
Bertha-Benz-Straße 10
D-72108 Rottenburg
E-Mail: info@kopp-verlag.de
Tel.: (0 74 72) 98 06-10
Fax: (0 74 72) 98 06-11

Unser Buchprogramm finden Sie auch im Internet unter:
www.kopp-verlag.de

Für meine Tochter, Danielle D'Souza Gill,
die die Welt um sich herum mit Witz,
Liebe und Freude erfüllt!

»Die Wahrheit ist unumstößlich.
Panik mag sie übel nehmen.
Ignoranz mag sie verspotten.
Arglist mag sie verzerren.
Aber sie ist und bleibt die Wahrheit.«[1]
Winston Churchill

Inhalt

Vorwort   Warum die Wahrheit so wichtig ist   **10**

Kapitel 1   Warum wir nicht einfach zur Tagesordnung
            übergehen können   **17**
Kapitel 2   True the Vote   **36**
Kapitel 3   Was ist Geotracking?   **57**
Kapitel 4   Eine Herde Maultiere   **79**
Kapitel 5   Auf frischer Tat ertappt   **100**
Kapitel 6   Ein Beutezug alter Schule   **123**
Kapitel 7   Die Spur des Geldes   **146**
Kapitel 8   Weggeschaut   **175**
Kapitel 9   Einwände und Gegenargumente   **194**
Kapitel 10 Wie man Wahlbetrug unterbindet   **226**

Anhang
Quellen   **248**
Register   **260**

Warum die Wahrheit so wichtig ist

Kann es einen schwereren Diebstahl als eine geraubte Wahl geben? Eine derartige Tat wiegt umso schwerer, wenn es bei der gestohlenen Wahl darum geht, wer der nächste Präsident der Vereinigten Staaten wird und wer im amerikanischen Senat das Sagen hat. Es wäre der Diebstahl des Jahrhunderts, wenn nicht gar der größte Diebstahl aller Zeiten.

Die große Frage lautet natürlich: Ist es so gewesen? Haben die Demokraten die Präsidentschaftswahlen von 2020 gestohlen? Haben sie bei der Stichwahl die zwei Senatssitze aus Georgia gestohlen? War in Wirklichkeit Trump wiedergewählt worden? Sitzt der falsche Mann im Weißen Haus? Gab es koordinierte Wahlbetrügereien in einem Ausmaß, dass sie bei diesen Wahlen den entscheidenden Unterschied ausgemacht haben? Oder handelte es sich ganz im Gegenteil um die »sicherste Wahl in der amerikanischen Geschichte«?

Hier meine Antworten: Es war *nicht* die sicherste Wahl der Geschichte – weit davon entfernt. Und ich kann belegen, dass es koordinierte Wahlbetrügereien gab, die mehr als ausreichend waren, sowohl die Präsidentschaftswahlen als auch die Stichwahlen in Georgia entscheidend zu beeinflussen. Und ich kann auch belegen, welche Seite den Wahldiebstahl organisierte und durchzog – die Demokraten. Sie nutzten dafür ein ausgeklügeltes kriminelles Netzwerk, das ausdrücklich für diesen Zweck entwickelt worden war.

Hat Trump die Wahlen von 2020 gewonnen? Ja, hat er. Wurde ihm der Wahlsieg gestohlen? Ja, wurde er. Natürlich lässt sich dies nicht mit euklidischer Gewissheit nachweisen, denn es ist unmöglich, die gefälschten Wahlscheine herauszufischen und sie von den korrekten zu separieren. Aber wir benötigen keine *absolute* Gewissheit, um mit *angemessener* Gewissheit sagen zu können, was geschehen ist.

Trump hat gewonnen, und zwar mit deutlichem Vorsprung. Soll heißen, ohne die Mogeleien hätte er alle maßgeblichen Swing States für sich entschieden.[*] Selbst wenn man die konservativsten Maßstäbe anlegt – ich lege hier die Fakten so streng aus, wie es nur geht –, hat Trump die Wahl gewonnen. Bei Perdue und Loeffler bin ich weniger überzeugt, obwohl die Demokraten auch bei diesen Wahlen massiv betrogen haben.[**]

Ich habe diese Erkenntnisse in meinem Film *2000 Mules* verarbeitet, der sich rasch zur erfolgreichsten politischen Dokumentation der letzten 10 Jahre entwickelte – genau genommen der erfolgreichsten seit meiner eigenen ersten Dokumentation *2016: Obama's America,* die im Sommer 2012 erschien.

Dieses Buch wird den in *2000 Mules* dargestellten Fall durch gründlichere Dokumentation, zusätzliche Fakten, solide Berech-

---

[*] Anm. d. Übers.: Als Swing States werden Bundesstaaten bezeichnet, in denen der Wahlausgang offen ist und in denen mal die Republikaner, mal die Demokraten die Nase vorn haben.

[**] Anm. d. Übers.: David Perdue und Kelly Loeffler sind die republikanischen Kandidaten, die die Stichwahlen in Georgia verloren haben.

nungen und Argumente weiter unterfüttern, denn eine derartige Ausführlichkeit wäre in einem Film unmöglich zu leisten gewesen. Gleichzeitig soll das Buch Antworten liefern auf die »Faktenchecker« und die Anschuldigungen, die insbesondere von der Linken, zum Teil aber auch von der politischen Rechten erhoben wurden. Es wird eine Gruppe Unbeirrbarer geben, die nach der Lektüre rufen werden: »Wir wussten es! Wir hatten Recht. Dinesh, können wir Biden jetzt endlich aus dem Weißen Haus jagen?« Was das angeht, bin ich mir nicht so sicher. Wir haben Neuland betreten.

Eine Sichtweise besagt: Wir haben es hier mit einem Fait accompli zu tun, mit vollendeten Tatsachen. Rechtlich sind sämtliche Optionen ausgeschöpft. Trumps Wahlkampflager und dessen Verbündete hätten für kurze Zeit die Möglichkeit gehabt, Anklage zu erheben und Beweise vorzulegen. Dazu ist es nicht gekommen. Von diesem Standpunkt aus betrachtet haben wir Biden nun am Hals, zumindest so lange, bis er den Löffel abgibt, endgültig den Verstand verliert oder irgendwie seine Amtszeit hinter sich bringt. Soll heißen: Für den Augenblick können wir diesen Kerl nicht loswerden.

Aber ich will nicht übereilt zu der Schlussfolgerung gelangen, es sei nun nicht mehr zu ändern, dass Biden im Amt bleibt. Wenn man ein Land stiehlt, kann man dann nicht gezwungen werden, es wieder zurückzugeben? Sollte man die Betrüger nicht um die Früchte ihres kriminellen und korrupten Tuns bringen? Die Verfassung scheint ein Szenario wie das, mit dem wir es gerade zu tun haben, nicht vorhergesehen zu haben. Sie kennt nur das Mittel des Amtsenthebungsverfahrens als Weg, einen Präsidenten aus dem Weißen Haus zu entfernen. Ich gehe auf all das im letzten Kapitel näher ein.

Nehmen wir für den Augenblick an, dass es keine Möglichkeit gibt, Biden loszuwerden, und dass die Demokraten mit ihrem Diebstahl durchgekommen sind. Unser Unbeirrbarer ruft nun vielleicht verzweifelt: »Was soll dann das Ganze, Dinesh? Warum kommst du mit all diesen Beweisen um die Ecke, wenn sich doch nichts machen lässt?«

Der Punkt ist folgender: Es geht um die Wahrheit. Nehmen wir einen Einbruch oder eine Vergewaltigung, die verjährt ist. Rechtlich gibt es keine Möglichkeit mehr, den Täter hinter Gitter zu bringen. Aber wenn DNA-Spuren oder andere Beweise eindeutig zeigen, wer das Verbrechen begangen hat, ist auch das immer noch wichtiges Wissen. Die Wahrheit ist wichtig. Sie sind felsenfest davon überzeugt, dass bei den Wahlen von 2020 etwas furchtbar schiefgelaufen ist? Nun, ich bin hier, um Ihnen zu sagen: Sie hatten recht.

Selbst die Demonstranten, die am 6. Januar 2021 nach Washington kamen, um in einem Urschrei einzufordern, dass jemand das Thema Wahlbetrug gerichtlich anpackt und dass die gewählten Volksvertreter sich damit befassen und etwas unternehmen, selbst diese Demonstranten hatten recht. Sie waren nicht Teil einer »großen Lüge«. Tatsächlich waren sie dort, um die große Lüge zu hinterfragen, die da lautete, es habe sich um die sicherste Wahl aller Zeiten gehandelt, es habe 2020 keinerlei systematischen Betrug gegeben und Biden habe rechtmäßig und mit deutlichem Vorsprung gewonnen. Nichts könnte weiter von der Wahrheit entfernt sein.

Bei den Wahlen von 2020 wurde der demokratische Prozess grundlegend beschädigt. Genau die Partei, die nun brüllt, sie »rette« und »schütze« die Demokratie, war Teil eines konzertierten Plans, eben diese Demokratie auszuhebeln. Und bis zu einem gewissen Grad ist ihr das auch gelungen. Jetzt versuchen die Demokraten nach Leibeskräften, ihre Taten zu vertuschen, und wissen dabei gefügige Medien hinter sich, die den Diebstahl der Wahl gutheißen und – wie ich zeigen werde – auf gewisse Weise auch darüber Bescheid wissen.

Auch die Digitalplattformen Facebook und YouTube sind Mittäter bei diesem Verbrechen. (Twitter auch, aber seit Elon Musk angekündigt hat, den Kurznachrichtendienst kaufen zu wollen, ist das ein anderes Thema.) Mit der Begründung, »Falschinformationen« zu blockieren, zensieren sie Inhalte, denn ihre größte Furcht ist es, dass die Wahrheit publik werden könnte.

Den Trailer für *2000 Mules* habe ich ausschließlich auf Rumble veröffentlicht, nicht auf Facebook, nicht auf YouTube. Das lag nicht daran, dass der Inhalt Fehler enthielt. Erstaunlicherweise hat der Trailer nicht einen einzigen Faktencheck nach sich gezogen. Nichts daran ließ sich infrage stellen, geschweige denn widerlegen. Und dennoch konnte ich ihn nicht auf Facebook oder YouTube hochladen, denn allein schon die Andeutung von Wahlbetrug verstößt gegen die ausdrücklichen Regeln dieser Plattformen und sorgt automatisch dafür, dass man vorübergehend oder auf Dauer gesperrt wird, egal, ob man seinen Fall mit Videobeweisen belegen konnte. In unserer ach so freien Gesellschaft sind wir erstaunlicherweise also nicht einmal frei genug, über Wahlbetrug auch nur zu *reden*.

Mehr noch: Die Regierung Biden nutzt den Justizapparat, der ihr in die Hände gefallen ist, um »Wahlleugnern« nachzustellen. Die Heimatschutzbehörde führt diejenigen von uns, die den Quatsch von der »sichersten Wahl aller Zeiten« infrage stellen, sogar als potenzielle Inlandsterroristen. Ich schätze, ich bin längst auf deren Radar. Sollte das aus irgendeinem Grund bisher nicht der Fall gewesen sein, dürfte sich das spätestens mit der Veröffentlichung dieses Buchs erledigt haben. Die Angst, die Wahrheit könnte ans Tageslicht kommen, scheint groß zu sein, und wie jede Drittweltjunta schickt auch die US-Regierung ihre Schergen los, um das zu verhindern.

Was die Wahlen von 2020 angeht, gab es eine Reihe wilder, unhaltbarer Vorwürfe. Insofern werde ich es neben den Unbeirrbaren, die auf Rache sinnen, sicherlich mit einer zweiten Gruppe von Lesern zu tun haben, nämlich den Skeptikern, die sagen: »Ach, wieder so eine Verschwörungstheorie dazu, wie die Wahl gestohlen wurde.« Natürlich ist diese Ansicht vor allem bei Demokraten zu finden, aber auch einigen Republikanern dürfte sie vertraut vorkommen.

Das war auch die Reaktion von Joe Scarborough bei *Morning Joe* auf *2000 Mules*.[*] Mit dem Inhalt des Films gab er sich gar nicht erst ab, er warf ihn einfach auf den Haufen mit früheren Konspirationstheorien und beklagte, jede Verschwörungserzählung aus der Welt zu schaffen sei wie ein niemals endendes »Whack-a-Mole«-Spiel.[2,**] Auf das Thema Verschwörungstheorien gehe ich später ein, aber bis zu einem gewissen Grad kann ich Scarboroughs Ansicht sogar nachvollziehen. Sie ist eine natürliche Reaktion darauf, dass verrückte Dinge gesagt wurden und dass Theorien aufkamen, die sich unmöglich bestätigen lassen und die auf den ersten Blick völlig unplausibel wirken.

Lesern wie diesen möchte ich sagen: »Vergessen Sie alles, was Sie bislang gehört haben. Vergessen Sie alles, was Sie über Wahlbe-

---

[*] Anm. d. Übers.: Scarborough saß für die Republikaner im Repräsentantenhaus, heute moderiert er bei dem Fernsehsender MSNBC die politische Talkshow *Morning Joe*.

[**] Anm. d. Übers.: Whack-a-Mole ist ein Spiel, bei dem es gilt, Maulwurffiguren, die nach einem Zufallsprinzip aus der Versenkung auftauchen, mit einem Hammer zu treffen.

trug zu wissen glauben. Ich schreibe ein Buch, das sich nicht auf Verdachtsmomente, Bauchgefühl oder Spekulationen verlässt. Ich erzähle nicht, was hätte passieren können. Ich zeige Ihnen mithilfe von Beweisen, die so verlässlich wie Fingerabdrücke und DNA-Proben sind, was tatsächlich geschehen ist. Die vollständige Geschichte der Wahlen von 2020 kann ich Ihnen nicht erzählen, denn ich kenne sie nicht. Aber ich kann Ihnen mitteilen, was ich weiß. Und das, von dem ich weiß, ist schlüssig und belastend und hat die größtmöglichen nur vorstellbaren Auswirkungen auf unsere Zukunft als Demokratie. Ich bin überzeugt, dass Sie letzten Endes meine Meinung teilen werden, dass es in der Tat Wahlbetrug gab, dass die Verbrecher auf freiem Fuß sind und dass die Partei der Verbrecher inzwischen das Land regiert.

Was für ein zutiefst deprimierendes Buch, werden Sie vielleicht denken. Doch das ist weder mein Stil noch meine Ambition. Mein Anspruch ist, nüchtern, investigativ, skeptisch und analytisch an das Thema heranzugehen. Wie ein Staatsanwalt bei seiner Anklage setze ich auf unterschiedliche Arten von Beweisen. Ich befasse mich mit Einwänden und werde offen einräumen, was bewiesen werden kann und was nicht. Für mich ist das ein befreiendes Unterfangen, denn die Wahrheit ist immer befreiend. Ich empfinde sie sogar als beglückend. Gegen Ende des Buchs zeige ich, wie die Kriminellen zur Rechenschaft gezogen werden können – ach, wie befriedigend wäre es doch, sie alle in Handschellen zu sehen – und wie sich verhindern lässt, dass ein derartiger Wahldiebstahl jemals wieder geschieht.

Kapitel 1

Warum wir nicht einfach zur Tagesordnung übergehen können

Wahlen sind das Herzblut einer Demokratie. Die moderne Demokratie basiert auf der Idee einer repräsentativen Staatsführung – oder wie Abraham Lincoln es in der Rede von Gettysburg formulierte: einer Regierung »des Volkes, durch das Volk und für das Volk«. Wahlen sind der Mechanismus, der es den Menschen erlaubt zu bestimmen, wer in ihrem Namen und an ihrer Stelle regieren soll, wer ihre Interessen zu vertreten und für ihr Wohlergehen zu sorgen hat. Ohne Wahlen hätten die Menschen keinerlei Möglichkeit, ihren legitimen Wünschen hinsichtlich der künftigen Ausrichtung ihres Heimatlands Ausdruck zu verleihen.

Freilich gibt es viele Menschen, die sagen, die Vereinigten Staaten seien keine Demokratie, sondern eine Republik. Zum Abschluss des Verfassungskonvents in Philadelphia wurde Benjamin Franklin gefragt, auf welche Regierungsform sich die Gründerväter verständigt hätten. Seine berühmte Antwort: »Eine Republik, so ihr sie behalten könnt!«

Der Rechtswissenschaftler Randy Barnett spricht für viele konservative und libertäre Gelehrte, wenn er sagt, die Gründerväter hätten zugunsten eines republikanischen Regierungssystems die Demokratie *abgelehnt*.[3] Viele Gründerväter hätten sich abfällig über die Demokratie geäußert und sie als eine Form von Herrschaft des Pöbels bezeichnet, sagt Barnett.

Größtenteils bezogen sie sich damit allerdings auf die Demokratie der Antike – die Form der Volksherrschaft, wie sie in Athen im 5. Jahrhundert v. Chr. praktiziert wurde, eine direkte und nicht repräsentative Demokratie.

Bei einer direkten Demokratie herrscht kein Bedarf an Wahlen, da die Menschen selbst Entscheidungen über ihre Gesellschaft treffen und entsprechend niemanden bestimmen müssen, der in ihrem Namen spricht. Im alten Athen versammelten sich rund 12 000 Bürger auf der Agora, dem öffentlichen Platz, und stimmten per Mehrheitsbeschluss über wichtige Fragen ab, etwa ob die Stadt eine Statue für einen bestimmten Gott errichten oder ob man in den Krieg ziehen solle.

Bei der repräsentativen Demokratie dagegen müssen die Menschen Stellvertreter wählen, die an ihrer Stelle regieren. Wie die direkte Demokratie basiert die repräsentative Demokratie auf dem Mehrheitsprinzip. Einige Gründerväter, insbesondere James Madison, standen der repräsentativen Demokratie sehr skeptisch gegenüber, weil sie fürchteten, das Mehrheitsprinzip könne einer »Tyrannei der Mehrheit« Vorschub leisten. Mehrheiten könnten ihre Macht dazu nutzen, Minderheiten zu unterdrücken, was nichts anderes sei als eine weitere Form der Despotismus.

Als Hauptverantwortlicher für die amerikanische Verfassung wirkte Madison deshalb an einem System mit, das den Einfluss der Zentralregierung beschnitt und das Mehrheitsprinzip mit Rechten für die Minderheit kombinierte. Die Bill of Rights verleiht uns als Einzelnen (oder den souveränen Staaten) »unveräußerliche Rechte«, die älter sind als die Zentralregierung selbst. »Unveräußerlich« bedeutet, dass nicht einmal eine gewählte Mehrheit diese Rechte beschneiden oder sich über sie hinwegsetzen darf. Die Verfassung überträgt zudem dem Kongress die Macht, Gerichte zum Schutz dieser Rechte ins Leben zu rufen.

All das bedeutet jedoch nicht, dass das Regierungssystem der Vereinigten Staaten undemokratisch ist, ganz im Gegenteil: Wir sind eine Demokratie, wenn auch eine besondere. Wir sind eine *konstitutionelle* Demokratie, eine Herrschaftsform also, die unter der Aufsicht und durch die Mechanismen einer schriftlichen Verfassung agiert. Die Verfassung selbst kann nicht per einfacher Mehrheit geändert werden, es sind vielmehr im Kongress und in den Staaten qualifizierte Mehrheiten notwendig. Den genauen Prozess schreibt die Verfassung selbst vor.

Innerhalb des Rahmens, den die Verfassung vorgibt – und der auch das Wahlkollegium umfasst –, ist unser System ein System des Mehrheitsprinzips. Auf landesweiter Ebene bedeutet dies, dass der Präsident, die Mitglieder des Repräsentantenhauses und die Senatoren aller 50 Bundesstaaten ihre Position und ihre Macht dem Umstand verdanken, dass sie sich zur Wahl gestellt haben und im Rahmen eines legitimen Wahlprozesses von einer Mehrheit der Abstimmenden gewählt wurden.

Damit Wahlen legitim sind, müssen sie sowohl frei als auch fair sein. Das bedeutet, es gibt zwei Arten, in denen die Rechte der Wählerschaft beschnitten werden können (man spricht hierbei von »Voter Suppression«). Bei der ersten Variante beschneidet man die Möglichkeiten legitimer Wähler, ihre Stimme abzugeben. Dabei handelt es sich offenkundig um einen demokratiezersetzenden Akt. Es gab derartige Fälle in der Geschichte unseres

Landes, deshalb achten heutzutage alle darauf, dass sich etwas Derartiges nicht wiederholt.

Wenig hören wir allerdings von der zweiten Form von Voter Suppression, obwohl auch sie die Demokratie zersetzt und obwohl wir derartige Fälle in der Vergangenheit bereits hatten. Bei dieser Variante werden durch unterschiedliche Formen von Wahlbetrug die Stimmen legitimer Wähler aus dem Spiel genommen, was dazu führen kann, dass illegale Stimmen die legalen Stimmen aufheben. Im schlimmsten Fall ändert sich dadurch der Ausgang einer Wahl. Eine Regierung, die auf diese Weise durch eine fiktive Mehrheit zustande gekommen ist, kann man zu Recht als Junta oder Usurpatoren bezeichnen, denn ihre Macht hat sie dadurch erlangt, dass sie freie und gerechte Wahlen korrumpiert hat.

Die große Frage lautet, ob die Wahl von 2020 auf diese Weise entschieden wurde, ob hier also ein systematischer Betrug begangen wurde, der groß genug war, das Endergebnis zu beeinflussen. Wir reden hier nicht von vereinzelten Täuschungen – ein Verstorbener, der wählt, oder ein illegaler Einwanderer, der seine Stimme abgibt –, sondern von einer groß angelegten kriminellen Unternehmung, die in wichtigen Bereichen des Landes darauf hinarbeitete, die Präsidentschaftswahl und andere zentrale Wahlkämpfe zugunsten der Demokraten zu manipulieren.

Der Einsatz könnte größer kaum sein. Denn wir hinterfragen, ob der derzeitige Bewohner des Weißen Hauses es überhaupt verdient hat, dort zu sein, ob die gegenwärtigen Machtverhältnisse in Repräsentantenhaus und Senat rechtens sind oder ob der Prozess durch systematischen Wahlbetrug korrumpiert wurde. Dieses Buch basiert auf meinem im Jahr 2022 veröffentlichten Dokumentarfilm *2000 Mules,* in dem ich diesen Fragen nachgehe, und es ergänzt meine Antworten um neue Informationen und ausführlichere Analysen.

Neu und erschreckend an den Wahlen von 2020 ist nicht, dass eine große Partei sich weigerte, das Wahlergebnis anzuerkennen. Das wollen uns die Demokraten und die Medien weismachen, aber das ist keineswegs richtig. Joe Biden sagte über Trump: »Er hat getan, was kein Präsident in der Geschichte Amerikas ... in der Geschichte dieses Landes ... jemals getan hat: Er hat sich geweigert, das Ergebnis einer Wahl und den Willen des amerikanischen Volks anzuerkennen.«[4]

Dabei haben Demokraten in den vergangenen Jahrzehnten immer wieder Wahlergebnisse angefochten. Das beste Beispiel dafür war ... die vorherige Wahl. Hillary Clinton, die Kandidatin der Demokraten, hat wiederholt behauptet, dass ihr der Wahlsieg gestohlen worden sei. Andere führende Demokraten, darunter Jimmy Carter, haben diese Einschätzung geteilt.[5] Eine Gruppe Demokraten aus dem Repräsentantenhaus erhob Widerspruch dagegen, die Wahlergebnisse abzusegnen. Nicht weniger als ein Drittel der Demokraten im Repräsentantenhaus weigerte sich, an der Amtseinführung von Donald Trump teilzunehmen, die zudem von Gewaltausbrüchen seitens der Linken überschattet wurde.

Führende Persönlichkeiten der Demokratischen Partei und der Medien gelobten, sie würden Trumps Präsidentschaft nicht »normalisieren« – und sie hielten diesen Schwur auch ein. Sie bezeichneten sich als »Widerstand« und als Verteidiger einer bedrohten Demokratie, sie stellten Trump regelmäßig als Verbrecher hin, als Rassisten, als Anhänger von der Theorie der Überlegenheit der weißen Rasse und als Nazi.[6] Im weiteren Verlauf erfuhren wir, dass die Teams von Obama und Hillary die Mär verbreiteten,

Trump mache gemeinsame Sache mit Russland. Das Ziel all dieser Kampagnen war es, Trumps Wahlsieg zu diskreditieren, nicht zuletzt, indem man ihm vorwarf, er sei durch eine verräterische Zusammenarbeit mit einer ausländischen Macht ins Weiße Haus gelangt.

Bei den Demokraten hat es fast schon Tradition, Wahlergebnisse nicht anzuerkennen. Die Demokraten fochten das Ergebnis der Bush-Gore-Wahl im Jahr 2000 an, und viele Mitglieder des Kongress und der Medien erklärten wieder und wieder, Bush sei »ausgewählt, nicht gewählt« worden. Einige Demokraten äußerten Zweifel, dass es bei Bushs Wahlsieg über John Kerry 2004 mit rechten Dingen zugegangen sei. In Ohio seien Wahlmaschinen so manipuliert worden, dass Bush unrechtmäßige Stimmen erhalten habe, hieß es. In ihrem Buch *Rigged* schreibt Mollie Hemingway: »Das letzte Mal, dass die Demokraten uneingeschränkt eine Niederlage bei Präsidentschaftswahlen eingestanden haben, war 1988.«[7]

Tatsächlich neu ist, dass zum ersten Mal in der jüngeren Geschichte viele Republikaner die *Rechtmäßigkeit* einer Präsidentschaftswahl anzweifelten. Wenn es eine Partei gibt, die Wahlergebnisse auch dann akzeptiert, wenn sie zu ihrem Nachteil sind, dann sind das die Republikaner. Möglicherweise sind sie eine Weile verdrossen, aber sie machen weiter und bauen darauf, dann eben beim nächsten Mal zu gewinnen. Und genauso sollte es in der politischen Landschaft einer Demokratie auch sein. Eine Wahl zu verlieren sollte etwas anderes sein, als einen Krieg zu verlieren.

2020 jedoch bedeutete eine Wahlniederlage genau das – man hatte einen Krieg verloren. Warum? Weil eine gestohlene Wahl eine Art von Staatsstreich ist. Es ist das eine, offen und ehrlich zu verlieren, aber etwas völlig anderes, durch Betrug um den rechtmäßigen Sieg gebracht zu werden.

Mitch McConnell, den Fraktionsführer der Republikaner im Senat, schien das nicht zu stören. Er tat Bedenken über möglichen Wahlbetrug ab und schien sich rasch an den Gedanken gewöhnt zu haben, dass der neue Bewohner des Weißen Hauses auf den Namen Joe Biden hörte. McConnell gab mit der ihm eigenen Gleichgültigkeit sogar sein Amt als Mehrheitsführer im Senat ab, auch wenn dem eine ungewöhnliche und bizarre Stichwahl vorausgegangen war, bei der zwei Demokraten zwei Senatssitze in einem eindeutig republikanischen Bundesstaat erobern konnten. McConnell stand allerdings nicht stellvertretend für die republikanische Wählerschaft. Normalerweise zuckte diese Partei mit den Schultern und machte anschließend weiter, doch obwohl McConnell erneut zu diesem Vorgehen drängte, stellte sich dieses Mal eine Mehrheit der republikanischen Wähler auf die Hinterbeine und weigerte sich, die Wahl von 2020 abzuhaken. Eine Umfrage von *Politico*-Morning Consult ergab kurz nach den Wahlen, dass 64 Prozent der Republikaner das Ergebnis anzweifelten. In aktuelleren Umfragen ist dieser Wert sogar noch gestiegen. »Nahezu drei Viertel der GOP [Anm. d. Übers.: Grand Old Party = die Republikaner] zweifeln daran, dass Bidens Sieg legitim war«, vermeldete die Zeitung *The Hill* im Dezember 2021.[8]

Dass die Republikaner so dermaßen am Wahlergebnis von 2020 zweifeln, lässt sich auf Dinge zurückführen, die vor, während und nach der Wahl geschahen, und auf Dinge, die republikanische Wähler vor, während und nach der Wahl beobachteten.

Vorher: Die Republikaner sahen einen altersschwachen Biden, der kaum Wahlkampf betrieb und schon mittags (spätestens) Feierabend machte, während Trump energiegeladen durch das

Land tobte und das Publikum in gewaltigen Scharen auf seine Wahlkampfveranstaltungen lockte. Betrieb Biden tatsächlich einmal Wahlkampf, waren gefühlt mehr Medienvertreter als echte Zuschauer vor Ort, und die Stimmung war genauso abgestanden und uninspiriert wie der Kandidat selbst.

Während: Bestürzt sahen die Republikaner am Wahlabend mit an, wie die Auszählung der Stimmen ohne offensichtlichen Grund unterbrochen wurde, während Trump in praktisch allen entscheidenden Staaten deutlich vorne lag. Am nächsten Morgen löste sich dieser Vorsprung auf mysteriöse Weise in Luft auf. Ich erinnere mich, dass ich die Ereignisse verfolgte und im Stillen dachte: Seit über 40 Jahren lebe ich nun in Amerika, aber so was habe ich wirklich noch nie erlebt. Und sprachlos war ich, als Fox News erklärte, Biden habe in Arizona gewonnen, dabei war erst ein winziger Prozentsatz der Stimmen ausgezählt. Kein Algorithmus der Welt hätte vorhersagen können, dass Biden, wie sich herausstellte, mit einigen wenigen Tausend Stimmen Vorsprung den Sieg erringen würde. Und es gab noch viele weitere derartige »Anomalien«.

Nachher: Während Biden sich zum Sieger erklärte, sichteten die Republikaner die Fakten und versuchten sie zu begreifen: Trump hatte in Ohio und Florida gewonnen, Staaten, die seit jeher als richtungsweisend für den Ausgang einer Wahl gelten. Genauer, er hatte praktisch sämtliche Bezirke gewonnen, die normalerweise über den Ausgang einer Wahl entscheiden. Mehr noch, hatte er gegenüber 2016 (knapp 63 Millionen Stimmen) deutlich auf über 74 Millionen Stimmen zugelegt – und damit um einiges besser abgeschnitten als Barack Obama 2008 (keine 70 Millionen) und 2012 (weniger als 66 Millionen). Und trotzdem hatte er die Wahl verloren, weil es Biden irgendwie gelungen war, die Zustimmung für die Demokraten *noch* dramatischer zu steigern und über 80 Millionen Stimmen zu holen.

Wen wundert es da, dass die Republikaner nach der Wahl von 2020 und den Nachwahlen in Georgia im Januar 2021 argwöhnisch wurden. Viele vermuteten – und einige sagten es ganz offen, zum Teil sehr lautstark –, dass ihnen der Sieg gestohlen worden war. Sie verschafften sich in den sozialen Medien Gehör. Sie organisierten Anhörungen und Versammlungen, sie verlangten Untersuchungen und eine Richtigstellung. Als sie ihre Zweifel am korrekten Wahlausgang äußerten, taten sie nur das, was Demokraten – deutlich ungebärdiger und gewaltsamer – 2016 getan hatten. Aber offenbar dürfen Republikaner derlei Dinge nicht sagen. Und damit begann der Ärger.

Auf die Vorwürfe der Republikaner reagierten die Demokraten mit der Beteuerung, die Wahlen von 2020 seien die sichersten der Geschichte gewesen. Das war das einhellige Echo demokratischer Politiker und der Medien. Dieselben Demokraten, die die Zuverlässigkeit der Wahlmaschinen in Zweifel gezogen hatten, und dieselben Medien, die endlos darüber berichtet hatten, wie anfällig unser Wahlsystem für Hackerangriffe und Missbrauch sei, schlossen nun die Fronten und beteuerten hoch und heilig, dass die Wahlen dieses Mal absolut einwandfrei verlaufen seien. Null Probleme, keine Beanstandungen!

»Trumps eigene Leute sagen, 2020 war Amerikas sicherste Wahl überhaupt.« Diese Schlagzeile auf Vox steht sinnbildlich für die Haltung der Demokratischen Partei. Sie bezieht sich auf eine Pressemitteilung der Behörde für Cybersecurity und Infrastruktursicherheit (CISA), einer Abteilung der Heimatschutzbehörde. CISA-Chef Chris Krebs gratulierte sich in der Pressemitteilung selbst: »Wir haben gute Arbeit geleistet. Ich würde es 1000-mal wieder genauso tun.« Derartige Beteuerungen aufrichtiger Staatsdiener stünden Vox zufolge im Widerspruch zu »unbegründeten Vorwürfen von weitverbreiteten Unregelmäßigkeiten und Betrügereien bei der Wahl«, Vorwürfe, die Trump und andere Republikaner erhoben hatten.[9]

Natürlich bestreiten die Demokraten nicht, dass es gelegentlich zu Fällen von Wahlmanipulationen kommt. Im Oktober 2021 wurden in unterschiedlichen Bezirken von Michigan drei Frauen wegen Wahlbetrugs angeklagt. Eine Frau in Wayne County hatte die Wahlunterlagen ihres Enkels unterzeichnet und eingeschickt. Ihre Begründung: Der Enkel würde ohnehin keine Zeit haben, selbst zur Wahl zu gehen. Doch das tat er, was dazu führte, dass Wahlzettel doppelt abgegeben wurden. Und in Macomb County füllte eine Angestellte einer Einrichtung für betreutes Wohnen Stimmzettel von Bewohnern aus und fälschte Unterschriften. Außerdem bestimmte sie nach Gutdünken, welche Bewohner Briefwahlunterlagen bekommen sollten und welche nicht. Und in einem dritten Bezirk fälschte eine Frau für 26 Personen, für die sie die Vormundschaft übernommen hatte, Anträge auf Briefwahl. Sie ließ sich die Unterlagen zuschicken, um im Namen dieser Personen abstimmen zu können.

Fälle wie diese sind lehrreich – *wie* lehrreich, werden wir im weiteren Verlauf des Buchs sehen. Man sollte doch vermuten, dass sie umfassendere Untersuchungen nach sich ziehen, damit man sich ein genaues Bild davon machen kann, wie groß das Ausmaß derartiger Betrügereien ist. Doch stattdessen erklärte Michigans Innenministerin Jocelyn Benson, die Anklageerhebung belege, dass »unser Wahlsystem sicher ist«. Es habe sich gezeigt, dass »in den seltenen Fällen, in denen es zu Wahlbetrug kommt, wir dessen gewahr werden und die Übeltäter zur Verantwortung ziehen«.[10] Hier nutzt man also nachgewiesene Betrugsfälle dafür, den Vorwurf systematischen Betrugs zurückzuweisen. »Seht doch, nur drei Betrüger, und wir haben sie alle erwischt!«

Die Nachrichtenagentur Associated Press (AP) spielt ein ähnliches Spiel, wenn auch auf etwas höherem Niveau. Sie hat gemeldete Fälle von Wahlbetrug in sechs heiß umkämpften Staaten (Arizona, Georgia, Michigan, Nevada, Pennsylvania und Wisconsin) untersucht und gelangte dabei zu dem Ergebnis: »Weniger als 475 Fälle potenziellen Wahlbetrugs.« Auch hier gilt: Die Untersuchung der AP zielte nicht darauf ab, Fälle von Wahlbetrug aufzudecken, sondern darauf, Vorwürfe zu entkräften, es sei zu weit verbreitetem Wahlbetrug gekommen.

»Selbst wenn alle unrechtmäßigen Stimmen für Biden gewesen wären, was sie nicht waren, und selbst wenn diese Wahlzettel tatsächlich gezählt worden wären, was in den meisten Fällen nicht geschehen ist, können diese Fälle das Ergebnis nicht infrage stellen.« Über 80 Prozent der Bezirke in diesen Staaten habe keinerlei verdächtige Aktivitäten gemeldet, so AP.[11]

Und auch hier war die Botschaft an die Republikaner klar: »*Leute, nun ist es aber mal gut mit diesem Quatsch von der gestohlenen Wahl. Wir haben hier die Arbeit für euch erledigt, und es gibt nichts zu sehen.*«

Diese Bemühungen, den Ruf der Wahlen von 2020 zu retten, haben allerdings ein Problem: Selbst nur leicht skeptische Beobachter lassen sich davon nicht überzeugen. Um unumstößlich zu belegen, dass die Wahlen von 2020 die sichersten aller Zeiten waren, müsste man doch zunächst einen detaillierten Vergleich zwischen den Wahlen von 2020 und allen früheren Wahlen anstellen, um mit harten Fakten zu zeigen, dass das Ausmaß an Betrügereien bei dieser Wahl deutlich niedriger als bei allen anderen Wahlen war, oder? Diese Beweisführung wurde nicht nur nie angestellt, nach meinem Wissen wurde sie auch gar nicht erst versucht.

Und überhaupt: Ist es wirklich zielführend, die Wahlbeamten selbst danach zu fragen, ob es sich um die sicherste Wahl überhaupt gehandelt hat? Was sollen die Leute denn antworten? Sie können doch im Grunde nur antworten, was einem ein Gouverneur auf die Frage »Wie gut wird Ihr Staat regiert?« oder ein Staatsanwalt auf die Frage »Wie gut waren die Ermittlungen in diesem Fall?« erwidern wird.

Hinzu kommt, dass Fälle von Wahlbetrug nur selten gemeldet werden, ebenso wie Fälle von Drogenmissbrauch nur selten gemeldet werden, obwohl jede Menge Amerikaner Drogen konsumieren. Wäre es vernünftig, die Zahl der Drogennutzer in diesem Land anhand dessen zu schätzen, wie viele Fälle von Drogenmissbrauch aktenkundig sind oder wie viele Anklagen wegen Drogenmissbrauch erhoben wurden? Man stelle sich nur eine entsprechende Pressemitteilung des Justizministers von Michigan vor: »Seht doch, wir haben gerade drei Drogennutzer geschnappt. Das beweist, dass wir null Toleranz für Drogenkonsum haben und dass Drogennutzung in Michigan extrem selten vorkommt.« Oder eine ebenso unsinnige AP-Untersuchung, die zeigen soll, dass lediglich 475 gemeldete Drogenkonsumfälle in sechs Bundesstaaten bestätigen, dass das Land kein weitverbreitetes Drogenprobleme habe.

True the Vote hat die Ermittlungen durchgeführt, auf denen dieses Buch basiert, und sich dabei derselben Werkzeugen bedient, die allesamt den unterschiedlichen Innenministern und natürlich auch der Associated Press zur Verfügung stehen. Sie alle verfügen über die Ressourcen, die entsprechenden Daten zu kaufen, und über die Möglichkeit, Zugang zu den Videobeweisen zu erlangen, um sich selbst ein Bild vom Ausmaß des Wahlbetrugs zu machen. Warum also haben sie sich diese Mühe nicht gemacht? Der offensichtliche Grund: weil sie nicht danach gesucht haben.

Sie haben nichts gefunden, weil sie entschlossen waren, nichts zu finden. Von Anfang an waren sie nicht darauf aus, Betrügereien nachzuweisen, sondern deren Fehlen zu propagieren.

Und wenn es nach den Demokraten ging, sollten vor allem die Republikaner nicht nach Wahlbetrug suchen, geschweige denn entsprechende Fälle finden. Also machten sie in der Absicht mobil, Prüfungen der Wahlzettel in den Swing States zu verhindern beziehungsweise zu blockieren. Sämtliche Debatten über Betrug bei den Wahlen 2020 wurden als »große Lüge« abgebügelt. Die linksgerichteten Tycoons hinter den sozialen Medien – Leute wie Jack Dorsey von Twitter und Mark Zuckerberg von Facebook – starteten einen gewaltigen Zensurfeldzug, in dessen Verlauf Hunderttausende, wenn nicht Millionen Amerikaner von den Plattformen verbannt wurden, weil sie »Falschinformationen« und »Fehlinformationen« zu den Wahlen verbreitet haben sollen. Das Thema Wahlbetrug beschäftigte zahllose Menschen, doch es wurde abgewürgt.

Anfang 2022 stufte Bidens Justizministerium jene Amerikaner, die an »Wahllügen« glauben, als potenzielle Inlandsterroristen ein, weil ihre Ansichten Mitmenschen zu Gewalt, Aufruhr und Aufständen anstacheln könnten. Versuche von Republikanern, Gesetze zur Stärkung der Integrität der Wahlen zu verabschieden, wurden von Demokraten und ihren Verbündeten in den Medien regelmäßig als Formen von Voter Suppression hingestellt. Allein schon das Thema Wahlbetrug anzuschneiden sei ein gefährlicher Angriff auf den demokratischen Prozess insgesamt, hieß es vonseiten der Demokraten.

Hätten die Demokraten mit ihren Beteuerungen, ihrem harten Durchgreifen und ihrer Zensur bezwecken wollen, dass die Gegenseite zurückweicht und Ruhe gibt, so erreichten sie damit nur das Gegenteil. Viele Republikaner, so auch meine Frau Debbie, dachten sich: Warum versuchen sie, uns zum Schweigen zu bringen, was die Wahlen angeht? Wenn sie nichts zu verbergen haben, wenn das wirklich die sicherste Wahl aller Zeiten war, wenn sie offen und ehrlich gewonnen haben, dann sollten sie unsere Einwände doch begrüßen. Sie selbst sollten Prüfungen und Gerichtsanhörungen fordern. Sie selbst sollten ein Interesse daran haben, dass ihr Wahlsieg frei von jedem Makel ist.

Stattdessen sorgten die Demokraten mit ihren Verteufelungen und ihren Einschüchterungstaktiken bloß dafür, dass die Besorgnis der GOP-Wähler wuchs. Was die ganze Situation noch frustrierender für kritische Republikaner (mich eingeschlossen) machte, waren die chaotischen und konfusen Bemühungen einiger Rechter, eine Wahlfälschung nachzuweisen. Vollmundig behaupteten sie, es habe Wahlbetrug gegeben und sie hätten Beweise, die sie der Öffentlichkeit bald präsentieren würden. Doch dann konnten sie nichts dergleichen vorlegen. Nicht, als es darauf ankam, und anschließend auch nicht. Man hatte uns den ganz großen Wurf versprochen, und was folgte, war eine Luftnummer.

Mike Lindell, ein Freund von mir, machte sich fast im Alleingang daran, zu belegen, dass Wahlmaschinen Stimmen verfälscht hatten und dass auf diese Weise Wahlbetrug begangen worden war. Lindell ist ein großartiger Kerl, mit dem Herz am rechten Fleck. Er ist darüber hinaus unglaublich tapfer, und allein schon der Versuch, Unregelmäßigkeiten nachzuweisen, führte sofort dazu, dass er zur Zielscheibe von Vergeltungsmaßnahmen wurde. Dominion Voting Systems, der Hersteller der fraglichen Wahlmaschinen, reichte eine gewaltige Klage gegen Lindell ein, weil er die Integrität des Unternehmens beschädigt habe. Lindell knickte jedoch nicht ein, produzierte die Dokumentation *Absolute Proof* und veranstaltete einen Online-Gipfel, auf dem er seine Behauptungen öffentlich machte.

Ich habe mir die Dokumentation angesehen, aber leider hatte ich am Ende ein mulmiges Gefühl. Man sieht Lindell, wie er aufgeregt auf unterschiedliche Lichter auf dem Bildschirm zeigt und verkündet, die Chinesen oder diverse andere ausländische Gruppen hätten sich in die amerikanischen Wahlen gehackt. Ich habe auf den Bildern keine Chinesen erkennen können. Ich habe nur Lichter gesehen. Als jemand, der vom Film kommt, wusste ich: Was ich dort sah, waren bloß »Spezialeffekte«. Ich weiß, wie man die herstellt, das kann ich auch. Für mich ist das kein Beweis dafür, dass sich ausländische Mächte in unsere Wahl gehackt haben.

Mehr noch: Ich habe den Leuten, die auf Lindells Online-Gipfel Präsentationen abhielten, sehr genau zugehört. Danach war ich gezwungen, mir selbst eine Auszeit aufzuerlegen. Wenn man nicht selbst Experte in diesem Bereich ist, fällt es schwer, Behauptungen von Leuten, die sich als Cyber-Experten bezeichnen (was andere Cyber-Experten zweifelsohne bestreiten werden), auf ihren Wahrheitsgehalt hin zu überprüfen. Das wäre so, als wenn Sie und ich Fachärzten bei einer Diskussion über die richtige Diagnose zuhören und anschließend versuchen, auf eigene Faust herauszufinden, wer denn nun recht hat.

Es ist eine Sache, zu vermuten, dass Trump in Wahrheit gewonnen hat oder dass es systematischen Betrug gab. Es ist eine Sache, auf Merkwürdigkeiten und Abweichendes hinzuweisen, die die Wahrscheinlichkeit erhöhen, dass betrogen worden ist. Und es ist eine Sache, aufzuzeigen, in welcher Weise ein Versagen hinsichtlich des Ablaufs einen Wahlbetrug wahrscheinlicher gemacht hat. Zwei hervorragende Bücher, *Rigged* von Mollie Hemingway und *Our Broken Elections* von John Fund und Hans von Spakovsky, tun genau das. Lassen Sie mich den Inhalt so zusammenfassen: Er zeigt, dass die Bank ihr Sicherheitspersonal nach Hause schickte, die Überwachungstechnik abschaltete und das Kassenpersonal anwies, die Unterschriften nicht mehr allzu genau zu prüfen. Der Weg für einen Bankraub war also frei, aber die große Frage bleibt: Gab es diesen Bankraub tatsächlich? Doch dazu schweigen sich die beiden Bücher größtenteils aus.

Es ist also das eine, Betrug zu vermuten, und etwas anderes, ihn tatsächlich nachzuweisen. Demokraten verweisen nur allzu gerne darauf, dass aus sämtlichen Fällen, die das Trump-Wahlkampflager vorgelegt hat, nichts geworden ist. Fälle, die von externen Gruppen präsentiert wurden, endeten genauso. Texas und mehrere andere republikanische (»rote«) Staaten erhoben Klage gegen demokratische (»blaue«) Staaten, weil diese angeblich die Wahlregeln gebeugt hatten. Aber der Oberste Gerichtshof bügelte den Fall mit dem Hinweis ab, Texas sei gar nicht befugt, Klage einzureichen. Wie der eine Staat mit den Wahlen umgegangen sei, gehe einen anderen Staat nichts an, so das Gericht. Und dies selbst dann nicht, wenn, wie Texas behauptete, der Ausgang in diesen Staaten das Ergebnis der Präsidentschaftswahlen insgesamt auf eine Weise beeinflusste, die das ganze Land betraf.

Mich hat zutiefst beunruhigt, mit welch heiterer Gelassenheit der Oberste Gerichtshof den Fall aus Texas zu den Akten legte. Ich bin allerdings überzeugt, dass das Gericht die Wahlergebnisse auch dann für gültig erklärt hätte, hätte es die Vorwürfe von Betrug und Vergehen tatsächlich geprüft. Selbst wenn Texas und die anderen klagenden Staaten Verstöße gegen die Bestimmungen und Unregelmäßigkeiten hätten nachweisen können, hätten sie meiner Meinung nach nicht belegen können, dass diese ausreichend waren, die Wahl entscheidend zu beeinflussen. Eine Überprüfung durch den Obersten Gerichtshof hätte viel dazu beigetragen, öffentliche Bedenken zu zerstreuen, und möglicherweise hätte sie sogar den Sturm auf das Kapitol am 6. Januar 2021 verhindert. Unterm Strich hätte sich aber, so glaube ich, am jetzigen Stand nichts geändert.

Ich für meinen Teil wartete in den Wochen und Monaten nach der Wahl begierig darauf, dass endlich jemand überzeugende Nachweise für einen Wahlbetrug vorlegen würde. Nichts geschah. Aus diesem Grund habe ich zu dem Thema größtenteils geschwiegen. Um meinen Kollegen Dennis Prager von Salem Media zu zitieren, der dieselbe Haltung einnahm: Ich war bei diesem Thema ein »Agnostiker«. Ja, die ganze Geschichte war sehr merkwürdig. Ja, nichts davon ergab Sinn.

Aber hätten sich die Demokraten – bildlich gesprochen – tatsächlich mit den Goldvorräten aus Fort Knox aus dem Staub gemacht, wäre ihnen das perfekte Verbrechen gelungen. Rechtlich gesehen wären sie in der Tat damit durchgekommen. Ed Atsinger, der Vorstandsvorsitzende der Salem Media Group, dazu: »Sollten sie die Wahl gestohlen haben, dann haben sie sie offen und ehrlich gestohlen.« Was Atsinger damit sagen will: Die Republikaner hätten damit rechnen müssen. Trump hatte es schließlich vorausgesagt. Das Republican National Committee sammelte sogar Geld für den Zweck, Verdachtsfällen nachzugehen und Wahlbetrug aufzudecken. Warum also gab es keinen Plan, wie man die Diebe in flagranti erwischt oder sie zumindest hinterher stellt und zur Rechenschaft zieht? Die Republikanische Partei, so Atsinger, trage einen Teil der Schuld, denn sollte die Wahl tatsächlich gestohlen worden sein, dann haben wir es ihnen durchgehen lassen, ohne sie am Schlafittchen zu packen.

Weshalb brauchen wir Beweise? Weil es nicht offenkundig ist, dass Trump die Wahlen von 2020 gewonnen hat. Oder anders formuliert: Es ist durchaus denkbar, dass er tatsächlich verloren hat. Ich weiß, viele Republikaner halten das für lächerlich, aber zu diesem Lager zähle ich mich nicht. Schließlich setzte Covid der Trump-Wirtschaft dermaßen stark zu, dass von den Zuwächsen, die Trump 2020 in seiner Rede zur Lage der Nation verkündete, zum Zeitpunkt der Wahl nichts mehr übrig war. Covid sei »Gottes Geschenk an die Linken«, so Jane Fonda, und zumindest in diesem Punkt war das ohne Zweifel zutreffend.

Zudem schnitt Trump in der ersten TV-Debatte sehr schlecht ab. Debbie und ich sahen uns die Diskussion an, und uns beschlich beide das dumpfe Gefühl, dass Trump seine Chancen auf eine Wiederwahl gerade gegen die Wand fuhr. Wir stellten uns vor, wie im ganzen Land Menschen aus dem städtischen Umland vor ihren Fernsehern saßen und kopfschüttelnd ausriefen: »Jetzt reicht's! Mit dem Typen wollen wir nichts mehr zu tun haben!« Während Trump also bei der Arbeiterschaft punktete, auch bei schwarzen und hispanischen Bürgern, ist es gut vorstellbar, dass er in den Vorstädten in gleichem Maße Wähler verlor und dass diese Marge ihn letztlich den Sieg kostete.

Wie auch immer es um das Thema Wahlbetrug bei den Präsidentschaftswahlen von 2020 bestellt gewesen sein mag, der Fall schien mit der Zeit an Brisanz zu verlieren. Führende Republikaner kamen zu dem Schluss, es sei an der Zeit, einen Strich unter die ganze Angelegenheit zu ziehen und weiterzumachen. Senator Mike Rounds sagte Anfang 2022: »Die Wahl war gerecht, so gerecht es nur ging. Wir haben sie einfach nicht gewonnen.« Und Senator Kevin Cramer meinte: »Die Wahl wurde nicht gestohlen – zumindest nicht in dem Ausmaß, dass man von unrechtmäßigem Diebstahl sprechen kann.« Und weiter: »Ich habe das

Thema vor langer Zeit abgehakt, ebenso die meisten Mitglieder des Kongress.« Ähnliches war von den Senatoren Lindsey Graham und Mitch McConnell zu hören.[12] »Mund abputzen und mit einem Lächeln weitermachen«, das ist die altbekannte Strategie der Republikaner. Das hat weniger mit einer geistigen Haltung zu tun (»Es gab keinen systematischen Betrug.«) als vielmehr mit einer psychologischen (»Uns ist nicht nach kämpfen zumute.«).

Aber es wird uns einen hohen Preis kosten, wenn wir unsere Zweifel schlucken und zur Tagesordnung übergehen. Bei den Republikanern ist man sich durchaus bewusst, dass die Demokraten, wenn sie bei den Präsidentschaftswahlen von 2020 und den Stichwahlen in Georgia betrogen haben sollten, vermutlich davon ausgehen, dass sie dies 2022, 2024 und bei allen künftigen Wahlen wiederholen können.

Das waren die Ängste und mutlosen Gedanken, die mich umtrieben, als sich zwei alte Freunde meiner Frau, Catherine Engelbrecht und Gregg Phillips, bei Debbie und mir meldeten. Sie hatten eine Geschichte, die erzählt werden musste, und sie wollten dabei unsere Hilfe in Anspruch nehmen. Stunde um Stunde präsentierten sie uns außerordentliche Beweise, und am Ende dieses schicksalhaften Tages wusste ich: Die Regeln hatten sich gerade geändert. Jetzt konnten wir endlich klären, was bei den Wahlen von 2020 tatsächlich geschehen war.

Kapitel 2

True the Vote

Selbst wenn er gewissermaßen am helllichten Tag stattfindet, ist Wahlbetrug nur schwer nachweisbar. Im Mai 2021 wurde in Lackawanna County, Pennsylvania, ein Mann dabei gefilmt, wie er während einer Vorwahl zahlreiche Stimmzettel in einen Wahlbriefkasten stopfte. Chris Chermak, Landrat von Lackawanna County, erhielt auf Anfrage die Aufnahmen der Sicherheitskamera und spielte sie während einer Sitzung des Landrats ab. Und trotzdem erklärte der Bezirkssheriff, er habe weder die Zeit noch das Personal, das Video zu prüfen und gegebenenfalls entsprechende Untersuchungen einzuleiten.

Mehr noch: Chermak berichtete, die Demokraten im Gremium hätten erklärt, dass das Video zwar ein unrechtmäßiges Verhalten zeige, sie aber nicht zu der Aussage zu bewegen gewesen waren, dass es sich um illegale Stimmen handele oder dass die Stimmzettel für den Ausgang der Abstimmung von Bedeutung seien. In Pennsylvania sieht das Gesetz vor, dass ein Wähler nur seinen eigenen ausgefüllten Stimmzettel abgeben darf, sofern er keine schriftliche Vollmacht vorlegen kann, die es ihm erlaubt, den Wahlzettel einer Person mit Behinderung abzugeben. In diesem Staat ist es ein Verbrechen, den Wahlzettel einer anderen Person an sich zu nehmen, und bei Verurteilung drohen 2 Jahre Gefängnis und 5000 Dollar Geldstrafe.[13]

Im Vorfeld der Wahlen von 2020 erhielt Trumps Wahlkampfteam die Information, man habe drei Personen beobachtet, wie sie zahlreiche Stimmzettel in einen unbeaufsichtigten Wahlbriefkasten einwarfen. Das Team forderte die Wahlleitung auf, tätig zu werden und diese Briefkästen zu beaufsichtigen. Was tat die Wahlleitung? Nichts, außer sich an die *New York Times* zu wenden, die Trumps Wahlbeobachtern daraufhin vorwarf, sich an »der Einschüchterung von Wählern« zu beteiligen.[14]

Eine ähnliche Geschichte veröffentlichte der *Philadelphia Inquirer* und zitierte Josh Shapiro, Generalstaatsanwalt von Pennsylvania, mit den Worten, Wahlbetrug an der Urne zu beobachten, stelle Wählereinschüchterung dar. Die Bildunterschrift zu dem Foto neben dem Artikel lautete: »Philadelphias Bürgermeister am Montag bei der Abgabe seines Stimmzettels vor dem Rathaus.« Auf dem Foto sieht man den demokratischen Bürgermeister Jim Kenney mit *zwei* Stimmzetteln, was einen klaren Verstoß gegen das Staatsgesetz darstellt.[15]

Auf Nachfrage räumte das Büro des Bürgermeisters ein, er sei in der Tat mit zwei Stimmzetteln zu sehen gewesen, man habe ihn jedoch im letzten Augenblick daran hindern können, das Gesetz zu brechen. »Der Bürgermeister führte außerdem Briefwahlunterlagen einer Person mit sich, die ihm persönlich nahesteht«, erklärte Kenneys Sprecher Mike Dunn. »Der Wahlbeamte, der auf dem Foto neben ihm steht, informierte ihn, dass es ihm nicht erlaubt sei, den Stimmzettel dieser Person einzuwerfen. Der Bürgermeister warf daraufhin nur seinen eigenen Stimmzettel in den Wahlbriefkasten ein.«[16]

Im Vorfeld der Wahlen von 2020 tauchten in Minnesota verdeckte Reporter von James O'Keefes Enthüllungsplattform Project Veritas in die somalische Gemeinde im Wahlbezirk der Kongressabgeordneten Ilhan Omar ein. Dort sprachen sie mit Informanten, die ihnen genau darlegten, wie illegales »Ballot Harvesting«* in diesem Bezirk funktionierte. Teams gingen mit Briefwahlunterlagen von Tür zu Tür und betrieben im Grunde nichts anderes als Stimmenkauf.

Project Veritas identifizierte einen somalischen Stimmenhändler namens Liban Mohamed, der damit prahlte, Hunderte Briefwahlstimmen in seinem Auto zu lagern. »Die Zahlen lügen nicht. Ihr seht, dass mein Auto voll davon ist. Das sind alles Briefwahlunterlagen, seht ihr? Seht sie euch an. Mein Auto ist voll davon.« Mohamed hat sich selbst bei diesem gesetzeswidrigen Verhalten gefilmt. In einem Video sieht man ihn, wie er einen Stapel Stimmzettel wie Spielkarten durchblättert und ein Loblied auf seine eigenen Leistungen anstimmt.[17]

Und wie fielen die Reaktionen aus? Mehrere Journalisten beharrten darauf, dass Ballot Harvesting in Minnesota legal sei. Aber das Gesetz des Staats Minnesota schreibt vor, dass niemand mehr als drei Stimmzettel anderer Personen zu einem Wahlbriefkasten befördern darf. Dieses Gesetz wurde vor Gericht angefochten und vorübergehend ausgesetzt, ist aber grundsätzlich weiterhin in Kraft, was auch vom Obersten Gerichtshof Minnesotas bestätigt wurde. Dennoch tat man nichts, um die Verantwortlichen für Ballot Harvesting zur Verantwortung zu ziehen.

Die *New York Times* ging den Bericht von Project Veritas in mehreren Artikeln heftig an und bezeichnete ihn als »trügerisch«, »Falschinformation« und »unrichtig«. Project Veritas reichte da-

---

* Anm. d. Übers.: »Ballot Harvesting« bezeichnet eine an sich nicht illegale Praxis, bei der freiwillige Wahlhelfer Wahlzettel von Menschen einsammeln, die es nicht ins Wahllokal schaffen. (*to harvest*: »ernten«).

raufhin Verleumdungsklage gegen die *Times* ein, woraufhin die Zeitung sich auf die vielsagende Position zurückzog, ihre Reporter würden ja keine Fakten vermitteln, sondern eher Meinungen. Die *Times* räumte damit im Grunde ein, dass ihre Reporter nicht zwischen Meinung und Fakt unterscheiden, was wiederum auch bedeutete, dass sie die Fakten im Bericht von Project Veritas nicht widerlegt hatten.[18]

Dass sowohl in Pennsylvania als auch in Minnesota nicht gegen mutmaßliche Wahlbetrüger vorgegangen wurde, hat zwei Gründe. Erstens: Die Medien halfen, diese Verstöße zu vertuschen. Und zweitens: Es wären demokratische Funktionäre gewesen, die hätten tätig werden müssen, aber diese folgen dem Narrativ, dass Wahlen im Großen und Ganzen narrensicher sind und Wahlbetrug ein seltenes Vorkommnis ohne große Bedeutung darstellt.

Zugegebenermaßen zeigen diese Beispiele eher episodische und nicht systematische Verstöße. Dennoch sind sie vielsagend und unterstreichen, wie dringend erforderlich es ist, dass sich erfahrene, besonnene, gut ausgerüstete, mutige und hartnäckige Menschen daranmachen, investigativ zum Thema systematischer Wahlbetrug zu recherchieren, wohl wissend, dass sie zum Ziel rechtlicher Angriffe und medialer Anfeindungen werden und mit Zensur in den sozialen Netzwerken rechnen müssen. In Texas gab es eine derartige Gruppe.

Zu dem Zeitpunkt, als Catherine Engelbrecht meine Frau Debbie anrief und ein Treffen vorschlug, war das Thema Wahlbetrug komplett tabu. Für mich war es zudem ein Thema, das dazu angetan war, dass man meinen Podcast bei Facebook, YouTube und möglicherweise auch Twitter mit einem Bannstrahl belegen würde. Allgemein gab es im öffentlichen Raum keine Debatten über Wahlbetrug. Gesprochen wurde darüber in der Fernsehsendung

Steve Bannon's War Room und an einigen anderen Orten, aber im Großen und Ganzen hatten die Digitalkonzerne auf Drängen der Regierung Biden und der Demokraten die postmortale Debatte über die Ereignisse rund um die Wahlen von 2020 erfolgreich zum Schweigen gebracht.

»Catherine sagt, sie haben etwas Neues«, sagte Debbie. Mit »sie« meinte sie Catherine und ihren Geschäftspartner Gregg Phillips. Debbie und Catherine waren seit vielen Jahren befreundet, und Catherines gemeinnützige Organisation True the Vote hatte Debbie zur Wahlbeobachterin im texanischen Fort Bend County ausgebildet. Debbie hatte seit 2012 bei diversen Wahlen als Beobachterin oder Helferin mitgewirkt und dabei aus erster Hand offenkundiges Fehlverhalten miterlebt.

Einmal beobachtete Debbie eine hispanische Wahlleiterin, die Wähler nicht nur anwies, *wie* sie zu wählen, sondern auch *wen* sie zu wählen hatten. Meine Frau beherrscht Spanisch, und als sie die Wahlleiterin auf ihr Verhalten ansprach, stellte diese ihr illegales Tun rasch ein. Aber Debbie war nur an jenen wenigen Tagen, an denen die vorzeitige Stimmabgabe* möglich war, in diesem Wahllokal gewesen. Wer kann sagen, ob die Wahlleiterin nicht einfach weitermachte, nachdem Debbie verschwunden war? Catherine erklärte meiner Frau, dass dieses »Coachen« von Wählern in vielen Wahllokalen des Landes ein großes Problem sei.

Catherine Engelbrecht hatte True the Vote 2010 als gemeinnützige Bürgerbewegung gegründet, die zu ehrlich durchgeführten Wahlen beitragen will. Sie ist eine groß gewachsene und auffal-

---

* Anm. d. Übers.: Die Vorauswahl bei Wahlen beziehungsweise die vorzeitige
   Stimmabgabe bei Abstimmungen bezeichnet die Möglichkeit für Wahl- und Stimm-
   berechtigte, bereits vor dem eigentlichen Stimm- und/oder Wahltag ihre Stimme
   brieflich oder im Wahllokal abgeben zu können.

lende Erscheinung, dazu etwas schüchtern und dennoch voller Leidenschaft. Oder wie der *Texas Observer* in einem Profil über Catherine schreibt:»Mit ihrem blonden Haar und der Flieger-Sonnenbrille hat sie eine Ausstrahlung wie eine in die Jahre gekommene Hollywood-Sexbombe.« Sie war Mutter und Geschäftsfrau, als sie sich als Wahlhelferin in Texas meldete. Ihre Erfahrungen in den Wahllokalen überzeugten sie, dass eine Organisation nötig sei, die Wahlen überwacht und Wahlbetrug aufdeckt. Inspiriert von der Tea-Party-Bewegung gründete Catherine zudem die King Street Patriots.

Praktisch unmittelbar nach dem Aufbau von King Street Patriots und True the Vote rückte Catherine zunächst ins Visier der Regierung Obama und dann ins landesweite Rampenlicht. Vor dem Kongress sagte sie 2014 darüber aus, wie sie, ihre Familie, ihr Betrieb und ihre gemeinnützigen Organisationen zur Zielscheibe diverser Bundesorganisationen wurden.

Catherine schilderte, dass das Finanzamt (Internal Revenue Service, IRS) 2011 ihre privaten und geschäftlichen Steuerunterlagen für eine Reihe vorangegangener Jahre prüfte. (Falls es Sie interessiert: Catherines Aussage ist online abrufbar.) Der IRS »unterzog mich in mehreren Sitzungen entwürdigenden Befragungen«, so Catherine.»Ich wurde aufgefordert, jeden Facebook-Eintrag und jeden Tweet vorzulegen, den ich je gepostet hatte, mir wurden Fragen zu meinen politischen Absichten gestellt, und ich sollte die Namen sämtlicher Gruppen nennen, vor denen ich jemals Präsentationen abgehalten hatte. Ich sollte erklären, was ich dort gesagt hatte und wo ich im kommenden Jahr zu sprechen beabsichtige.«

Und weiter: »2012 wurde mein Unternehmen von OSHA* inspiziert. 2012 und noch einmal 2013 nahm das Bureau of Alcohol, Tobacco and Firearms an meinem Geschäftssitz umfassende Prüfungen vor. Ab 2012 kontaktierte das FBI meine gemeinnützige Organisation zu sechs unterschiedlichen Gelegenheiten und wollte die Mitgliederverzeichnisse durchgehen.« All das begann, nachdem sie eine Gruppe für Wahlintegrität gegründet hatte.»Es gibt kein weiteres nennenswertes Ereignis, keinen anderen Grund, der erklären könnte, warum ich jahrzehntelang unbeachtet blieb und mich jetzt im Mittelpunkt einer behördenübergreifenden Aktion wiederfinde, die sich mit sämtlichen Facetten meines Lebens befasst, sowohl meines Privat- als auch meines Berufslebens.«

Ich lernte Catherine und ihren Geschäftspartner Gregg Phillips über Debbie kennen. Phillipps ist ein attraktiver Bartträger mit tiefer Stimme. In den 1990er-Jahren leitete er die Familienbehörde von Mississippi (Mississippi Department of Human Services), in den frühen 2000er-Jahren war er stellvertretender Leiter der Gesundheitsbehörde von Texas (Texas Health and Human Services Commission). Jetzt arbeitet er mit Catherine zum Thema Wahlbetrug zusammen, mit dem er sich bereits seit Jahrzehnten befasst.

Catherine wurde häufiger verklagt, als sie sich erinnern kann – von der Demokratischen Partei in Texas, von der linksgerichteten Organisation Texans for Public Justice und zuletzt von Stacey Abrams Gruppe Fair Fight.** Bei der jüngsten Auseinandersetzung geht es darum, dass True the Vote über 300 000 Namen in den Wählerlisten von Georgia angefochten hat – Catherine vermutet, es handele sich um Personen, die gestorben oder wegge-

---

*   Anm. d. Übers.: Die Occupational Safety and Health Administration (OSHA) ist eine US-Behörde, die für Sicherheit am Arbeitsplatz verantwortlich ist.
**   Anm. d. Übers.: Stacey Abrams ist eine demokratische Politikerin, die 2018 zu den Gouverneurswahlen in Georgia antrat und verlor.

zogen sind oder die aus anderen Gründen nicht als Wähler zugelassen wurden.

Im weiteren Verlauf des Buchs wird deutlich werden, dass Gruppen wie Fair Fight aus reinem Eigeninteresse darum kämpfen, die Wahllisten so zu belassen, wie sie derzeit sind – voller unzutreffender oder veralteter Daten. »Tut mir leid, Leute, ich habe gerade meine ganztägige Anhörung für Fair Fight absolviert«, sagte Catherine, als wir kürzlich telefonierten. »Zwölf Stunden! Das schlaucht. Diese Leute kennen kein Erbarmen. Sie verfügen über unbegrenzte Mittel und machen vor nichts Halt. Sie sind fest entschlossen, uns an unserer Arbeit zu hindern.«

Sowohl in den Wochen vor den Wahlen von 2020 als auch unmittelbar im Anschluss daran gab es hektische Aktivität im Trump-Wahlkampfteam. Rudy Giuliani, der Anwalt Sidney Powell, Mike Lindell und viele andere stellten zahlreiche Fragen zum Thema Wahlbetrug. Debbie und mir fiel auf, dass sich Catherine während dieser Zeit überhaupt nicht äußerte, was uns merkwürdig vorkam. Hier war dieser laute Aufschrei, dass es angeblich Wahlbetrug gegeben habe, und die führende Organisation, die sich seit über einem Jahrzehnt mit dem Thema befasst, hatte dazu nichts zu sagen?

Als ich Catherine anrief, riet sie mir, mich bloß von einigen der wilderen Vorwürfe fernzuhalten. »Eine Menge von diesem Zeug ist völlig verrückt«, sagte sie. »Ich fürchte, dass es unserer Sache schaden könnte. Und es macht es bloß noch schwerer, legitime Argumente vorzubringen, weil sie einfach mit dem Rest in einen Topf geworfen werden.«

»Ich will nicht behaupten, dass alle anderen sich irren«, so Catherine weiter. »Was ich sagen will, ist, dass sie niemals in der Lage sein werden, ihre Behauptungen zu belegen. Sie verrennen sich.« Debbie und ich fragten, wie wir helfen können. Die größte Hilfe, erklärte uns Catherine, wäre ein Video, in dem Whistleblower aufgefordert werden, sich zu melden und True the Vote Informationen über mögliche Fälle von Wahlbetrug zukommen zu lassen.

Und das taten wir, ebenso wie viele andere Freunde von Catherine, die in den sozialen Medien aktiv sind. Niemand von uns ahnte damals, als wie wichtig sich dieser Aufruf erweisen würde. Abgesehen davon hielt ich mich an Catherines Rat und äußerte mich öffentlich nicht zu Themen wie Wahlbetrug, Wahlmaschinen, die Stimmen vertauschten, chinesischen Hackerangriffen und allem anderen, auch wenn das meinen Freund Mike Lindell nicht sehr glücklich machte. Über ein Jahr lang hielt ich mich von dem Thema fern – dann besuchten uns Catherine und Gregg in Texas.

»Wir möchten euch etwas Neues zeigen.« Mehrere Stunden lang präsentierten uns die beiden ihre Beweise, unterbrochen immer wieder von unseren Fragen. Als sie fertig waren, sagte Catherine: »Unsere Arbeit ist noch nicht abgeschlossen, aber das haben wir bislang. Was meint ihr?«

Ich war, gelinde gesagt, beeindruckt.

Wir sprachen über Geld. Die Untersuchung, die True the Vote zur Wahl 2020 durchführte, wurde durch eine Spende von Fred Eshelman ermöglicht. Der milliardenschwere Unternehmer und finanzielle Förderer der Republikaner war über Berater von sich aus an True the Vote herangetreten und sagte zu, die Arbeit der Gruppe zum Thema Wahlbetrug mit 2,5 Millionen Dollar zu unterstützen.

Und damit begannen die Probleme.

Catherine erzählt die Geschichte so: Nur wenige Tage nachdem Catherine die Mittel erhalten hatte, schickten Eshelmans Berater ihr eine Rechnung über 1 Million Dollar. Sie war völlig verdutzt. Defacto hatte Eshelmans Team ihnen 2,5 Millionen Dollar gegeben, um nun fast die Hälfte der Summe wiederhaben zu wollen. Sie habe sich Sorgen gemacht, ob das nicht eine Art Schmiergeldzahlung darstelle, sagt Catherine, wenn die Spender erst einer gemeinnützigen Organisation steuerlich absetzbare Mittel zukommen ließen und sich dann einen Teil des Geldes für andere Zwecke zurückholten.

Das Ganze sei in der Tat hochproblematisch, wurde sie von Jim Bopp, dem Anwalt von True the Vote, unterrichtet. Mehr noch: Sollte Catherine eine Rückzahlung in dieser Größenordnung leisten, wäre das höchstwahrscheinlich illegal. Eshelman sagt, er habe ein »an Bedingungen geknüpftes Geschenk« getätigt, basierend auf Beteuerungen, dass True the Vote eine Reihe von Wahlbetrugsfällen vor Gericht bringen werde. Weil es nie zu Gerichtsverhandlungen gekommen sei, habe er das Recht, sein Geld zurückzufordern.

Catherine sagt, Eshelmans Geld sei an keinerlei Bedingungen geknüpft gewesen, es gebe keinerlei Dokumente, in denen irgendwelche Voraussetzungen im Zusammenhang mit der Spende benannt werden. Tatsächlich habe True the Vote juristische Schritte vorbereitet, bei denen es um Verstöße gegen gleichen Zugang für alle Wähler ging. Dass man die entsprechenden Unterlagen nicht eingereicht habe, liege vor allem daran, dass die Gerichte wenig Interesse daran zeigten, Urteile zu diesem Thema zu fällen. Der Versuch, übereilt bis zu Bidens Amtseinführung Beweise zu sammeln und zu bewerten, wäre ohnehin zum Scheitern verurteilt gewesen, also beschloss True the Vote, bei ihren Ermittlungen einen anderen Weg zu gehen.

Das teilte die Organisation auch Eshelmans Team mit, aber die beiden Seiten brachen ihre Verhandlungen ab. Eshelman ging vor ein Bundesgericht, zog die Klage zurück und reichte sie dann erneut ein, dieses Mal auf bundesstaatlicher Ebene, wo der Fall abgewiesen wurde. »Die ganze Angelegenheit war eine Qual«, sagte uns Catherine. »Wenigstens ist das Thema jetzt abgeschlossen. Und wenigstens brachte sie uns die Mittel ein, dieses Projekt ins Leben zu rufen, auch wenn ein ordentlicher Batzen des Geldes für Anwaltskosten draufging.«

Catherine und Gregg wollten ihre ersten Erkenntnisse mit uns teilen, weil sie, wie sie sagten, überzeugt waren, wir würden ihnen den besten Weg aufzeigen, ihre Geschichte zu erzählen. Sie hatten mehrere Ideen. Breitbart, Gateway Pundit und andere konservative Online-Medien waren sehr an ihrer Arbeit interessiert. Der Journalist John Solomon kontaktierte sie hartnäckig, weil er eine Exklusivgeschichte witterte. Fox News-Moderator Tucker Carlson wollte Catherine groß in die Nachrichten bringen. TV-Kanäle wie One America News und Newsmax würden möglicherweise ebenfalls Interesse zeigen.

Ich sagte Catherine und Gregg, dass es aus meiner Sicht falsch wäre, ihre Erkenntnisse häppchenweise öffentlich zu machen, und begründete das damit, dass die Linke bei diesem Thema hochgradig mobilisiert war. Sie würden jede Behauptung mit ihren unvermeidlichen Tiraden (»Verschwörungstheorien«, »Geht das schon wieder los«) abwimmeln. Selbst bei einem sehr öffentlichkeitswirksamen Interview mit Tucker Carlson würde das Thema maximal einen Tag lang für Schlagzeilen sorgen. Ich regte an, über eine Dokumentation in Spielfilmlänge nachzudenken, die auf der Forschungsarbeit von True the Vote basierte und diese fortführte.

Meine Argumentation: Ein Film ist auf einmalige Weise ideal dafür geeignet, die Art explosive Inhalte zu vermitteln, die True the Vote im Rahmen ihrer laufenden Ermittlungen zutage gefördert hatte. »Fügen wir Fakten und Story zu einem großen Ganzen zusammen«, schlug ich vor. »Machen wir das amerikanische Volk zum Richter.« Catherine und Gregg stimmten zu, aber ich konnte das nicht allein entscheiden. Zum damaligen Zeitpunkt hatte ich mit Salem Media – die meinen Podcast sponserten – bereits einen Vertrag über einen Film zu Redefreiheit und Zensur abgeschlossen. Der Arbeitstitel lautete Silenced, und Salem hatte meinem Unternehmen D'Souza Media 1,5 Millionen Dollar Eigenkapital für die Produktion bereitgestellt. Mittels eines Kredits über weitere 3 Millionen Dollar sollte der Film dann vermarktet werden. Nach einer ähnlichen Formel habe ich auch bei meinen früheren Dokumentationen gearbeitet, wobei ich üblicherweise mit einer Investorengruppe arbeite und die Beträge deutlich größer sind – rund 5 Millionen Dollar Eigenkapital und weitere 5 Millionen Dollar für die Vermarktung.

Weil ich mir bewusst war, wie sensibel das Thema Wahlbetrug war, schlug ich ein Treffen mit dem Management von Salem vor, also auch mit Chairman und Big Boss Ed Atsinger. Dort würden wir ausloten, ob alle bei dieser Neuausrichtung an Bord wären. Anfangs reagierte das Salem-Team mit großer Skepsis – und Nervosität, denn den Leuten war klar, dass man mit diesem Thema eine Grenze überschreiten würde. Dennoch willigte Salem ein, sich mit mir, Catherine und Gregg zu treffen und uns zuzuhören.

Catherine und Gregg hielten ihre Präsentation ab, und es gab zahllose Fragen. Waren diese anfangs noch ablehnend und feindselig, wurden sie mit der Zeit respektvoll und neugierig und schließlich bewundernd und ungläubig: »Wie in aller Welt konntet ihr zwei schaffen, was sonst niemandem gelungen ist?« Das Urteil fiel letztlich einstimmig aus: Uns blieb keine andere Wahl, wir mussten uns mit diesem Thema befassen, allen Risiken zum Trotz – Spott der Medien, Zensur in den sozialen Medien, Gerichtsverfahren, möglicherweise würde sogar unsere persönliche Sicherheit in Gefahr geraten.

Doch es gab noch ein weiteres Problem. Ich hatte True the Vote gedrängt, Stillschweigen zu bewahren, damit wir die ganze Geschichte im Film erzählen konnten. Nun würde es aber noch Monate dauern, bis eben dieser Film fertiggestellt war. Woher sollten Catherine und Gregg das Geld nehmen, das sie benötigten, um ihre Nachforschungen fortzusetzen und zum Abschluss zu bringen? Es gab nur eine Lösung: Debbie und ich mussten helfen.

Wir riefen zwei unserer Freunde an – eine Person aus Jacksonville in Florida, die andere aus Wichita in Kansas. Sie trafen sich mit Catherine und stellten ihr insgesamt 400 000 Dollar zur Verfügung. Jetzt konnte True the Vote weitermachen und die Nachforschungen zu Ende führen.

Als ich mit 18 Jahren das erste Mal den Grand Canyon besichtigte, erfuhr ich, dass es zwei Wege hinab in die Schlucht gibt. Der erste ist natürlich der zu Fuß. Beim zweiten sitzt man auf einem Maultier. Ich war mit einer Gruppe Austauschschülern aus aller Welt unterwegs, und wir beschlossen, nach unten zu wandern. Unterwegs aber beobachtete ich, wie Maultiere die Touristen langsam und sicheren Schritts einige sehr steile Pfade hinab transportierten.

In diesem Buch werden wir über eine andere Art von Maultier sprechen – den bezahlten Stimmenhändler. Den Begriff haben Catherine und Gregg sich aus dem Drogen- und Menschenhandel geborgt, wo Schleuser und Kuriere auch als »Maultiere« bezeichnet werden. »Das schien uns angemessen«, sagte Catherine, »denn der Stimmenhandel funktioniert auf recht ähnliche Weise.« Im Drogenhandel sind Maultiere Kuriere, welche die Drogen über die Grenze nach Amerika schmuggeln. Beim Sexhandel sind Maultiere die Mittelsmänner, die die gefangenen Frauen mit den Männern zusammenbringen, die sie kaufen, missbrauchen und ausbeuten.

Beim Wahlbetrug sind Maultiere bezahlte Kuriere, welche die illegalen Stimmzettel zu den Wahlbriefkästen liefern. Es sei darauf hingewiesen, dass in einigen Bundesstaaten das Sammeln von Stimmzetteln (»Ballot Harvesting«) zwar legal ist (in Kalifornien beispielsweise darf jemand anderes Ihren Stimmzettel abgeben), dass es aber in keinem einzigen Staat gesetzlich erlaubt ist, dass *bezahlte Akteure* Wahlunterlagen oder Stimmzettel selbst abliefern. Wann immer Maultiere zum Einsatz kommen, handelt es sich um eine unmittelbar illegale Operation, und sämtliche Stimmzettel, die die Maultiere abliefern, sind ungültig. In diesem Fall handelt es sich schlicht und einfach um Wahlbetrug.

Unser Durchbruch kam, als sich David Lara aus San Luis in Arizona als Whistleblower meldete. Er hatte von True the Vote gehört und rief deren Hotline an. In Arizona sei San Luis »Ground Zero, wenn es um Wahlbetrug gehe«, sagte Lara. »Dort hat es 1997 begonnen. Mittlerweile ist Wahlbetrug über den ganzen Staat verbreitet, aber perfektioniert wurde er in San Luis.«

David Lara und sein Freund Gary Garcia Snyder, ebenfalls Geschäftsmann, argwöhnten also, dass in San Luis Wahlbetrug in großem Stil stattfand, aber sie benötigten Beweise. Am 4. August 2020, dem Tag der Vorwahlen, suchte Snyder um 7:00 Uhr in der Früh eines von zwei Wahllokalen in San Luis auf, während sich

Lara auf den Weg zum anderen Lokal machte. »Ich schalte mein iPad ein und gehe auf Netflix, damit sie denken, ich sehe mir bloß etwas auf Netflix an, dabei habe ich die ganze Zeit über alle Aktivitäten gefilmt, alle Wähler auf dem Weg zu ihren Wahlkabinen«, sagt Snyder. »Und tatsächlich – David war kurz mal 5 bis 10 Minuten weg, da wurde das erste Verbrechen begangen.«

Snyder zeichnete mehrere Videos auf. Auf einem sieht man, wie Guillermina Fuentes, Mitglied im Vorstand für den Schulbezirk Gadsden Elementary, von einer Frau namens Alma Yadira Juarez zahlreiche Stimmzettel erhält. Lara übergab den Videobeweis der Beamtin Robyn Pouquette von der Bezirksverwaltung, die wiederum den Sheriff in Kenntnis setzte, der seinerseits Staatsanwaltschaft und FBI alarmierte. Beide Frauen wurden wegen Missbrauch von Wahldokumenten angeklagt. Alma Yadira Juarez sagte als Kronzeugin des Staates gegen Guillermina Fuentes aus, die sich nach Veröffentlichung der Dokumentation *2000 Mules* schuldig bekannte. Lara sagt, in den hauptsächlich von Latinos bewohnten, sozial schwachen Bezirken von Yuma County sei Wahlbetrug an der Tagesordnung. Wer für politische Anführer als Maultier arbeitet, gibt seine Blanko-Briefwahlunterlagen zusammen mit dem unterschriebenen Umschlag ab. Zur Erklärung: Die Stimmzettel selbst werden nicht unterschrieben, aber der Wähler oder die Wählerin muss den äußeren Umschlag abzeichnen und damit bezeugen, dass tatsächlich er oder sie den Stimmzettel ausgefüllt hat.

Nur dass die Menschen dergleichen in diesen Fällen gar nicht getan haben. Sie geben ihre Blanko-Stimmzettel den Maultieren, die sie wiederum an die politischen Strippenzieher weiterreichen. Diese füllen sie dann zugunsten ihres präferierten Kandidaten aus. Die Stimmzettel kommen in die unterschriebenen Umschläge, sie werden versiegelt, und die Maultiere werfen sie ein. Es handelt sich um in betrügerischer Absicht angeeignete und ausgefüllte Stimmzettel, dennoch werden sie als gültige Stimmen gezählt.

»Das geschieht auf eine Art und Weise, die ... die Menschen glauben lässt, das sei alles völlig normal«, sagt Lara. »Sie glauben, es sei akzeptabel, und sie glauben, so laufen die Dinge nun einmal.« Anders gesagt: Den Wählern ist noch nicht einmal bewusst, dass sie sich schuldig machen, weshalb »Wahlfälschung« in diesem Zusammenhang auch nicht angemessen ist. Der korrekte Begriff lautet »Wahlbetrug«, denn darauf sind die politischen Rädelsführer und ihre Maultiere aus. Sie greifen zu betrügerischen Mitteln, um den Ausgang einer Wahl zu manipulieren. Wie das vonstattengeht, beschreibt Lara: »Da geht ein Gemeindemitglied zu einer gemeinnützigen Organisation und bittet um Hilfe. Es kann um Wohnungsangelegenheiten gehen, um Gesundheit, um Hilfe beim Ausfüllen von Dokumenten, um was auch immer. Sobald derjenige dort ist, wird er gefragt: ›Ach übrigens, haben Sie sich schon für die Wahl registrieren lassen?‹ ›Äh, nein ...‹ ›Ist Ihre Familie registriert?‹ ›Nein.‹ ›Nun, da können wir Ihnen helfen.‹«

Die Aktivisten der gemeinnützigen Organisationen bauen ein Vertrauensverhältnis zu dem neuen Wähler auf, und vermutlich wird er Hilfe dabei benötigen, den Wahlzettel zu verstehen. Das ist laut Lara der Moment, an dem man dem Wähler sagt: »Machen Sie sich deswegen keinen Kopf. Unterschreiben Sie einfach, und wir kümmern uns um den Rest.« Alternativ sagt man den Menschen, für wen sie ihre Stimme abgeben sollen.

Wahlbetrug gehöre zu den Methoden, mit denen das demokratische Establishment seine Machtbasis schützt, so Lara. »Wenn du im Schulvorstand sitzt und insbesondere dann, wenn du, deine

Partei oder deine Gruppe die Mehrheit im Schulvorstand stellt, dann kontrolliert man jedes Jahr, wer eingestellt, wer zurückgeholt oder wessen Vertrag verlängert wird, und wer gehen muss. Wenn also jemand einen Job haben möchte, heißt es: ›Bring mir deine Stimmzettel, die Stimmzettel deiner Nachbarn, deiner Familie.‹ So entsteht ein Netz.«

Oder anders formuliert: Um in San Luis über die Runden zu kommen, spielt man das Spiel beim Wahlbetrug mit. Lara sagt: »Sie haben die Mitglieder der Community dazu gebracht zu glauben, dass sie das Richtige tun. Sie gehen ja wählen, sie bringen sich doch ein. Aber niemand informiert die Community darüber, dass man sie belügt, missbraucht und manipuliert.«[19]

Ein weiterer Glücksfall: Eines der Maultiere erklärte sich bereit zu reden. Die Frau arbeitete mit den Behörden zusammen, dafür sagte man ihr Straffreiheit zu. Trotzdem wollte sie nicht vor der Kamera in Anwesenheit unseres Filmteams sprechen. Sie stimmte allerdings einem Interview mit Gregg Phillips zu. Gregg zeichnete das Gespräch auf eine Art und Weise auf, die ihr Gesicht und ihre Identität verschleierte. Das erlaubte es uns, Teile des Interviews im Film zu verwenden. Dort arbeiteten wir aber natürlich nur mit einem winzigen Ausschnitt aus dem Gespräch, deshalb möchte ich an dieser Stelle einen längeren Abschnitt abdrucken. Ich habe das Gespräch gekürzt, aber der folgende Dialog gibt wortwörtlich wieder, was das Maultier zu sagen hat. Hören wir die Aussage der Frau also völlig unverfälscht.

Gregg: *Was taten Sie, als dieses ganze Abenteuer begann?*
Maultier: *Ich arbeitete für eine Baufirma.*
Gregg: *In welcher Funktion?*
Maultier: *Am Empfang.*

Gregg: *Und irgendwann hat man Sie gebeten oder ange-wiesen, schätze ich, die Stimmzettel anderer Leute entgegen-zunehmen.*

Maultier: *Korrekt. Man hat mir einfach gesagt, ich würde die Stimmzettel unterschiedlicher Leute erhalten. Über-wiegend von Frauen. Und freitags kamen sie und holten sich ihren Lohn ab – ich vermute, es war ihr Lohn für das, was sie taten.*

Gregg: *Während der Woche brachten sie die [Stimmzettel] also zu unterschiedlichen Zeiten vorbei, und Sie bezahlten dann alle am Freitag. Lief das so?*

Maultier: *Ja.*

Gregg: *Kannten Sie jemanden von den Menschen?*

Maultier: *Persönlich kannte ich sie nicht, aber sie sind in der Stadt San Luis sehr bekannt.*

Gregg: *Und was glauben Sie, warum haben die mitgemacht? Was war für sie drin?*

Maultier: *Ich schätze, es ging um das Geld. Sie brachten sie [die Stimmzettel] ins Büro und legten sie dort ab. Und dann rief man mich an und fragte, wie viele gebracht worden seien.*

Gregg: *Während der Phase der vorzeitigen Stimmabgabe, als die Menschen die Wahlunterlagen nach Hause geschickt bekamen und die Sammler oder Eintreiber kamen, um sie zu holen, hatten Sie da mehrere Lieferungen pro Tag?*

Maultier: *Es war immer wieder mal während der Woche. Aber es handelte sich manchmal um beträchtliche Mengen.*

Gregg: *Können Sie abschätzen, wie viele während einer Wahl eintrafen?*

Maultier: *Nicht unbedingt, aber es waren schon einige. Vor allem mit einer habe ich mich unterhalten, weil sie meine Nachbarin war. Sie lebte nur vier Häuser entfernt von mir. Und ich fragte sie, warum sie die bringt. Sie sagte, sie würde das schon seit mehreren Jahren so machen.*

Gregg: *Haben Sie eine Ahnung, wie viele Menschen für diese Stimmzettel bezahlt wurden?*

Maultier: *Nicht notwendigerweise, weil wir die Umschläge immer geschlossen ließen. Aber es war Bargeld. Ich weiß, dass es keine Schecks waren, weil man es merkt, wenn Bargeld drin ist.*

Gregg: *Und Sie sagten, manchmal hat man sie Sie gebeten, zur Bücherei zu gehen. Wie lauteten Ihre Anweisungen?*

Maultier: *Nur, sie dort vorbeizubringen.*

Gregg: *Zum Wahlbriefkasten?*

Maultier: *Ja, zum Wahlbriefkasten. Die frühzeitig abgegebenen Stimmen.*

Gregg: *Geben Sie mir eine Vorstellung davon, wie viele Sie persönlich in den Wahlbriefkasten geworfen haben. Hunderte?*

Maultier: *Das kann gut sein, ja.*

Gregg: *Und gab es einen Grund dafür, warum sie wollte, dass Sie zu diesem bestimmten Briefkasten gehen und nicht beispielsweise zu dem am Rathaus?*

Maultier: *Dort sind keine Kameras. Und sie wollte auch, dass ich abends gehe, wenn es dunkel ist.*

Gregg: *Ihrer Meinung nach ... vielleicht kennen Sie die Antwort darauf nicht, aber wie lange treiben die das Ihrer Meinung nach schon so?*

Maultier: *Seit Ewigkeiten.*

Gregg: *Und was glauben Sie, warum haben die Ballot Harvester das getan?*

Maultier: *Wegen des Geldes, schätze ich.*

Gregg: *Und warum, glauben Sie, hat sie es getan?*

Maultier: *Vielleicht wurde sie ebenfalls bezahlt, das würde mich nicht wundern. Denn sie würde etwas Derartiges nicht riskieren, nicht so viel Ärger riskieren, ohne etwas dafür zu bekommen. Es muss mehr dahinterstecken. Mehr als nur der Wunsch, den Gegner zu schlagen.*

Gregg: *Glauben Sie, in Yuma County oder anderswo ist das weit verbreitet?*

Maultier: *Ja, würde ich sagen.*

Gregg: *Glauben die Menschen in San Luis Ihrer Meinung nach, dass ihre Stimme wichtig ist?*

Maultier: *Ich glaube, die meisten von denen wissen gar nicht, was Wählen ist ... Die meisten Hispanics in der Stadt sind nicht sehr gebildet, wenn es um das Gesetz geht. Sie denken:»Oh, wenn sie das anbietet ...« Sie sehen es größtenteils als »Oh, sie versucht uns zu helfen ...« Als ich nach San Luis gezogen bin, kam auch jemand zu mir, klopfte an die Tür und fragte nach meinem Stimmzettel. Und es handelte sich um eine Person, die ich kannte, die ich kenne, seit ich ein Kind war. Und seitdem spricht diese Person nicht mehr mit mir, weil ich ihr gesagt habe, ich würde ihr niemals meinen Stimmzettel geben.*

Gregg: *Glauben Sie, es geht um ... um was geht es? Um die Partei? Worum geht es?*

Maultier: *Ich nenne sie mexikanische Mafia. Ernsthaft. Denn die arbeiten genauso. In San Luis zu leben ist so, als würde man in Mexiko leben. Der einzige Unterschied ist der, dass es diesseits der Grenze liegt.*

Gregg: *Sind die Wahlen in San Luis Ihrer persönlichen Meinung nach transparent und gerecht?*

Maultier: *Nein, sie sind manipuliert. Sie wurden manipuliert. Die wissen schon jetzt, bevor sie überhaupt stattfindet, wer die nächste Wahl gewinnen wird.*

Gregg: *Es scheint, wir müssten besser darin werden, die Leute aufzuklären ... oder den Menschen dabei zu helfen zu begreifen ..., dass solche Dinge nicht okay sind.*

Maultier: *Richtig. Ich habe das angeboten. Vor langer Zeit. Aber da sagte man mir:* »Oh nein, tu das nicht. Sonst endest du in Stücke geschnitten in einer Mülltonne. Denn sie sind so mächtig.«

Gregg: *Haben Sie Angst?*

Maultier: *Als ich ein kleines Kind war, hat meine Mutter gesagt, eher hat der Teufel Angst vor mir als ich vor ihm. Ich habe ehrlich gesagt vor gar nichts Angst.*

Gregg: *Was ist Ihrer Meinung nach nötig, um diesen Stimmenhandel zu unterbinden?*

Maultier: *Die Leute müssen geschnappt werden. Sie müssen geschnappt werden und den Preis bezahlen.*

Kapitel 3

Was ist Geotracking?

Es gibt viele unterschiedliche Formen von Wahlbetrug. True the Vote hat einen Leitfaden zu Wahlintegrität veröffentlicht, und der führt sieben Arten von illegaler Einmischung in einen Wahlprozess auf.

1. **Falsche Registrierungen:** Es wird mit fingierten oder falschen Namen und Adressen gearbeitet. Personen behaupten fälschlicherweise, an einem bestimmten Ort zu leben, dabei wohnen sie dort nicht und wären entsprechend auch nicht wahlberechtigt.

2. **Falsche Identität an der Wahlurne:** Jemand stimmt anstelle legitimer Wähler oder anstelle von Wählern ab, die fortgezogen oder verstorben sind, aber noch nicht aus den Wählerlisten gestrichen wurden.

3. **Widerrechtliche»Unterstützung« oder Einschüchterung:** Ältere oder schutzbedürftige Personen werden zu einer Stimmabgabe veranlasst, indem man ihnen diktiert, gegebenenfalls auch mit Zwang und Druck, welchen Kandidaten und welche Partei sie wählen sollen.

4. **Widerrechtliche Stimmabgabe** von Nichtstaatsangehörigen, verurteilten Straftätern und anderen Personen ohne Wahlberechtigung.

5. **Doppelte Stimmabgabe** in mehr als einem Staat oder innerhalb einer Gerichtsbarkeit.

6. **Widerrechtliche Verwendung von Briefwahlunterlagen,**
die mit oder ohne Wissen der Wahlberechtigten erlangt
wurden, Fälschung dieser Wahlunterlagen oder das
Ausüben von Zwang in der Absicht, eine bestimmtes
Abstimmungsergebnis herbeizuführen.

7. **Das Kaufen** oder **Verkaufen von Stimmen.**[20]

Findet Wahlbetrug statt? Es handelt sich um ein Vergehen, das
schwer aufzuspüren und schwer beweisbar ist, insofern ist das
vollständige sowie exakte Ausmaß unbekannt. Bekannt hingegen
sind zahllose dokumentierte und bewiesene Fälle von Wahlbetrug. In der Online-Datenbank von True the Vote findet sich eine
Auswahl aus dem ganzen Land. Diese Datenbank dokumentiert
Hunderte von Verurteilungen wegen Wahlbetrug sowie zahlreiche Wahlen, deren Ergebnis aufgrund von erwiesenem Betrug
annulliert wurde.

Auch die Heritage Foundation unterhält eine Datenbank zu
Wahlbetrug. Als ich das letzte Mal nachgesehen habe, enthielt sie
1340 Fälle von Betrug und 1152 strafrechtliche Verurteilungen
sowie zahllose weitere offizielle Ergebnisse, gerichtliche Feststel-
lungen und zivilrechtliche Sanktionen. Wir sprechen hier nicht
über eine Zusammenstellung von Medienberichten oder von
bloßen Vorwürfen wegen Betrugs. Es geht um Fälle, wo bei Wahlen auf lokaler, kommunaler oder bundesstaatlicher Ebene ein
Betrug nachweislich stattgefunden hat.

»Jeder einzelne Eintrag in dieser Datenbank steht für einen Fall,
bei dem ein Amtsträger, üblicherweise ein Staatsanwalt, den Betrug für so schwerwiegend erachtete, dass er tätig wurde. Und jedes
einzelne Beispiel endete mit der Feststellung, dass die Person sich
in der Hoffnung, den Ausgang einer Wahl beeinflussen zu können,

eines Vergehens schuldig gemacht hat – oder dass das Wahlergebnis so verändert wurde oder dessen Rechtmäßigkeit so sehr in Frage stand, dass das Resultat aufgehoben werden musste.«[21]

Interessanterweise schickten *USA Today*, *PBS Frontline* und Columbia Journalism Investigations Ende 2020 ein ganzes Reporterteam los, die Heritage-Datenbank auf Herz und Nieren zu prüfen und Fehler zu finden, die man dann würde nutzen können, um den Eindruck zu zerstreuen, Wahlbetrug sei an der Tagesordnung. Die Reporter fanden keine Fehler, also griffen sie darauf zurück, die Aussagen linksgerichteter Akademiker zu zitieren, wonach die Betrügereien in den meisten Fällen das Ergebnis einer Wahl nicht entscheidend beeinflusst hätten. Wir erkennen hier ein Muster, das bis zum heutigen Tag gilt: Die Medien haben kein echtes Interesse daran, dem Verdacht auf Wahlbetrug nachzugehen und ihn zu erhärten. Ihnen geht es einzig darum, diesen Verdacht zu zerstreuen, auf dass bloß kein Makel auf die Präsidentschaftswahlen von 2020 fällt.

Dass die Medien die Augen vor dieser Problematik verschließen, ändert nichts daran, dass Wahlbetrug seit jeher fester Bestandteil der amerikanischen Demokratie war. 2008 bestätigte der Oberste Gerichtshof das neue Wähleridentifizierungsgesetz des Staates Indiana und ging dabei auf die lange Vorgeschichte von Wahlbetrug in den Vereinigten Staaten ein. »Eklatante Beispiele derartigen Betrugs sind im Verlauf der Geschichte dieses Landes immer wieder dokumentiert worden«, sagten die Richter. Dies zeige nicht nur, »dass das Risiko von Wahlbetrug real ist, sondern dass ein solcher auch den Ausgang einer knappen Wahl beeinflussen könnte«. Geschrieben hat dies John Paul Stevens, der wohl liberalste Richter, der zum damaligen Zeitpunkt dem Obersten Gerichtshof angehörte.[22]

Ich schätze, das kommt jetzt für niemanden mehr überraschend, aber wenn es in Amerika *die* Partei für Wahlbetrug gibt, dann sind es die Demokraten. In meinem Buch *Hillary's America,* das den Untertitel »Die geheime Geschichte der Demokratischen Partei« trägt, zeige ich, wie sich der Gründer der Demokratischen Partei, Andrew Jackson, im Grunde die Stimmen weißer Siedler erkaufte. Er versprach ihnen Land, auf dem seit ewigen Zeiten amerikanische Ureinwohner gelebt hatten, und die nun zwangsvertrieben wurden.

Tammany Hall und das System von Parteibossen, die ab der zweiten Hälfte des 19. Jahrhunderts in Großstädten das Sagen hatten, wurden zum Symbol für die Korruptheit der Demokraten.* Nicht alle dieser Bosse waren Demokraten – in Philadelphia beispielsweise gab es einen republikanischen Boss, der sich in Sachen Skrupellosigkeit hinter keinem Demokraten zu verstecken brauchte. Die meisten gehörten jedoch der Demokratischen Partei an und bauten Patronatssysteme auf, bei denen Wählerstimmen gegen Arbeitsplätze, Unterkünfte und alle möglichen sonstigen Vergünstigungen getauscht wurden. In einigen Fällen drückten die Tammany-Leute den Wählern einfach Stimmzettel, auf denen das Kreuz bereits an der »richtigen« Stelle gemacht worden war, in die Hand und beobachteten dann, ob der Wahlschein auch brav eingeworfen wurde.[23]

In *Our Broken Elections* schildern John Fund und Hans von Spakovsky, wie die New Yorker Demokraten 1864 einen Wahlbetrug aufzogen. Damals war gerade die Briefwahl für die Soldaten der Unionstruppen zugelassen worden. Um nun die Wiederwahl von

---

* Anm. d. Übers.: Tammany Hall war eine 1786 in New York gegründete politische Organisation (benannt nach dem Versammlungsort), die sinnbildlich für Korruption und Rücksichtslosigkeit in der Politik stand.

Präsident Abraham Lincoln zu sichern, entwickelte der Stimmenhändler Moses Ferry, ein Verbündeter von New Yorks demokratischem Gouverneur Horatio Seymour, ein ausgeklügeltes System, Briefwahlstimmzettel von Regimentern im Feld sowie von Kranken und Verwundeten in den Hospitälern einzusammeln und in Stimmen für den demokratischen Präsidentschaftskandidaten George McClellan umzuwandeln.[24]

Berüchtigt für Wahlbetrug und Voter Suppression waren die Demokraten natürlich in der Zeit der Jim-Crow-Gesetze.* Der Ku-Klux-Klan – der als militärischer Flügel der Demokraten auftrat – setzte Rassenterror ein, um die schwarze Bevölkerung, aber auch weiße Republikaner vom Gang zur Wahlurne abzuhalten. Robert Caro und andere haben geschildert, wie der spätere Präsident Lyndon Johnson 1948 durch eine gestohlene Wahl zum Senator von Texas aufstieg. Und auch wenn in dieser Frage kein Konsens herrscht, scheint es, als gehe der Wahlsieg des Demokraten John F. Kennedy über seinen republikanischen Widersacher Richard Nixon 1960 auf Wahlbetrügereien in Texas und Cook County in Illinois zurück.[25]

Das soll nicht heißen, dass es ausschließlich Demokraten sind, die Wahlbetrug begehen. Gelegentlich finden wir auch Fälle, in denen Republikaner ein derart korruptes Verhalten an den Tag legen. In ihrem Buch *The Vote Collectors*[26] erzählen Michael Graff und Nick Ochsner, wie ein gerissener Typ namens McCrae Dowless 2018 in Bladen County, North Carolina, illegalen Handel mit Briefwahlunterlagen betrieb, um dem Republikaner Mark Harris zum Einzug ins Repräsentantenhaus zu verhelfen.

---

* Anm. d. Übers.: Nach Ende des Bürgerkriegs 1865 war die Sklaverei in den USA offiziell abgeschafft. Um den Schwarzen trotzdem ihre Rechte möglichst vorzuenthalten, verabschiedeten die von Weißen regierten Südstaaten bis in die Mitte der 1960er-Jahre Gesetze, die die Rassentrennung fortführten, die »Jim-Crow-Gesetze«.

Wie Dowless dabei vorgegangen ist, werde ich später beschreiben, aber sein Betrug war dermaßen eklatant, dass das Wahlergebnis annulliert wurde. Harris hatte die Wahl knapp gegen den demokratischen Kandidaten Dan McCready »gewonnen«, doch er räumte ein, dass sein Sieg unter fragwürdigen Umständen zustande gekommen war, forderte eine Neuwahl und kandidierte nicht erneut. (Die Republikaner stellten mit Dan Bishop einen anderen Kandidaten auf, und der besiegte McCready in der Neuwahl.) Worauf ich hier eigentlich hinauswill: Dowless ist ein *republikanischer* Betrüger.

Aber auch hier nimmt die Geschichte eine interessante Wendung. Wie man beim illegalen Stimmenhandel vorzugehen hat, lernte Dowless nämlich bei den Demokraten. Er hatte für die linksgerichtete demokratische Lobbygruppe Bladen County Improvement Association gearbeitet, eine afroamerikanische Aktivistengruppe, die es sich zum Ziel gesetzt hatte, die Wahlbeteiligung zu steigern. Nur dass dieser Plan recht eigenwillig umgesetzt wurde – man fälschte Wahlanträge, wählte im Namen anderer, arbeitete mit bezahlten Stimmenhändlern, erschien in mehr als einem Wahllokal zur Stimmabgabe und griff zu zahlreichen anderen faulen Tricks. Auf diese Weise wurde Dowless zu einem Fachmann für Wahlbetrug, wenn man so will.

Nach einem heftigen Streit überwarf sich Dowless mit den Demokraten. Er wandte sich von seinen alten Verbündeten ab und bot (gegen Bezahlung) dem Kandidaten der Republikaner seine Hilfe an. Harris wusste nichts von Dowless' Erfahrungen in Sachen Wahlbetrug, er hatte nur gehört, dass dieser Typ gut darin sei, Stimmen zu holen. Übrigens: Die Medien machten großes Aufhebens um *The Vote Collectors,* denn es handelte von Wahlbetrug durch die Republikaner. Die Republikaner wiederum griffen nach dem Buch, weil es bestätigte, dass Wahlbetrug – und insbesondere Betrug bei der Briefwahl – real ist.

Also ja, Wahlbetrug ist real, und ja, die Bösewichte finden sich zumeist im Lager der Demokraten. Aber spielte Betrug bei der jüngsten Präsidentschaftswahl eine wichtige Rolle? Über welches Ausmaß reden wir? Wer sind die Betrüger? Und da es unterschiedliche Formen von Wahlbetrug gibt: Zu welcher Form des Wahlbetrugs haben sie gegriffen? Und schließlich: Wie lässt sich das nachweisen? Das waren die Fragen, vor denen Catherine Engelbrecht stand, während sie sich die turbulente Landschaft der Wahl von 2020 ansah.

Catherine griff als Ausgangspunkt auf den Whistleblower aus Arizona und die von ihm beschriebene Maultier-Operation zurück – eine Operation, die im Anschluss auch das Interesse des Bezirksstaatsanwalts von Arizona weckte und zu Anklagen, Strafverfolgungen und außergerichtlichen Einigungen führte. So bekamen auch wir unser Maultier zum Reden – die Frau kooperierte mit den Behörden, und obwohl sie immer noch guten Grund hatte, sich um ihre Sicherheit zu sorgen, war sie wenigstens vor Strafverfolgung geschützt. Was sie jedoch beschrieb, war eine umfassende Operation, praktisch ein Lebensstil, geleitet von den Demokraten, die in dem Gebiet das Sagen hatten und nicht davor zurückschreckten, illegal mit Briefwahlstimmen zu handeln. Catherine fragte sich: Konnte es sein, dass es sich hier nicht um eine auf Yuma oder Arizona begrenzte Operation handelte, sondern um etwas Landesweites?

Aus Erfahrung wissen Catherine und True the Vote, dass bei Betrug üblicherweise auf altmodische Methoden gesetzt wird. Wenn es irgendwie geht, wollen Betrüger das Rad nicht neu erfinden müssen. Warum nicht eine altbewährte Masche, die in der Vergangenheit funktioniert hat, noch einmal einsetzen? Das spricht nicht gegen neue Möglichkeiten wie manipulierte Wahlapparate und dergleichen, aber es soll verdeutlichen, dass Demokraten zwar im Laufe der Jahrzehnte alle möglichen Betrugsmethoden entwickelt haben, dass indes durch die Umstände, die Covid-19 mit sich brachte, die altbewährten Methoden stark begünstigt wurden.

Unter Fachleuten, die sich mit Wahlen beschäftigen, gilt der Betrug mit Briefwahlunterlagen als einfachste und häufigste Methode. Zu exakt diesem Urteil kam auch eine parteiübergreifende Kommission, die sich 2005 unter Leitung von Ex-Präsident Jimmy Carter mit dem Thema Wahlen befasste. Und warum ist das so? Weil es sich bei Briefwahl um die einzige Wahlmöglichkeit handelt, die außerhalb des sicheren Umfelds einer Wahlkabine stattfindet. Wahlkabinen sorgen dafür, dass der Wähler Privatsphäre hat, was bei Briefwählern nicht gewährleistet ist. In einem Wahllokal ist es nicht so leicht, Wähler unter Druck zu setzen oder einzuschüchtern, an ihrer Stelle den Wahlschein auszufüllen und abzugeben, oder sie dafür zu bezahlen, ihre Stimme diesem oder jenem Kandidaten zu geben. All dies wird jedoch möglich, hält sich der Wähler außerhalb des überwachten Bereichs auf.

Bereits vor den Präsidentschaftswahlen von 2020 war Briefwahl erlaubt und an einigen Orten üblich, aber ihre Nutzung nahm während des vergangenen Wahlkampfs stark zu. Die Coronapandemie eröffnete den Demokraten plötzlich eine Möglichkeit, die Wahl per Brief noch üblicher zu machen. Bei den Wahlen 2016 und 2018 hatte nur ein Viertel der Wählerschaft ihre Stimme per Briefwahl abgegeben, 2020 kletterte dieser Anteil auf über 43 Prozent. Von den verbliebenen Wählern stimmte ungefähr die Hälfte vorzeitig persönlich ab, und die andere Hälfte erschien am eigentlichen Wahltag in den Lokalen.[27]

Catherine überlegte: Sollten die Demokraten 2020 ihre Betrügereien hochfahren, dann an dieser Stelle. Sie würden Wahlbriefkästen und Briefwahlunterlagen nutzen, um koordinierten Stimmenhandel zu betreiben. Catherine wusste, dass die Stimmenhändler in Arizona diverse geschäftliche und gemeinnützige »Zwischenlager« dafür nutzten, ihre illegalen Stimmzettel zu sammeln. Man warb Maultiere wie die Frau, die wir interviewt haben, dafür an, Wahlbriefkästen aufzusuchen (vorzugsweise nachts) und dort stapelweise Stimmzettel einzuwerfen, sodass sich die illegalen Stimmzettel mit den legalen vermischten.

Aufgrund dieser Überlegungen entwickelten Catherine und Gregg Phillips eine These und entwarfen eine raffinierte Methode, sie zu testen. Die These lautete: Die Demokraten und ihre Verbündeten waren fest entschlossen, Trump loszuwerden, »koste es, was es wolle«. Für sie war Trump eine Art Faschist und ein Nazi, warum also nicht? Der Zweck heiligte die Mittel, und sollte Wahlbetrug nötig werden, um ihn abzusägen, dann war das halt so. Hauptsache, es funktionierte und man wurde nicht geschnappt. Als Trick für die Durchführung diente eine Reihe linksgerichteter gemeinnütziger Zentren, die auch als »Zwischenlager« dienen würden.

Diesen Zentren kam die Aufgabe zu, die betrügerischen Stimmen aufzutreiben. (In einem späteren Kapitel lege ich dar, wie sie das anstellten.) Man bezahlte Maultiere dafür, die Stimmen abzuliefern. Beachten Sie, dass allein schon die Nutzung bezahlter Maultiere jeden einzelnen Stimmzettel, den sie abliefern, automatisch ungültig und illegal macht. In keinem amerikanischen Bundesstaat ist es legal, jemanden für das Abliefern von Stimmen zu bezahlen, aber wenn man vorhat, so viele betrügerische Stimmen einzuschleusen, dass der Ausgang einer landesweiten Wahl gekippt wird, dann geht es vermutlich nicht ohne bezahlte Handlanger. Stimmte die These von Catherine und Gregg, würden unbeaufsichtigte Wahlbriefkästen als Anlaufstelle für die Maultiere dienen, die ihre betrügerischen Stimmzettel loswerden wollten.

Catherine und Gregg wussten: Was sie da hatten, war eine reine Hypothese, graue Theorie. Eine Theorie mag noch so plausibel klingen, aber lässt sie sich nicht überprüfen, ist ihr Nutzen gering. Das wirklich Geniale an der Arbeit von True the Vote ist, dass die Organisation ein narrensicheres System entwickelte, eben diese Theorie auf die Probe zu stellen. Bei diesem System wird Betrug der alten Schule mittels moderner Technologie untersucht, und ihr Name lautet Geotracking.

True the Vote würde Geotracking einsetzen, um herauszufinden, ob in den Swing States Wahlbetrug begangen wurde, wenn ja, in welchem Ausmaß, wer dafür verantwortlich war und welche Organisationen dahintersteckten. »Wenn sie es tatsächlich so gemacht haben, dann verfügen wir über eine zuverlässige Methode, sie zu schnappen«, erklärte Catherine Debbie und mir.

Beim Geotracking wird der aktuelle oder frühere Aufenthaltsort einer Person dadurch ermittelt, indem man sich bestimmte Daten vom Mobiltelefon dieser Person ansieht. Unsere Handys sind mit Apps bestückt. Wetter-Apps, Nachrichten-Apps und Händler-Apps beispielsweise speichern Informationen, die an unsere individuelle Handy-ID gekoppelt sind und zu jedem beliebigen Zeitpunkt unseren genauen Aufenthaltsort zeigen. Datenunternehmen wie Foursquare sammeln diese Informationen, verkaufen sie und stellen sie kommerziellen Unternehmen oder den Strafbehörden zur Verfügung.

Das alles ist völlig normal. Will der Staat oder eine Behörde mithilfe einer Handy-ID die Identität einer Person herausfinden, muss von entsprechender Stelle zunächst eine gerichtliche Erlaubnis dafür eingeholt werden. Die Handydaten selbst sind Bedarfsartikel und können auf dem freien Markt erworben werden. Aus den Daten geht unser exakter Aufenthaltsort hervor, und »trackt« man ein Handy über einen längeren Zeitraum hinweg, können gute Ermittler Muster aufspüren und erkennen, wie und wo wir uns innerhalb einer gewissen Stunde, an einem üblichen Tag oder während einer üblichen Woche bewegen.

Mithilfe von Geotracking könnte man beispielsweise herausfinden, dass ich gestern Abend erst zu Hause war und dann auf dem Weg ins Studio, wo ich meinen Podcast aufgenommen habe, noch bei Starbucks eingekehrt bin. Anschließend war ich bei der Bank und im Lebensmittelladen, bevor ich in einem italienischen Restaurant in der Nachbarschaft gegessen habe. Ausführlicheres Geotracking würde meine Routinen ebenso offenlegen wie Abweichungen vom normalen Ablauf, wenn ich etwa für eine Rede unterwegs bin oder übers Wochenende mit Debbie wegfahre. Indem es aufzeichnet, wo ich mich zu bestimmten Zeitpunkten aufgehalten habe, verrät mein Telefon viel darüber, wer ich bin und was ich tue – und das sogar dann, wenn es abgeschaltet ist. Vermeiden kann ich das nur, indem ich mein Handy nicht überall mit hinnehme oder mich vollständig von ihm trenne.

Wie mächtig Geotracking ist, zeigte die *New York Times* im Dezember 2019. Die Zeitung erwarb bei einem einzigen Anbieter von Standortdaten eine Datei, die die Standort- und Bewegungsdaten von rund 12 Millionen Amerikanern in größeren Städten über einen Zeitraum von mehreren Monaten hinweg enthielt. Die *Times* konnte einzelnen Telefonen nachspüren, während sie sich durch am Strand gelegene Viertel in Kalifornien bewegten, durch sichere Einrichtungen wie das Pentagon, im Eisenhower Executive Office Building*, im Westflügel des Weißen Hauses und in Mar-a-Lago, dem Wohnsitz von Donald Trump in Palm Beach, Florida.

»Eine Suchabfrage spuckte über ein Dutzend Personen aus, die das Playboy Mansion besuchten, und einige davon blieben auch über Nacht. Ohne größere Anstrengung entdeckten wir Besucher auf den Grundstücken von Johnny Depp, Tiger Woods und Arnold Schwarzenegger. Wir verfolgten Militärangehörige mit Sicherheitsfreigabe, während diese nachts nach Hause fuhren. Wir folgten Angehörigen der Strafbehörden, während diese ihre Kinder zur Schule fuhren.« Für den Zeitraum der Amtseinführung von Trump konnte die *Times*

Teilnehmer an Zeremonien rund um die Amtseinführung verfolgen, Gläubige in den Kirchen und Trump-Anhänger, wie sie sich gegenüber der National Mall** versammelten ... Genauso gründlich wurden Gegendemonstranten getrackt. Am Freitagabend verschwanden die Pings der siegestaumelnden Trump-Anhänger von der National Mall und wurden nur wenige Stunden später ersetzt durch die Teilnehmer am Women's March, zu dem sich fast eine halbe Million Menschen in der Hauptstadt einfanden ... Die Pings beim Protest führten zu einer klaren Spur durch die Daten und dokumentierten, wie Demonstranten in den Monaten vor und nach der Veranstaltung lebten, wo sie lebten und wo sie arbeiteten.[28]

---

* Anm. d. Übers.: Das Eisenhower Executive Office Building befindet sich in Washington neben dem Weißen Haus. Dort hat unter anderem der Vizepräsident der Vereinigten Staaten seine Büroräume

** Anm. d. Übers.: Eine große Promenade in Washington, die an das Weiße Haus grenzt.

Falls Sie nun den Eindruck gewonnen haben, dass wir als Besitzer von Mobiltelefonen nur noch sehr wenig Privatsphäre besitzen, dann liegen Sie richtig. Und das Erstaunliche daran: Wir geben unser Recht auf Privatsphäre einfach dadurch auf, dass wir auf ein paar Links klicken. Catherine Engelbrecht wies mich auf eine dieser Datenschutzerklärungen hin – Sie wissen schon, diese aufpoppenden Fenster, die wir meist sofort wegklicken und die kaum jemand liest. Folgende Erklärung stammt von der ausgesprochen beliebten Webseite der britischen Tageszeitung *Daily Mail:*

»Wir und unsere Partner verarbeiten, speichern und rufen basierend auf Ihrer Zustimmung Daten wie die IP-Adresse, die eindeutige Kennung und Browserdaten ab, um personalisierte Anzeigen und Inhalte zu zeigen, für die Messung von Anzeigen und Inhalten, zur Gewinnung von Publikums-Insights und für die Produktentwicklung, zur Bestimmung präziser Standortdaten und um aktiv Geräte zu Identifizierungszwecken zu scannen.« Und dann kommt der eigentliche Clou: »Manchmal verlassen wir und unsere Partner uns nicht auf Ihre Zustimmung, sondern berufen uns auf unser legitimes Interesse daran, Ihre Daten zu verarbeiten.« Mit anderen Worten: »Sie können uns Ihre Zustimmung geben, aber wenn nicht, auch egal, wir holen uns Ihre Daten trotzdem.«

Aber was wollen die *Daily Mail* und andere Webseiten mit Ihren Daten? Die kurze Antwort auf diese Frage: Ihnen etwas verkaufen. Die Zeitung erkennt anhand der Daten nicht nur, wer ihre Leser sind und was sie tun, sie kann auch ermitteln, wo das Publikum einkauft, was für Produkte interessant sind und welche Form von Werbung relevant sein könnte. Mehr noch: Die Zeitung kann diese Daten gewinnbringend an Einzelhändler verkaufen, die sie dann für verkaufsfördernde Maßnahmen und Werbezwecke nutzen. Das Ganze ist ein gewaltiges Geschäft.

Vielleicht haben Sie das auch schon erlebt: Sie stehen in einem Geschäft und erhalten auf dem Handy eine Nachricht, dass ausgerechnet in diesem Geschäft gerade eine ganz besondere Rabattaktion läuft. Debbie und ich waren kürzlich in einem Shoppingcenter, und als wir auf den Apple Store zusteuerten, erhielt Debbie eine Benachrichtigung von – richtig geraten, Apple. Bei anderer Gelegenheit waren wir beispielsweise in der Drogeriekette CVS und erhielten eine Benachrichtigung darüber, welche Rabatte und Sonderaktionen es zum betreffenden Zeitpunkt in diesem Laden gab. Falls Sie das kennen und sich fragen, woher die Geschäfte denn wissen, wo Sie sich gerade aufhalten, wissen Sie nun Bescheid: Sie wissen es dank Geotracking.

Geotracking wird in erster Linie im Handel eingesetzt und heißt dann »Location-Based Marketing« oder »E-Commerce-Marketing«. Macht ein Unternehmen potenzielle Kundschaft in einer bestimmten geografischen Region aus, betreibt sie »Geotargeting«. Errichtet das Unternehmen eine Zone oder einen Kreis, um festzustellen, wer sich in der Nähe eines Ladengeschäfts aufhält, spricht man von »Geofencing«. Ich bin über eine Werbeseite gestolpert, die von den Möglichkeiten schwärmt, die das »Geoconquesting« angeblich bietet. Dabei handelt es sich darum, dass ein Unternehmen dem Mitbewerber Kundschaft abjagt. Gehen Sie am Geschäft von Firma A vorbei, bombardiert Firma B Ihr Handy mit Preisnachlässen und Werbeinhalten, in der Hoffnung, dass Sie Ihr Geld nicht zur Konkurrenz tragen, sondern zu Firma B ins Geschäft kommen.[29]

Darüber hinaus setzen Nachrichtendienste und Strafverfolgungsbehörden Geotracking heutzutage regelmäßig ein. Ein frühes Beispiel: Mithilfe von Geotracking wurde Osama Bin Laden im pakistanischen Abbottabad aufgespürt, um anschließend auf seinem Anwesen gestellt und getötet zu werden. Bin Laden selbst verwendete kein Mobiltelefon, aber seine Leute sehr wohl, und amerikanische Geheimdienstler nutzten diese Daten, um Bin Laden zu finden und zu ermitteln, nach welchem Muster das Leben in dem Anwesen ablief – wer kam, wer ging, wer war für die Security verantwortlich und so weiter.[30]

Mithilfe von Geotracking konnte das FBI auch Demonstranten, die am 6. Januar das Kapitol gestürmt hatten, identifizieren, lokalisieren und verhaften. *Wired* berichtete als erstes Presseorgan darüber. In dem Artikel heißt es, die Ermittler hätten Google gebeten, sämtliche Smartphones zu identifizieren, die sich am 6. Januar im Kapitol aufgehalten hatten. Dann strichen sie sämtliche Geräte von der Liste, die zu Personen gehörten, die befugt waren, sich dort aufzuhalten. Alle anderen galten als mutmaßliche Straftäter.

In dem Magazinbericht heißt es auch, dass das FBI Google, noch während sich die Demonstranten im Kapitol aufhielten, die ersten beiden Geofence-Bescheide zustellte. Anschließend konnte sich das FBI vom Gericht die Erlaubnis holen, die Personen durch ihre Handy-ID zu identifizieren. Praktisch sofort besaßen die Behörden die Adressen der Personen, ihre E-Mail-Adressen und die Telefonnummern.[31] Die Telefone der Demonstranten erwiesen sich im Grunde also als digitale Spione, durch die sie sich selbst verrieten.

Wired präsentierte die Story als Ergebnis einer monatelangen Untersuchung, aber in Wahrheit dürfte es eher das FBI gewesen sein, das dem Magazin die Geschichte zugespielt hatte. In jedem Fall ist sie interessant und zeigt, was modernes Geotracking leisten kann, wenngleich man nicht alles für bare Münze nehmen sollte. Gregg Phillips sagte mir, sein Team habe die Verhaftungen, die im Anschluss an die Ereignisse vom 6. Januar folgten, sehr sorgfältig studiert, und einige Festnahmen hätten zu früh stattgefunden, als dass sie schon das Ergebnis von Geotracking hätten sein können.

Geotracking brauche Zeit, erklärte Gregg, denn dazu gehöre, erst einmal Verhaltensroutinen zu ermitteln, dann müsse man sich vom Gericht die Erlaubnis für die Identifizierung der Verdächtigen einholen und schließlich müsse man ihren aktuellen Standort ausfindig machen, um sie verhaften zu können. Eine ganze Reihe Verdächtige rund um den 6. Januar wurden praktisch unmittelbar im Anschluss an die Ereignisse verhaftet, in diesen Fällen hätte die Zeit nicht ausreichen können. Sollte Geotracking zur Verhaftung beigetragen haben, dann muss das FBI diese Personen bereits *vor* dem 6. Januar überwacht haben, so Gregg.

Als Werkzeug weist Geotracking offenkundig Nutzen für die Strafverfolgungsbehörden auf, aber diese Arbeit ist kostspielig und zeitintensiv, außerdem erfordert sie technische Expertise. Vielen örtlichen Polizeibehörden fehlt diese Expertise, und wieder anderen mangelt es an Ressourcen. Hinzu kommt, dass Geotracking vergleichsweise neu ist, altgediente Ermittler sind es möglicherweise also schlicht nicht gewohnt, mit dieser Technologie zu arbeiten, obwohl sie für sie von Nutzen wäre.

Als sich Gregg Phillips und sein Team in die Geotrackingdaten aus Georgia einarbeiteten, stießen sie auf ein Muster von Wahlbetrug, dessen Ausmaß sie schockierte – es ging um Hunderte nachweisbarer Straftaten, koordiniert von gemeinnützigen Einrichtungen, die wie ein kriminelles Netzwerk oder ein Kartell agierten, um eine Wahl zu manipulieren, welche die politischen Machtverhältnisse im Land verschieben würde.

Gregg und Catherine informierten Georgias Gouverneur Brian Kemp, Georgias Innenminister Brad Raffensperger und das

Georgia Bureau of Investigation (GBI) über das, was sie herausgefunden hatten. Betroffen und bestürzt mussten sie erleben,
dass sich Widerstand dagegen regte, offizielle Ermittlungen einzuleiten. »Sie haben es schlicht ausgesessen«, sagte Catherine.
»Keinerlei Reaktion.«

Wie kann das sein, fragten sich Gregg und Catherine. Eine mögliche Erklärung sind politische Gründe – ich werde später ausführlicher darauf eingehen. Eine andere Möglichkeit: Die Behörden waren sich nicht sicher, was die Belastbarkeit der Daten
anging. Vielleicht war ihnen (oder zumindest denjenigen, die die
Berichte von True the Vote prüften) diese Technologie neu. »Wir
hatten das Gefühl, dass wir vielleicht die Daten für sie validieren
mussten«, sagte Catherine. »Dass wir ihnen zeigen mussten, dass
es sich um etwas handelte, dem sie nachgehen mussten, das sie
prüfen und falls nötig zur Anklage bringen mussten.«

Die beiden hatten einen genialen Einfall. Gregg: »Wir hatten die
Idee, dass wir mit exakt derselben Technologie und exakt denselben Methoden vielleicht bei ein paar Mordfällen aus der Gegend
würden helfen können.« Sollte sich Geotracking bei ein, zwei un-
gelösten Tötungsdelikten als hilfreich erweisen, würde doch vielleicht zumindest das GBI einsehen, wie gut diese Technologie
einen Betrug an den Wahlbriefkästen nachweisen kann. Zum
Glück für Gregg und Catherine gab es zu dieser Zeit zwei schlag-
zeilenträchtige Schwerverbrechen im Großraum Atlanta, die
noch unaufgeklärt waren.

Der erste Fall war der von Secoriea Turner, einem 8-jährigen
Mädchen, das während der Black-Lives-Matter-Unruhen am
4. Juli 2020 in der Nähe eines Wendy's-Schnellrestaurants erschossen worden war. Nachdem die Polizei im Juni Rayshard
Brooks erschossen hatte, wüteten Aktivisten von Black Lives

Matter (BLM) und Antifa in der Gegend. Das Wendy's-Restaurant, vor dem Brooks getötet worden war, wurde niedergebrannt und die Gegend in Rayshard Brooks Peace Center umbenannt.

»Zunächst verliefen die Proteste friedlich«, sagte Derante Wilkins, ein Anwohner, der Presse. »Dann kamen Leute mit Schusswaffen.« Die Aktivisten gingen auf Journalisten und Anwohner los und äußerten Drohungen. Sie verprügelten Menschen, die versuchten, das von ihnen besetzte Gebiet zu betreten. Ein Gerangel zwischen einem Schwarzen und einer Demonstrantin führte sogar zu einem Schusswechsel, dennoch blieben Stadt und Polizei untätig und überließen dem bewaffneten Mob quasi die Kontrolle über die Gegend. Dass eine bewaffnete Miliz die Macht über ein Gebiet an sich reißt, war auch in Städten wie Portland und Seattle zu beobachten.

Ohne zu wissen, dass es sich um eine besetzte Zone handelte, fuhr die Mutter von Secoriea Turner, Charmaine Turner, mit ihrem Jeep mitten hinein. Als sie versuchte, den Wagen zu wenden, wurden mehrere Schüsse auf ihr Fahrzeug abgegeben, wobei das kleine Mädchen tödlich verletzt wurde. Dieses Verbrechen konnte nicht aufgeklärt werden. Turner und andere hatten Augenzeugen gebeten, sich zu melden, doch die Appelle verhallten ungehört.

»Ihr habt eine von euch getötet – dieses Mal habt ihr eine von euch getötet«, sagte Secorieas Vater auf einer Pressekonferenz. »Wir verdienen Gerechtigkeit«, erklärte Charmaine Turner. »Jemand muss zur Verantwortung gezogen werden.« Doch sollten Antirassismus-Aktivisten oder Kämpfer für soziale Gerechtigkeit gewusst haben, wer die tödlichen Schüsse abgefeuert hatte, so bewahrten sie ihr Schweigen.

Die Polizei verhaftete einen Mann, Julian Conley, auf Grundlage eines Videos, das ihn am Tatort zeigte, aber er erklärte, er sei bloß Augenzeuge gewesen. Weitere Ermittlungen ergaben, dass es mindestens zwei Schützen gegeben haben muss, und die Behörden räumten ein, man versuche noch immer, die Täter zu identifizieren. Ein Jahr nach der Tat war das Verbrechen weiterhin ungelöst.[32]

Als ich Gregg Phillips für den Film *2000 Mules* interviewte, breitete er eine Karte der Gegend aus. Seine Geotrackingdaten zeigten den Standort und die Bewegung jedes einzelnen Handys vor, während und unmittelbar nach der Schießerei. Natürlich hatte es Dutzende Handys gegeben, darunter auch das in Turners Jeep. Berücksichtigte man aber, aus welcher Richtung die Schüsse kamen, in welchem Winkel sie eintrafen und zu welchem Zeitpunkt, so Gregg weiter, so kamen für die Stelle, an der die Schützen gestanden haben mussten, nur zwei Mobilfunkgeräte infrage. Ich solle darauf achten, wie sich die Mobilfunkgeräte bewegen, sagte mir Gregg. Nachdem die Schüsse gefallen waren, bewegte sich das eine rasch über die Straße und tauchte in einer größeren Gruppe unter, während das andere zu einer Überführung eilte und dann stoppte. Vermutlich hat sich der Besitzer des Geräts unter der Überführung versteckt.»Das schreit danach, weiter untersucht zu werden, aber ich denke, hier haben wir unsere beiden Hauptverdächtigen«, sagte Gregg. Ihre Namen kannte er nicht, aber er besaß ihre Handy-ID, und diese Daten übergab er dem FBI.

Mitte August 2021 wurde wegen des Mords an Secoriea Turner Anklage gegen zwei schwarze Männer erhoben. Der eine war Julian Conley, den man schon einmal im Zusammenhang mit der Schießerei verhaftet hatte. Der andere war Jerrion McKinney, der angeblich genauso wie Conley Mitglied einer Gang namens Bloods sein soll. Laut Anklageschrift waren die beiden an den Black-Lives-Matter-Unruhen beteiligt und hatten auf den Jeep geschossen, als Turner ohne Genehmigung in die sogenannte besetzte Zone fuhr.[33]

Gregg und Catherine sind sehr zurückhaltend, was ihre Rolle in diesem Fall anbelangt. Weil sich das FBI dazu nicht äußert, können sie nicht sagen, inwieweit die Geotrackingdaten dazu beigetragen haben, die Verdächtigen zu verhaften. Das FBI steht jedoch weiterhin im Kontakt zu Catherine und Gregg, und die Schlussfolgerung, dass ihre Informationen eine wertvolle Hilfe für die Behörden darstellten, scheint nur vernünftig.

Wenden wir uns dem zweiten Fall zu. Am 28. Juli 2021 wurden Katie Janness und ihr Hund Bowie im Piedmont Park in Atlanta erstochen. Die erschreckende Brutalität, mit der dieses Verbrechen begangen wurde, sprach für ein persönliches Motiv: Janness erlitt mehr als fünfzig Stichwunden in Gesicht, Hals und Torso, ihre Kehle war aufgeschnitten, und man hatte ihr die Buchstaben »FAT« (»FETT«) in den Körper geritzt. Aber es war zunächst bloß eine Annahme, dass es sich um jemanden aus ihrem Umfeld handelte.

Die Lesbierin Janness hatte ihrer Verlobten Emma Clark gesagt, sie gehe mit dem Hund raus. Als sie nicht wieder nach Hause kam, nutzte Clark eine Handy-App, um den Standort von Janness herauszufinden. Die Genauigkeit der App ist bemerkenswert, denn das Programm führte sie direkt zum Tatort. Gegen 1:00 Uhr morgens entdeckte Clark die Leichen von Janness und Bowie am Parkeingang. Nichts fehlte – Handy, Kopfhörer und Schlüssel der Toten wurden am Tatort gefunden –, insofern schien es sich nicht um einen Raubüberfall gehandelt zu haben.

Das FBI schloss sich bei den Ermittlungen der Polizei an, aber auch nach mehreren Monaten war der Fall noch offen. Es gab Überwachungskameras im Park, aber sie waren keine große Hilfe. Eine Aufnahme zeigt Janness und den Hund, wie sie an der Kreuzung Tenth Street und Piedmont Avenue einen Zebrastreifen in Regenbogenfarben überqueren, aber das war es auch schon. Es gab keine Augenzeugen, keine Verdächtigen.[34]

Gregg Phillips und sein Team nahmen sich die Geotrackingdaten für den Park in der Nacht der Ermordung vor. Sie identifizierten drei Handys in der unmittelbaren Umgebung des Tatorts. Eines davon war das Handy von Janness. Die anderen beiden waren unbekannt, aber Gregg konnte ermitteln, dass eines davon aus einem anderen Bundesstaat stammte. War jemand von außerhalb gekommen, um einen Mord zu begehen?

Das andere Gerät war lokal. Gregg stieß auf etwas aus seiner Sicht sehr Interessantes: Das Gerät wurde bei mehr als einer Gelegenheit auf dem Parkplatz vor dem Mehrfamilienhaus erfasst, in dem Janness ihr Apartment hatte. Es schien, als habe jemand Janness beobachtet, möglicherweise um herauszufinden, wie ihr Alltag ablief. Gregg glaubte, eines der beiden Geräte gehörte dem Mörder.

Als er den Radius aufzog und ein größeres Gebiet überprüfte, fand Gregg mehrere andere Handys, die sich zum Zeitpunkt des Mordes im Park befunden hatten. Kein Gerät schien nah genug gewesen zu sein, als dass der Besitzer den Mord hätte mitverfolgen können, aber die Behörden würden sicherlich mit den Personen sprechen wollen, da sie möglicherweise relevante Informationen besaßen. Wieder gaben Gregg und Catherine ihre Erkenntnisse an die Behörden weiter. Während ich dies schreibe, sind die Ermittler nach eigener Aussage der Aufklärung des Falls nähergekommen.[35]

Gregg und Catherine sind an diese Fälle exakt so herangegangen, wie sie Fälle von vermeintlichem Wahlbetrug untersucht haben. Das Geotracking funktioniert hier ganz genauso und zeichnet auf, welche Mobiltelefone sich am Schauplatz des Verbrechens aufgehalten haben. Geotracking ist ähnlich wie ein DNA-Beweis oder ein Fingerabdruck, mit dem Unterschied, dass die Daten auf ein bestimmtes Mobilfunkgerät verweisen, anstatt direkt auf den Besitzer. Diese Verbindung lässt sich allerdings durch weitere Ermittlungen herstellen.

Was Gregg und Catherine deutlich gemacht haben: Diese neue und zuverlässige Technologie hilft uns, mehr zu erfahren über den gewaltigen und koordinierten Betrug in den fünf amerikanischen Bundesstaaten, die für den Ausgang der Wahlen von 2020 entscheidend waren.

Kapitel 4

Eine Herde Maultiere

Es braucht nicht viele Stimmen, um eine Wahl zu drehen. Zumindest war das 2020 der Fall.

Sehen wir uns den Stimmenvorsprung in fünf Staaten an: Michigan – 154 000 Stimmen. Pennsylvania – 80 000 Stimmen. Wisconsin – 20 000 Stimmen. Georgia – 12 000 Stimmen. Arizona – 10 000 Stimmen. In all diesen Staaten hat Biden gewonnen. Hätte er dort verloren, hätte er die Wahl insgesamt verloren. Wer in diesen Staaten die Mehrheit holt, holt auch die Mehrheit im Wahlkollegium. Und wer das Wahlkollegium holt, holt sich das Land.

True the Vote machte sich daher daran zu untersuchen, ob Biden diese Staaten wirklich gewonnen hatte. Diese Frage beantworten wir in diesem Kapitel.

Dasselbe gilt für die Senatsnachwahlen in Georgia. Anfang 2021 besiegten dort die demokratischen Kandidaten ganz knapp die beiden republikanischen Amtsinhaber David Perdue und Kelly Loeffler. Dadurch stellten die Demokraten nicht nur den Präsidenten, sie erlangten auch die Kontrolle über den Senat. Im Repräsentantenhaus besaßen sie bereits eine (hauchdünne) Mehrheit, insofern kontrollierten sie nun die gesamte Legislative und Exekutive des Landes.

Aber noch einmal: Die Frage ist, ob das Ergebnis in Georgia auf legale Weise zustande kam. Das können wir nun herausfinden. Die Ermittlungen von True the Vote konzentrierten sich auf Maultiere, die Geld für »Ballot Trafficking« bekamen. Klären wir also zunächst einmal, was sich dahinter verbirgt, wo es illegal ist und warum.

Von Ballot Trafficking (Stimmenhandel), spricht man, wenn Briefwahlzettel ohne die Zustimmung der betreffenden Wähler abgegeben werden. Gleichzeitig bedeutet es, dass der Betreffende Geld dafür erhält, wenn er seine Stimme abgibt, beziehungsweise dafür, dass er sein Kreuz an einer bestimmten Stelle macht. Werden Wähler dafür bezahlt, zur Wahl zu gehen oder für einen bestimmten Kandidaten zu wählen, oder werden Maultiere dafür bezahlt, Stimmen abzuliefern, sind diese Stimmen illegitim, und wer sich daran beteiligt hat, hat ein schweres Verbrechen begangen.

Nach dieser Definition verstößt Ballot Trafficking in jedem amerikanischen Bundesstaat gegen das Gesetz.

Etwas anderes ist »Vote Harvesting«, das in einigen Staaten erlaubt ist. (Jeder Bundesstaat ist für seine eigenen Wahlgesetze zuständig, insofern kann sich die Gesetzeslage von Staat zu Staat stark unterscheiden.) Beim Vote Harvesting holen Dritte die ausgefüllten Briefwahlunterlagen bei den Bürgern ab und werfen diese in spezielle Wahlbriefkästen ein oder übergeben sie Wahlbeamten. In 27 Staaten ist das Vote Harvesting zugelassen, wobei in den meisten Staaten definiert ist, wer Stimmzettel anderer Personen abgeben darf und wer nicht. Im Allgemeinen ist es Familienmitgliedern und Betreuern erlaubt, während es Arbeitgebern, Gewerkschaftsvertretern, Kandidaten oder Wahlkampfmitarbeitern untersagt ist.

Die liberalsten Gesetze in Sachen Vote Harvesting haben Kalifornien und Hawaii. Dort kann man praktisch ohne jegliche Einschränkungen seinen Stimmzettel an Dritte weitergeben, und diese können die Stimmzettel dann entweder per Post einschicken oder persönlich abgeben. Aber selbst in diesen Staaten ist es verboten, den Aufwand für das Einsammeln und Überbringen von Stimmzetteln zu kompensieren. Kalifornien definiert »Kompensation« als jedwede Form von Geldleistung, Waren, Dienstleistungen, Nebenleistungen, Stellenangeboten oder sonstigen Angeboten, die dafür gemacht werden, dass man die Briefwahlzettel Dritter abliefert.

In New Hampshire können Sie Ihren Stimmzettel durch einen Angehörigen abgeben lassen beziehungsweise durch das Personal der Pflegeeinrichtung, in der Sie leben. In New Jersey dürfen Sie Ihren Stimmzettel durch einen Dritten abgeben lassen, aber das muss persönlich geschehen; darüber hinaus muss sich der Überbringer ausweisen können und eine von Ihnen unterzeichnete Vollmacht vorlegen.

Minnesota erlaubt es den Wählern, einen designierten Mittelsmann für die Abgabe des Stimmzettels auszuwählen, aber diese Person darf pro Wahl nicht mehr als drei Stimmzettel abgeben. In Alaska kann ein designierter Vertreter an Ihrer Stelle den Stimmzettel abgeben, sofern Sie eine Behinderung haben oder berechtigt sind, einen Stimmzettel für Menschen mit Sonderbedarf zu erhalten.

Wenden wir uns nun den fünf Staaten zu, in denen Bidens Vorsprung knapp war und wo die Gesetze deutlich restriktiver gehalten sind.

Arizona schreibt vor, dass nur ein Angehöriger, ein Mitglied Ihres Haushalts oder ein Betreuer Ihren Stimmzettel abgeben oder per Post verschicken darf.

In Georgia ist es dasselbe, ergänzt um den Zusatz, dass ein Angestellter einer Justizvollzugsanstalt den Stimmzettel eines Insassen abgeben kann.

In Pennsylvania und Wisconsin darf ausschließlich der Wähler den Stimmzettel abgeben, es gibt dort keinerlei Regelung, die es erlaubt, seinen Stimmzettel Dritten zu übergeben. Das gilt selbst für enge Verwandte. Pennsylvania macht eine kleine Ausnahme für Wähler mit Einschränkungen. Sie dürfen jemanden bestimmen, der den Stimmzettel an ihrer Stelle abgibt, aber diese Person muss eidesstattlich erklären, dass sie die Wahldokumente in keiner Form verändert hat.

In Michigan ist die Situation knifflig. Laut Gesetz können nur Ihre unmittelbaren Familienmitglieder Ihren Stimmzettel abgeben. Dann ließ 2020 ein Gericht Vote Harvesting zu, doch das Urteil wurde nach 2 Wochen wieder gekippt. In der Praxis bedeutete dies, dass das Vote Harvesting in Michigan illegal war, während der Phase der frühzeitigen Stimmabgabe jedoch 2 Wochen lang legal und anschließend wieder illegal. Aber noch einmal: Maultiere – oder sonst jemanden – für das Überbringen von Stimmen zu *bezahlen,* ist immer illegal.[36]

Weil die Organisation nur über begrenzte Mittel verfügte, beschloss True the Vote, sich auf wichtige Stadtgebiete in fünf Staaten zu beschränken. Dabei handelte es sich

- um den Großraum Atlanta, zu dem auch die Bezirke Fulton, Gwinnett, DeKalb und Cobb gehören;
- um zwei Gebiete in Arizona, nämlich den Großraum Phoenix, der größtenteils in Maricopa County liegt, und Yuma County;
- um den Großraum Detroit, Wayne County in Michigan;
- um den Bereich Milwaukee in Wisconsin und
- um den Großraum Philadelphia in Pennsylvania.

Hier wollten Catherine und Gregg die These überprüfen, dass man eine Wahl allein schon dadurch entscheidend manipulieren kann, indem man in einer Handvoll Bezirken in fünf Swing States Wahlbetrug begeht.

True the Vote zog einen virtuellen Zaun rund um diese Gebiete und erwarb sämtliche Mobilfunkdaten für den Zeitraum zwischen dem Beginn der vorzeitigen Stimmabgabe bis zum Wahltag. Alles in allem handelte es sich um 10 Billionen Mobilfunkstandortdaten. Dabei legten Catherine und Gregg ihr Hauptaugenmerk auf die Handy-Bewegungsdaten zwischen ausgewiesenen gemeinnützigen Einrichtungen – Obdachlosenunterkünfte, Nichtregierungsorganisationen (NGOs), linksgerichtete Kirchengemeinden, Büros von Aktivisten-Organisationen – und Wahlbriefkästen.

Natürlich ist nichts verwerflich daran, wenn jemand aus der Belegschaft oder ein Besucher einer dieser Organisationen einen Wahlbriefkasten aufsucht. Vielleicht wirft die Person dort ihren Stimmzettel ein oder den eines Angehörigen. Problematisch wird es allerdings, wenn sich feststellen lässt, dass ein und dasselbe Handy innerhalb einer Nacht mehreren Wahlbriefkästen einen Besuch abstattet. Ist zudem ein Muster erkennbar, wonach eine Person mehrere gemeinnützige Organisationen aufsucht und anschließend in mehreren Wahlbriefkästen Stimmzettel einwirft, haben wir es mit gesetzwidrigem Stimmenhandel zu tun. Für ein derartiges Verhalten gibt es keine harmlose Erklärung.

True the Vote begann seine Ermittlungen in Georgia, wo sich ein Whistleblower gemeldet hatte und einräumte, er habe für den Handel mit 4500 Stimmen 10 Dollar pro Stimme erhalten, also 45 000 Dollar insgesamt. Ein Zitat aus der Klage, die True the Vote am 30. November 2021 bei Georgias Innenminister Brad Raffensperger einreichte:

»Das bei True the Vote unter Vertrag stehende Team von Forschern und Ermittlern sprach mit mehreren Individuen bezüglich ihres Wissens um Personen, Methoden und Organisationen, die in Georgia am Ballot Trafficking beteiligt waren. Eine Person, nachfolgend John Doe genannt, räumte ein, persönlich daran teilgenommen zu haben, und lieferte detaillierte Informationen darüber, wie das Ballot Trafficking abgelaufen ist. Diese Informationen wurden gegen die Garantie geliefert, dass die Person anonym bleibt.

John Doe beschrieb ein Netzwerk von Nichtregierungsorganisationen (NGOs), die gemeinsam an der Umsetzung eines Ballot-Trafficking-Systems in Georgia arbeiteten. John Doe behauptet, er sei eine von vielen Personen gewesen, die Geld dafür erhielten, während der Phase der vorzeitigen Stimmabgabe bei den allgemeinen Wahlen von November 2020 und der Stichwahl von Januar 2021 Briefwahlunterlagen einzusammeln und abzuliefern. Wohl wissend, dass andere sein Handeln als unangemessen erachten mochten, schien John Doe allerdings nicht bewusst zu sein, in welchem Ausmaß sein Verhalten gesetzeswidrig war und dass es möglicherweise organisiertes kriminelles Handeln darstellt. Nach John Does Auffassung bezahlte man ihn dafür, einen Job zu erledigen, und es war nur angemessen, für die geleisteten Dienste bezahlt zu werden.

Zu den Aufgaben von John Doe gehörte es, Stimmzettel einzusammeln, sowohl bei Wählern in den anvisierten Nachbarschaften als auch bei NGOs, die ihre eigenen Abläufe zum Sammeln von Stimmzetteln hatten, diese Stimmzettel zu anderen NGOs zu bringen, bei diesen NGO-Gruppen spezielle Pakete mit Stimmzetteln einzusammeln und in Wahlbriefkästen einzuwerfen, die sich über sechs Bezirke in der Metropolregion Atlanta erstreckten. Jede Lieferung an einen Wahlbriefkasten umfasste üblicherweise zwischen 5 und 20 Stimmzettel. John Doe beschrieb, dass er als Voraussetzung für eine Zahlung ein Handyfoto von dem Wahlbriefkasten machen musste, in den er die Stimmzettel eingeworfen hatte. Die Teilnehmer erhielten eine Kompensation; üblich waren 10 Dollar pro Stimmzettel. John Doe erklärte, er sei direkt von einer dieser NGOs bezahlt worden.«[37]

Selbstverständlich sind Raffenspergers Ermittler auf der Suche nach John Doe. Weil er das weiß, ist er abgetaucht. Er hatte von Anfang an klargestellt, dass er nicht Teil einer kriminellen Ermittlung sein wolle, weil ihn das in zu große Gefahr bringen würde – entweder würde er selbst zum Opfer strafrechtlicher Verfolgung werden, oder die anderen Maultiere würden ihm ans Leder gehen, weil sie, wenn er mit der Staatsanwaltschaft kooperiert, selbst Enttarnung und Strafverfolgung fürchten müssen. Oder das verbrecherische Unternehmen, das ihn beschäftigt hatte, würde hinter ihm her sein.

Dieses Maultier weigerte sich also, an die Öffentlichkeit zu gehen, dennoch traf sich die Person wiederholt mit Ermittlern von True the Vote. Dabei half der Whistleblower der Organisation, ihre Methodik für die fünf Staaten umspannende Ermittlung auszuarbeiten. Mithilfe dessen, was Gregg und Catherine in Arizona erfahren hatten, und dem, was ihnen der Whistleblower aus Georgia erzählt hatte, entwickelten sie eine Vorstellung davon, wie das Maultiersystem funktionierte und worauf sie zu achten hatten.

Also nahm die Gruppe ihre Ermittlungen in Georgia auf und machte dann in Arizona, Wisconsin, Michigan und Pennsylvania weiter. True the Vote beschloss, sich auf die ungeheuerlichsten Fälle zu konzentrieren, also auf Maultiere, die bei mehreren Aktivisten-Organisationen eingekehrt und die mindestens zehn Wahlbriefkästen aufgesucht hatten. Auf diese Weise konnte natürlich nicht das gesamte Ausmaß der Stimmfälschungen dokumentiert werden, aber das Team beschloss, sich auf klare Verstöße in Bezirken zu fokussieren, die den Ausgang der Wahl beeinflusst haben könnten.

Für den Film *2000 Mules* führte ich ein sehr ausführliches Interview mit Catherine und Gregg, aber aus Zeitgründen schaffte es nur ein sehr kleiner Ausschnitt in die endgültige Fassung. In diesem und dem folgenden Kapitel werde ich sehr viel ausführlicher auf dieses Interview eingehen. Wir sprachen zunächst über die Geotrackingbeweise.

> **Dinesh:** *Catherine, welche These lag deinen und Greggs Nachforschungen zugrunde?*
> **Catherine:** *Die Frage, die wir uns stellten, lautete: Würdest du betrügen wollen, wie würdest du an diese Aufgabe herangehen, damit sich der Betrug beweisen, überwachen und aufspüren lässt? Und wir beschlossen, die Daten sprechen zu lassen.*
> **Dinesh:** *Wie sind die Daten in eure Hände gelangt?*

Gregg: *Wir haben sie gekauft.*

Dinesh: *Erzähle uns bitte von den Orten, für die du Daten gekauft hast. Wonach hast du gesucht, über welchen Zeitraum reden wir?*

Gregg: *Wir kauften Daten aus dem Zeitraum vom 1. Oktober bis zum Wahltag, um auch die Phase der vorzeitigen Stimmenabgabe abdecken zu können, speziell in Bezug auf diese Wahlbriefkästen. Für Georgia erwarben wir sogar Daten aus dem Zeitraum vom 1. Oktober bis zum 6. Januar nach der Stichwahl.*

Catherine: *Georgia war also insofern interessant, weil wir hier zweimal Daten auswerten konnten.*

Gregg: *Wir konzentrierten uns auf die Metropolregion Atlanta – die Wahlbriefkästen in diesem Gebiet. Um diese zogen wir einen virtuellen Zaun. Ähnliche Zäune zogen wir um einige der Organisationen, von denen wir über die Hotline erfahren hatten – durch beunruhigte Zeugen, die dort verdächtiges Treiben beobachtet hatten. Dann erwarben wir die Daten der Personen, die sich in der Nähe dieser Wahlbriefkästen aufgehalten hatten und auch im Umkreis dieser Organisationen. Auf diese Weise konnten wir es beim ersten Datenkauf auf etwa 500 000 Telefone eingrenzen. Im gesamten Land kauften wir 10 Billionen Signale.*

Dinesh: *Nach welchem Kriterium habt ihr festgelegt: »Lasst uns danach suchen.«*

Gregg: *Wir haben es hier mit einer enormen Anstrengung der besten Leute in Amerika in diesem Bereich zu tun, wenn nicht der Welt. Das entscheidende Kriterium war, dass sie zehn oder mehr Wahlbriefkästen besucht haben mussten. Das heißt, einmalige Besuche innerhalb eines Gebiets und fünf oder mehr Besuche bei einer oder mehreren dieser Organisationen.*

Catherine: *Sieht man sich die Daten insgesamt an, waren das, was Gregg gerade als Definition genannt hat, die Extremfälle. Und in Staat um Staat, an Ort um Ort wurden Bewegungsmuster ersichtlich, die unverwechselbar waren.*

Dinesh: *Wenn ich das richtig verstehe, sagt ihr, dass niemand einen Grund hat, zwei oder mehr Wahlbriefkästen anzufahren, wenngleich es vielleicht doch einen Grund dafür geben könnte. Suchen wir also nach einer erheblichen Menge aufgesuchter Wahlbriefkästen und einer hohen Anzahl von Touren. Auf diese Weise fangen wir zwar nicht alle Übeltäter, aber die schlimmsten von ihnen.*

Gregg: *Wir wollten um jeden Preis falsch Positive ausschließen, also Leute, die nicht hätten darunterfallen sollen. Andererseits wollten wir, sofern möglich, die Zahl der falsch negativen Ergebnisse reduzieren, anders gesagt, nicht Leute außer Acht lassen, die hätten darunterfallen sollen.*

Dinesh: *Ihr habt hier eine Geotrackingkarte ausgebreitet. Darauf sehe ich Punkte, ich sehe Kreise, ich sehe Blaues. Was bedeuten diese Dinge?*

Gregg: *Wir haben eine der Alltagsroutinen optisch aufbereitet, sodass man sie sich ansehen kann, anstatt eine Tabelle voller Zahlen zu betrachten. Was du hier siehst, ist das Bewegungsprofil einer einzelnen Person an einem einzigen Tag in Atlanta, Georgia.*

Dinesh: *Wofür stehen die orangefarbenen Punkte?*

Gregg: *Das sind Wahlbriefkästen.*

Dinesh: *Und die Kreise sind dann die gemeinnützigen Zentren?*

Gregg: *Die »Zwischenlager«, wie Catherine sie nennt. Dort werden die Stimmzettel gesammelt, gebündelt und dann an die Maultiere übergeben, die damit zu den Wahlbriefkästen fahren.*

Dinesh: *Und was ist das Blaue hier? Diese blauen Spuren?*

Gregg: *Das ist eine geglättete Alltagsroutine. Auf diese Weise können wir die Wanderung der einzelnen Handysignale in etwas Visuelles verwandeln, damit du das Bewegungsprofil der Person erkennst. Dieser Typ hat an einem Tag fünf Organisationen und 28 Wahlbriefkästen in sechs Bezirken aufgesucht.*

Dinesh: *Wow.*

Gregg: *Interessant bei dieser Person: Erstmals haben wir jemanden gesehen, der in mehreren Bezirken unterwegs war und bei fünf Organisationen haltmachte. Und das Bewegungsmuster war nicht dergestalt, als wäre jemand auf dem Highway unterwegs gewesen und hätte sich gedacht:* »*Da halte ich mal.*« *Einige dieser Wahlbriefkästen musste man schon gezielt ansteuern. Man musste hierfür den Highway verlassen. Bei vielen dieser Wahlbriefkästen musste man zur Landstraße fahren und dann noch mal abbiegen, um dorthin zu gelangen. Und das war eines der allerersten Muster, die wir in Atlanta erstellt haben. Für unser Team war das die Grafik, bei der wir gesagt haben:* »*Okay, wir liegen richtig.*«

Dinesh: *Wenden wir uns dem großen Ganzen zu – was habt ihr in Georgia festgestellt?*

Gregg: *Wir möchten auf keinen Fall behaupten, dass wir alles gefunden hätten. Wir sagen nur, dass wir basierend auf unseren Kriterien in Atlanta 242 Personen identifiziert haben, die über einen Zeitraum von 2 Wochen durchschnittlich 24 Wahlbriefkästen und 8 Organisationen aufgesucht haben.*

Dinesh: *Die Organisationen … sind das die Orte, an dem sie die Stimmzettel erhalten?*

Catherine: *Ja, und dann fahren sie ihre Routen ab. Auch das ist wichtig, denn eine der Fragen, die sich im Verlauf unserer Arbeit auftaten, lautete:* »*Woher soll man wissen,*

dass das nicht bloß jemand mit einer großen Familie ist,
der einfach auf einen Schlag einen ganzen Schwung Stimmzettel eingeworfen hat? Und woher weiß man, ob diese
oder jene Person nicht einfach in der Nähe eines Wahlbriefkastens wohnt und deshalb ständig dort vorbeikommt?«
Insofern addieren sich hier die Verdachtselemente – die
Besuche bei den Non-Profit-Organisationen, dass wir das
Annäherungsmuster an einen Wahlbriefkasten identifizieren
konnten und dass jemand nicht an einem Wahlbriefkasten
vorbeikommt, sondern direkt darauf zuhält und sich
das Ganze bei einem weiteren Wahlbriefkasten wiederholt.
Dinesh: Ist nicht auch der Zeitpunkt wichtig? Wenn jemand
um 2:00 Uhr in der Frühe einen Wahlbriefkasten ansteuert,
geht er dort vermutlich nicht gerade spazieren.
Catherine: Richtig.
Dinesh: Wir haben mit Georgia begonnen, wo ihr allein in
Atlanta 242 Maultiere identifiziert habt. Wenden wir uns
jetzt Arizona zu. Dort habt ihr einen ähnlichen Kauf getätigt.
Gregg: Wir haben die Daten zweier Orte in Arizona
gekauft: Yuma County und Maricopa County.
Dinesh: Habt ihr in Arizona dieselben Kriterien angelegt
oder andere?
Gregg: Hier waren sie ein klein wenig anders. In Maricopa
County beispielsweise gab es Drive-Through-Wahlbriefkästen.
Insofern mussten wir unsere Überprüfungen anders aus-
richten. Es gibt also Unterschiede bei der Datenverarbeitung,
aber was den Kauf anging, lief es praktisch identisch ab.
Interessanterweise waren die Zahlen proportional nahezu
identisch.
Dinesh: Wie viele Maultiere in Arizona?
Gregg: Etwas über 200. Allein in Phoenix.

Dinesh: *Und wieder, du hast den Unterschied zu Georgia genannt – dort kommt jemand zu Fuß, hier sitzt jemand im Auto – habt ihr dasselbe Verhaltensmuster erfasst?*
Gregg: *Das haben wir.*
Dinesh: *Ich halte das alles für sehr bedeutsam, schließlich war in diesen Staaten der Wahlausgang sehr knapp, oder?*
Gregg: *Ja, sehr knapp.*
Dinesh: *Als Nächstes ging es nach ...*
Gregg: *Wisconsin. Wir haben uns hauptsächlich auf Milwaukee konzentriert. Die Bruttozahl lag ein wenig niedriger, aber die durchschnittliche Zahl der Besuche bei Wahlbriefkästen war höher. Wir hatten über 100 in Milwaukee County oder in der Stadt Milwaukee. Weniger Maultiere also, aber weit mehr Wahlbriefkästen. Die Maultiere waren also deutlich eifriger an den Wahlbriefkästen. Anstatt vier eindeutige Besuche an jedem Wahlbriefkasten kamen wir in Wisconsin auf durchschnittlich 28, glaube ich.*
Dinesh: *Es heißt, dass die Menschen in Milwaukee wirklich hart schuften. Vielleicht haben sie einfach Überstunden eingelegt.*
Catherine: *Diese Streber.*
Dinesh: *Sehen wir uns Michigan an.*
Gregg: *Die Zahlen gingen wirklich hoch. In Michigan haben wir über 500 Maultiere identifiziert. Und auch hier ist die Zahl der Briefkästen geringer.*
Dinesh: *Wo in Michigan?*
Gregg: *Vor allem Detroit.*
Catherine: *Wayne County.*
Gregg: *Und die Zahl der Briefkästen ist geringer, also ist die Zahl der Besuche pro Briefkasten höher. Es gab Leute in Detroit, die über 100 Wahlbriefkästen aufgesucht haben.*

Dinesh: *Mir fehlen die Worte. Ich kann mir keinen vernünftigen oder banalen Grund dafür vorstellen, dass jemand so etwas tut. So etwas gibt es nicht.*
Catherine: *Richtig.*
Dinesh: *Ich will das kurz mal überschlagen. Wir haben etwa 500 Maultiere in Michigan. Rechnet man die von Georgia, Wisconsin und Arizona dazu, komme ich auf etwa 1000 Maultiere. Gehen wir nach Pennsylvania. Ein entscheidender Bundesstaat. Ich glaube, es war Pennsylvania, das Biden letztlich den Wahlsieg beschert hat, in dem Sinne, dass es am Ende in sein Lager wechselte. Damit war der Drops gelutscht. Was habt ihr also in Pennsylvania festgestellt?*
Gregg: *Hätten wir das Netz in Pennsylvania noch weiter ausgeworfen, wären die Ergebnisse schwindelerregend geworden, das steht für mich außer Frage. Aber auch so haben wir allein in Philadelphia über 1100 Maultiere identifiziert, und das bei einer Rate, die weit über alles hinausgeht, was wir gesehen haben: pro Kopf knapp 50 Einwürfe an Wahlbriefkästen.*
Dinesh: *Jeder von denen hat 50 Wahlbriefkästen aufgesucht?*
Gregg: *Es ist außergewöhnlich. Das Ausmaß dessen, was nach Wahlmanipulation aussieht, ist in Philadelphia außergewöhnlich. Wir haben verrückte Dinge gesehen, Leute, die hin und her fahren – diese Maultiere –, die immer wieder über die Brücke nach New Jersey und zurück fahren.*
Dinesh: *Du sagst also, die Ursprünge liegen offenbar in [New] Jersey. 1100 Maultiere mal 50, damit wären wir also allein in Philadelphia oder der Metropolregion Philadelphia bei 50 000 Besuchen an Wahlbriefkästen. Ist eine Schätzung möglich, auch nur eine grobe, wie viele Stimmzettel bei einer gewöhnlichen Lieferung in einen Briefkasten eingeworfen werden?*

Gregg: *Wir haben das simuliert, wir haben das untersucht. Die gehen tatsächlich ziemlich durchdacht vor. Sie kippen da nicht einfach eimerweise Stimmzettel rein.*
Catherine: *Es geht darum, unter dem Radar zu bleiben. Wir glauben, deswegen sehen wir genau diese Routen. Die Zahl liegt bei 3, 5, 10 Stimmzetteln. Es wird nichts Extremes sein. Aber damit ist es für den Tag nicht getan. Sie klappern Ort um Ort um Ort ab, Tag für Tag für Tag.*
Dinesh: *Rechnen wir diese Zahlen zusammen, sind wir bei über 2000 Maultieren. Angesichts der Menge an Wahlbriefkästen, die jedes Maultier benutzt hat, und angesichts dessen, dass sie jeden Wahlbriefkasten mehrfach aufgesucht haben, reden wir da über Margen, die das Wahlergebnis in diesen Staaten hätten drehen können?*
Gregg: *Ja.*
Dinesh: *Anders formuliert: Allein die Maultiere und das Ausmaß des Stimmenhandels hätten ausgereicht, das Wahlergebnis im Staat Georgia in eine andere Richtung zu lenken?*
Gregg: *Ja.*
Dinesh: *Und in Arizona?*
Gregg: *Ja.*
Dinesh: *Und in Michigan?*
Gregg: *Ja.*
Dinesh: *Und in Wisconsin?*
Gregg: *Ja.*
Dinesh: *Und in Pennsylvania?*
Gregg: *In Pennsylvania ganz besonders. Es handelte sich um eine organisierte Anstrengung, eine offene und freie Wahl zu manipulieren. Es handelt sich um organisiertes Verbrechen. Man kann diese Daten nicht in Summe betrachten und zu einer anderen Einschätzung gelangen.*

Es ist wichtig, sich klarzumachen, wie groß der Stimmendieb-
stahl allein in diesen fünf Staaten war, und dieses Bild dann mit
dem unterschiedlichen Abschneiden von Trump und Biden in
diesen Staaten zu vergleichen.

Es gibt unterschiedliche Methoden, das Ausmaß gestohlener
oder manipulierter Stimmen zu schätzen. Bei der ersten Methode, der eng gesteckten, rechnet man einfach die Zahl der besonders aktiven Maultiere zusammen, die in jedem Staat identifiziert
werden konnten. Dabei handelt es sich um diejenigen Maultiere,
die 10 oder mehr Wahlbriefkästen und mehrere Non-Profit-
»Zwischenlager«, wo sie Stimmzettel einsammelten, aufsuchten.
Nennen wir diesen Ansatz »Modell 1«.

Die andere Methode ist etwas ausgeklügelter und schätzt die
Zahl der illegal gehandelten Stimmen im gesamten Staat. Bei diesem Modell fließt ein, dass die Gesamtzahl der Maultiere deutlich größer sein dürfte als die Untergruppe der Spitzenübeltäter.
Wenn es Maultiere gegeben hat, die 10 oder mehr Wahlbriefkästen aufgesucht haben, dann wird es aller Wahrscheinlichkeit
nach auch Maultiere gegeben haben, die weniger als 10 Wahlbriefkästen aufgesucht haben. »Modell 2« versucht, alle Maultiere
zu zählen und auf diese Weise das Gesamtausmaß des Wahlbetrugs abzuschätzen.

Beginnen wir mit Modell 1 und rechnen die Zahlen zu den
2000 Maultieren durch. Die durchschnittliche Zahl an Wahlbriefkästen, die jedes Maultier besucht hat, variiert von Staat zu
Staat, aber der Durchschnitt für die fünf fraglichen Staaten beträgt 38. Wenn es um die Zahl illegaler Stimmen geht, die in jedem Wahlbriefkasten eingeworfen wurden, scheint es sich um
einen Wert zwischen 3 und 10 zu handeln, gehen wir daher der
Einfachheit halber von 5 aus. Multipliziert man das, reden wir

über 76 000 Besuche von Maultieren bei Wahlbriefkästen in den entscheidenden Staaten, was bei 5 Stimmen pro Besuch auf 380 000 illegale Stimmen herausliefe. Das ist die konservativste Schätzung, was das Ausmaß des Betrugs in den untersuchten Regionen der fünf Swing States anbelangt.

Brechen wir diese Zahlen auf die einzelnen Staaten herunter, erkennen wir, dass allein schon diese 2000 Maultiere die Wahl möglicherweise entscheidend beeinflusst haben. (Um die Rechenbeispiele leichter nachvollziehbar zu machen, runde ich auf oder ab.) In Michigan hat True the Vote 500 Maultiere gezählt, die pro Kopf 50 Wahlbriefkästen aufsuchten. Das macht 25 000 Besuche. Mal 5 genommen, landen wir bei 125 000 Fällen von Stimmenhandel – eine ganze Menge, aber weniger als die 154 000 Stimmen Vorsprung, mit denen Biden Trump in diesem Staat besiegt hat. Michigan mit seinen 16 Wahlleuten geht bei dieser Kalkulation also weiterhin an Biden.

In Wisconsin fand True the Vote über 100 Maultiere, die jeweils mehr als 28 Mal Wahlbriefkästen aufsuchten. Das macht 2800 Besuche, multipliziert mit 5 ergibt das 14 000 illegale Stimmen. Das sind 6000 Stimmen zu wenig, um die 20 000 Stimmen Vorsprung zwischen den beiden Kandidaten wettzumachen. Wisconsin bleibt also weiter, wenn auch ganz knapp, auf Bidens Seite, und er behält die 10 Wahlleute.

Als Nächstes kommt Georgia. Hier machte True the Vote rund 250 Maultiere aus, die jeweils 24 Wahlbriefkästen aufsuchten. Bei 5 Stimmzetteln pro Besuch macht das 30 000 unrechtmäßige Stimmen, deutlich mehr als die 12 000 Stimmen Unterschied zwischen Biden und Trump. Georgia mit seinen 16 Wahlleuten wird also Trump zugeschlagen.

In Arizona ergibt sich ein ziemlich ähnliches Bild. Über 200 Maultiere machen 20 Besuche pro Kopf. Bei 5 Stimmen pro Besuch ergibt das 20 000 illegale Stimmen, auch in diesem Fall deutlich mehr als die 10 000 Stimmen Vorsprung, die Biden für den Sieg reichten. Arizona mit seinen 11 Wahlleuten geht an Trump.

In Philadelphia haben wir über 1100 Maultiere, die jeweils 50 Mal die Wahlbriefkästen aufsuchten und 275 000 illegale Stimmen generierten – auch hier deutlich mehr als der Vorsprung zwischen Biden und Trump, der sich auf 80 000 Stimmen belief. Pennsylvania mit seinen 20 Wahlleuten geht also an Trump. Mit Georgia, Arizona und Pennsylvania hätte Trump die Wahl gewonnen, mit 279 Stimmen im Wahlkollegium gegenüber Bidens 259.

Vergessen wir dabei bitte nicht: Es handelt sich um die strengste Auslegung, was die Folgen des Betrugs angeht, und trotzdem gewinnt Trump selbst nach diesen Kriterien. Nun würde wohl niemand vermuten, dass unsere 2000 Maultiere die einzigen Maultiere seien, die illegal mit Stimmen gehandelt haben. Gregg und sein Team beschlossen, den Suchalgorithmus auszuweiten, um sich ein noch klareres Bild davon zu verschaffen, wie groß der Wahlbetrug in den fünf entscheidenden Staaten war. Sie reduzierten die Zahl der Briefwahlkästen von 10 auf 5 oder mehr. Auf diese Weise sollten nicht nur die eklatantesten Maultiere ins Netz gehen, sondern auch die normalen, weniger geschäftigen.

Die neue Suchabfrage hat die Zahl der Mobilfunkgeräte – sprich, der Maultiere – dramatisch ansteigen lassen.

In Wisconsin ergaben sich so 5571 Maultiere, in Georgia 6178, in Arizona 13 829, in Pennsylvania 13 967, in Michigan 15 106. Gesamtsumme an Maultieren in den fünf Staaten bei dieser erweiterten Suchabfrage: 54 651. Ein verblüffendes Ergebnis, denn es bedeutet, dass eine riesige Zahl an Betrügern an diesem abgekarteten Spiel beteiligt war. Mein Film und mein Buch heißen beide *2000 Mules*, aber wie sich herausstellt, ist das geradezu lächerlich untertrieben, was die wahre Zahl an Maultieren angeht.

Gregg und sein Team griffen nun zu einer sehr konservativen Schätzung, was die durchschnittlich jeweils abgegebene Menge an Stimmzetteln betraf – nämlich 3. Rechnet man die Zahl der Maultiere mal 5 Besuche bei Briefwahlkästen pro Maultier mal 3 Stimmzettel pro Besuch, kommen wir auf 83 565 illegale Stimmen in Wisconsin, 92 670 in Georgia, 209 505 in Pennsylvania, 226 590 in Michigan und 207 435 in Arizona. Gesamtzahl der illegalen Stimmen in den fünf Staaten: 819 765. Und selbst diese Zahl ist noch zu niedrig angesetzt, weil das Suchkriterium »5 *oder mehr* Briefwahlkästen« lautete, wir aber bei der Berechnung davon ausgehen, dass jedes Maultier tatsächlich nur 5 Briefkästen aufsuchte.

Als Gregg und sein Team die Zahlen durchgingen, stießen sie auf ein interessantes Muster, das deutlich wird, wenn man den Anteil der illegalen Stimmen in jedem Swing State an der Gesamtzahl der Briefwahlstimmen im jeweiligen Staat errechnet. In Wisconsin haben unsere Maultiere 6,55 Prozent der Briefwahlstimmen geliefert, in Arizona 7,19 Prozent, in Georgia 7,02 Prozent, in Michigan 7,97 Prozent und in Pennsylvania 7,97 Prozent. Wir sehen hier ein ziemlich beständiges Muster – etwa 7 Prozent aller Briefwahlstimmen in diesen Staaten wurden durch illegales Ballot Trafficking erzeugt.

Legt man diese ausführlichere und gründlichere Berechnung an, ergibt sich nach Abzug dieser Zahlen, dass Trump in allen fünf Staaten gewonnen hätte. Bei diesem Szenario hätte Trump mit 305 zu 233 Wahlleuten gewonnen, das Stimmenverhältnis wäre

quasi auf den Kopf gestellt worden. Anstelle des offiziellen Wahl-
ergebnisses 2020 (Trump 232 und Biden 306). Die Fakten, die
True the Vote zusammengetragen hat, zeigen einen abgestimm-
ten Betrug von gewaltigem Ausmaß, beispiellos für eine Präsidentschaftswahl.

Lassen Sie uns ganz offen sprechen: Die Betrügerei findet einzig
zugunsten einer Seite statt, nämlich der Demokraten. Diese Betrügerei war es, die Joe Biden ins Weiße Haus gebracht hat. Natürlich kann man leicht Ignoranz vortäuschen und sagen:»Mag
ja sein, Dinesh, aber wie sollen wir jetzt die legalen von den illegalen Stimmen trennen? Woher sollen wir wissen, welche Seite
dahintersteckt? Es hätten doch genauso gut die Republikaner
sein können.« Es gibt drei Gründe dafür, warum diese Argumentation nicht zieht.

Erstens: Die Aktivisten-Organisationen und gemeinnützigen
Gruppen, die die Maultiere ansteuerten, gehörten ausnahmslos
der demokratischen Linken an. Es liefe jeglicher Logik zuwider
zu behaupten, dass diese Gruppen Stimmenhandel für die Republikanische Partei betrieben haben sollen. Sie alle sind bekannt
für eine klare ideologische Ausrichtung und enge Verbindungen
zur kulturellen Linken und der Demokratischen Partei. True the
Vote hat mir ihre Namen mitgeteilt und angeboten, sie bei Bedarf
den zuständigen Strafverfolgungsbehörden zur Verfügung zu
stellen.

Zweitens: Wie ich später ausführlich aufzeigen werde, waren es
die Demokraten mit den»Get out the Vote«-Bemühungen, welche die Infrastruktur des Wahlbetrugs aufgebaut haben, Bemühungen, die im Grunde darauf hinausliefen, die Maultiere in
Marsch zu setzen.

Und drittens: Welche Seite hat – hauchdünn – in diesen Staaten gewonnen? Es ist ziemlich klar, dass die Betrüger wussten, wo und in welchem Ausmaß sie manipulieren mussten, und sie haben in großem Stil manipuliert, damit ihr Kandidat über einen ausreichend großen Vorsprung verfügte, um sich in jedem der fünf für den Wahlausgang entscheidenden und entsprechend umkämpften Staaten durchzusetzen.

Kapitel 5

Auf frischer Tat ertappt

Geotracking liefert mächtige Beweise, aber es ist immer auch hilfreich, zusätzlich Videoaufnahmen zu haben, die Schuld oder Unschuld belegen. In einigen Fällen – wie dem von Kyle Rittenhouse – können die Geschworenen einen Angeklagten aufgrund dessen, was sie sehen, entlasten. Hätte es nicht die Videoaufnahmen gegeben, die seine Unschuld bewiesen, würde Rittenhouse heute möglicherweise als verurteilter Mörder im Gefängnis sitzen.*

Geht es darum, Wahlbetrug aufzudecken, sind Videobeweise von großer Bedeutung. In einem Bericht für die Staatsversammlung von Wisconsin zeigte Michael Gableman, ehemaliger Richter am Obersten Gerichtshof von Wisconsin, Videoaufnahmen, die Wahlbetrug in Pflegeheimen des Bundesstaats belegten. Gableman überprüfte Pflegeeinrichtungen in fünf Bezirken und stieß dabei auf eine Wahlbeteiligung von 95 bis 100 Prozent. Praktisch alle Bewohner dieser Heime hatten ihre Stimme abgegeben! Zudem war die Wahlbeteiligung deutlich höher als bei früheren Wahlen. Lag das wohl daran, dass bei den rund 90 000 Bewohnern von Wisconsins Pflegeheimen die Aufregung in Bezug auf die Wahlen 2020 spürbar zugenommen hatte?

---

* Anm. d. Übers.: Kyle Rittenhouse hat im August 2020 bei Unruhen in Kenosha (Wisconsin) zwei Männer erschossen und einen dritten angeschossen. Das Geschworenengericht befand, er habe sich lediglich selbst verteidigt, und sprach ihn frei.

Nein. Gableman zeigte – und hier waren die Videobeweise ein sehr wirksames Mittel –, dass viele Bewohner der Pflegeheime gar nicht imstande gewesen wären zu wählen. Gableman befragte Bewohner vor laufender Kamera und belegte damit, dass einige nicht fähig waren, logische oder zusammenhängende Entscheidungen zu treffen. Einige waren per Gerichtsbeschluss sogar für unmündig erklärt worden und durften daher gar nicht wählen. Eine Person war seit über 10 Jahren nicht mehr zurechnungsfähig, eine andere lebte seit den 1970er-Jahren in einer Anstalt und hatte zuvor nie gewählt. Und dennoch hatten all diese Menschen bei den Wahlen von 2020 ihre Stimme abgegeben, wie Gableman feststellte. Die wahrscheinlichere Alternative: Jemand hatte die Wahlunterlagen in ihrem Namen ausgefüllt und an ihrer Stelle gewählt.[38]

Videobeweise sind also wichtig, aber das bedeutet nicht, dass sie auch zur Verfügung stehen. Die Cybersecurity and Infrastructure Security Agency (CISA) gibt »Wahlbeamten auf staatlicher, kommunaler, Stammes- und Territoriumsebene Hinweise, wie sie vor dem Hintergrund der Covid-19-Epidemie die Wahlinfrastruktur verwalten und sichern können«. CISAs Wahlregeln erklären unzweideutig, dass sämtliche Wahlbriefkästen gut gesichert sein sollten, dass sie rund um die Uhr gut beleuchtet sein sollten und dass Sicherheitskameras zu installieren seien. Sind Briefkästen unbesetzt, sollten sie durch Aufkleber gekennzeichnet und versiegelt werden, um Manipulationen zu verhindern. Darüber hinaus sollten Überwachungskameras laufen und die Aufnahmen gespeichert werden.[39]

Doch obwohl CISA betont, dass Videoüberwachung wichtig sei, um die Sicherheit und Integrität der Wahlen zu gewährleisten, ignorierten viele Bezirke diesen Hinweis. Tatsächlich waren es in den fünf Bundesstaaten, die wir hier näher betrachten, die meisten. Allein das weckt schon Zweifel an den Beteuerungen seitens CISA, bei den Wahlen von 2020 habe es sich um die sichersten in der Geschichte des Landes gehandelt. Diese Behauptung entbehrt jeder Grundlage. Nicht nur erscheint sie schon auf den ersten Blick fragwürdig, nein, sie wirkt nachgerade absurd, bedenkt man die Geotrackingfakten, die wir im vorangegangenen Kapitel präsentiert haben, und die Videobeweise, die wir in diesem Kapitel vorlegen werden.

In einer konzertierten Anstrengung ist es True the Vote durch Anträge auf Offenlegung gelungen, Aufnahmen von Überwachungskameras aus den fünf Staaten, die im Mittelpunkt ihrer Untersuchungen standen, zu erhalten. In jedem dieser Staaten stieß die Gruppe auf Widerstand. Nach hartnäckigen Bemühungen erhielt True the Vote in Georgia schätzungsweise 15 bis 20 Prozent der Überwachungsvideos, die für die Bezirke Fulton, DeKalb, Cobb und Gwinnett angefragt worden waren. Es ist schon interessant zu beobachten, was für eine Mühe eine unabhängige Organisation aufwenden muss, um an Videobeweise zu gelangen, welche die Wahlregeln in Georgia vorschreiben.

Am 21. Juni 2021 bat True the Vote die Verwaltung von Fulton County, sämtliche Videoaufnahmen bereitzustellen, die während der Wahlen 2020 an Wahlbriefkästen gemacht wurden. Fulton County informierte Catherine, dass – mit Ausnahme der Dogwood Library – »bei sämtlichen verfügbaren Wahlstandorten die gespeicherten Aufnahmen nur den Zeitraum zwischen dem 30. Oktober und dem 5. November 2020 abdecken«. Und weiter hieß es: »Die geschätzten Kosten würden zwischen 25 000 und 30 000 Dollar betragen« und »es wird schätzungsweise 6 Monate dauern, diese Anfrage zu bearbeiten«.

Warum umfassten die Videoaufnahmen in Fulton County nur den Zeitraum vom 30. Oktober bis zum 5. November, fragten sich Catherine und Gregg. Wie konnte das sein? Die vorzeitige Stimmabgabe hatte in Georgia am 12. Oktober begonnen. Wo also waren die Videos vom 12. bis zum 30. Oktober? Wenn sie die Rückmeldung aus dem Bezirk Fulton richtig verstanden hatten, besaß man dort keinerlei Videos für diese Zeitspanne. Das sprach dafür, dass die älteren Videos gelöscht worden waren, dabei schreibt das Bundesgesetz vor, Wahlunterlagen 22 Monate lang aufzubewahren und zur Verfügung zu stellen. True the Vote verlangte eine Erklärung dafür, warum es keine Videoaufnahmen für den Zeitraum ab Beginn der vorzeitigen Stimmabgabe gab. Antwort vom Büro der Staatsanwaltschaft für Fulton County: »Ich habe keine andere Erklärung als die, dass sie nicht existieren.«

Am 6. Juni 2021 forderte True the Vote Gwinnett County auf, die Überwachungsvideos zu sämtlichen Wahlbriefkästen zur Verfügung zu stellen. Gwinnett erklärt, der Aufforderung nachgekommen zu sein, aber nachdem sie die Verwaltungsgebühr bezahlt hatten und die Festplatten sichteten, stellten Catherine und Gregg fest, dass für zahlreiche Standorte von Wahlbriefkästen die Videos fehlten, darunter Bogan Park Community Recreation Center, Dacula Park Activity Building, Gwinnett Voter Registration and Election Location, Peachtree Corners Branch Library und George Pierce Park Community Recreation Center. Trotz zahlreicher Kommunikationsversuche und Anrufe kam keine Antwort von Gwinnett County und auch keine Erklärung dafür, warum die vom Gesetz vorgeschriebenen Videos nicht geliefert wurden.

Ebenfalls keinerlei Videos erhielt True the Vote von den Beamten in Yuma, Arizona, in Detroit, Michigan, und in Philadelphia. In Maricopa County, Arizona, waren zwar Überwachungskameras installiert, aber aus unerklärlichen Gründen hatte man viele abgeschaltet. In Milwaukee bemühte sich die Organisation um Videos, aber nur Village of Brown Deer kam der Aufforderung nach und stellte auch nur zu einem von zwei Wahlbriefkästen am Rathaus Aufnahmen zur Verfügung.

Paul Bond vom Magazin *Newsweek* fragte Anfang März 2022 bei Beamten Milwaukees wegen Videos nach und erhielt zur Antwort, man habe True the Vote 900 Seiten mit Unterlagen zur Beweismittelkette angeboten, halte aber 15 120 Stunden an Videoaufnahmen zurück, weil sie der Meinung seien, dass sie diese im Rahmen einer Anfrage nach öffentlichen Unterlagen nicht zur Verfügung stellen müssten.[40] Bei den Videos, die sie tatsächlich erhielten, fiel Catherine und Gregg auf, dass die Qualität der Aufnahme und die Beleuchtung schlecht sind, dass die Kameras ungünstig aufgestellt waren und dass manchmal der Timecode fehlte. Die Videos verfügten jedoch über einen unschlagbaren Pluspunkt: Es waren die offiziellen Videos, die der Staat höchstselbst zur Verfügung gestellt hatte, keine Aufnahmen, die True the Vote gemacht oder von einem Whistleblower zugespielt bekommen hatte.

Das Video, das mir True the Vote zur Verfügung stellte – und das ich im Film *2000 Mules* verwendet habe –, ist genau das Video, über das die Staaten selbst verfügen. Sie müssen es nicht von uns haben – es ist *ihr* Video. *Wir* haben es von *ihnen* erhalten. Kein Faktenchecker, und mag er noch so unaufrichtig sein, kann die Authentizität des Videobeweises infrage stellen, auch wenn er anzweifelt, was die Videos tatsächlich zeigen oder belegen.

Mehr noch: True the Vote verfügte über insgesamt 4 Millionen Minuten an Videoaufnahmen, sowohl von den Präsidentschaftswahlen 2020 als auch den Stichwahlen zum Senat von Georgia

2021. Und weil es unmöglich erschien, sich diese Aufnahmen Bild für Bild anzusehen, fanden Catherine und Gregg eine Lösung, die ihnen ihre Arbeit erleichterte. Sie nutzten die Geotrackingdaten in Verbindung mit der Videoüberwachung. Anders formuliert: Anhand des Geotrackings identifizierten sie zunächst, wann und wo die Maultiere sich bewegten, dann bestätigten sie anhand des Videos, dass es sich tatsächlich um sie handelte. Auf diese Weise stützten sich Geotrackingbeweise und Videobeweise gegenseitig und fügten sich zu einer Geschichte zusammen, die ineinandergreift und unanfechtbar ist.

Um aufzuzeigen, um was es in den Videobeweisen geht, möchte ich aus meinem Gespräch mit Catherine und Gregg zitieren. Das Format Buch macht es uns leider unmöglich, dass ich Ihnen die Videos zeigen kann. Dafür müssten Sie sich den Film ansehen, außerdem finden Sie auf der Webseite von True the Vote (*www.truethevote.org*) zusätzliche Unterlagen. Mein Interview mit Catherine und Gregg enthält allerdings gründliche und detaillierte Beschreibungen der Videos, also lassen Sie uns loslegen.

Dinesh: *Wissenschaftliche Belege sind das eine, und sie überzeugen aus sich heraus. Aber es wäre natürlich schön, Videobeweise vorlegen zu können, zu sehen, wie die Leute es tun und sie sozusagen in flagranti zu erwischen. Das wäre die Kirsche auf der Sahne. Habt ihr diese Videobeweise?*
Catherine: *Haben wir.*
Dinesh: *Wie viel habt ihr?*
Greg: *4 Millionen Minuten an Videos aus Überwachungskameras im ganzen Land.*
Dinesh: *Wir reden hier von den offiziellen Überwachungskameras dieser Wahlbriefkästen. Wie seid ihr an diese Videos gelangt?*

Catherine: *Man kann einen Antrag auf Herausgabe öffentlicher Dokumente stellen – das können alle Bürger und Bürgerinnen. Üblicherweise gehen derartige Anträge an die Innenminister der Bundesstaaten, die örtliche Gemeinde oder die Stadt – abhängig von der Jurisdiktion und der Art und Weise, wie sie organisiert sind. Man stellt eine sehr detaillierte Anfrage dazu, was man bekommen möchte. Im Falle der Videos war das eine sehr langwierige Angelegenheit. Es wirkte fast, als wolle niemand, dass sich jemand diese Videos überhaupt ansieht.*

Dinesh: *Habt ihr Videos aus Georgia?*

Gregg: *Haben wir.*

Dinesh: *Handelt es sich um Videos zur Präsidentschaftswahl, der Stichwahl oder beidem?*

Gregg: *Beidem.*

Dinesh: *Und habt ihr auch Videos aus anderen Staaten?*

Gregg: *Nicht von überall, aber wir haben einige Videos aus Arizona. Für einige Bezirke haben wir kürzlich erfahren, dass bei bestimmten Wahlbriefkästen die Videokameras ausdrücklich abgeschaltet wurden.*

Dinesh: *In welchem Staat?*

Gregg: *In Arizona. Und wie sich herausstellt, war in Wisconsin, obwohl die Vorschriften dort Videoüberwachung verlangen ...*

Catherine: *... auch kein Video vorhanden.*

Dinesh: *Was ist mit Pennsylvania?*

Gregg: *Pennsylvania ist weiterhin ungeklärt. Es scheint Videos zu geben, die verfügbar sind. Wir arbeiten daran.*

Dinesh: *Was mich beunruhigt, ist, dass es doch eigentlich Aufnahmen von jedem Wahlbriefkasten geben sollte. Wir sprechen von einer Wahl, bei der es um die Kontrolle über das mächtigste Land der Welt geht. Wäre es da nicht sinnig, dass alle Wahlbriefkästen ... ich meine, man*

kann ja noch nicht mal in einen Laden gehen, ohne dass …
wir haben Parkplätze, die überwacht werden.
Catherine: *Die meisten Leute glauben, es gäbe diese Videoüberwachung. Als diese Wahlbriefkästen 2020 von Küste
zu Küste aufgestellt wurden, hieß es in den Anleitungen der
Bundesbehörde, CISA:* »*Wenn ihr mit Wahlbriefkästen
arbeitet, sind das die Richtlinien, die wir empfehlen.*« *Und
die meisten Staaten übernahmen eiligst diese Bestimmungen
und sagten:* »*Ganz genau, die befolgen wir.*« *Aber das
taten sie nicht.*

Dinesh: *Angesichts dessen, was Technik heutzutage kostet,
wäre es nicht schwer gewesen, das umzusetzen.*

Catherine: *Nein. Geld war nicht das Problem. Es ging um
die praktische Umsetzung, die auf der Strecke blieb. Oder die
vielleicht vorsätzlich ignoriert wurde.*

Dinesh: *Catherine, du hast mir einen Screenshot von einer
Videoanfrage in Georgia geschickt. Und die erklären
dir, dass es die Videos zwar geben sollte, dass sie aber nicht
existieren und sie dir auch nicht sagen können, warum
sie nicht existieren.*

Catherine: *Leider führten wir mit sehr vielen Staaten eine
ähnlich lautende Korrespondenz.*

Dinesh: *Aber was ihr an Videobeweisen vorliegen habt …
das sind keine Aufnahmen, die ihr gemacht habt. Es handelt
sich um die offiziellen Überwachungsvideos von Georgia?*

Catherine: *In der Tat.*

Dinesh: *Das heißt, auch der Innenminister hat diese Videos.
Er kann sie sich ansehen. Er kann bestätigen, dass die
Videos, die wir abspielen, zu 100 Prozent authentisch sind.*

Catherine: *So ist es. Was es in unserem Fall noch brisanter
macht, ist, dass wir zusätzlich über die Geodaten verfügen,
die die Videos stützen. Ohne Video können die raumbezogenen
Daten das dahinterliegende Schema entschlüsseln. Aber*

die Möglichkeit, das zu kombinieren, erzählt bei dem, was wir dir jetzt zeigen werden, eine viel größere Geschichte.

Dinesh: *Da bin ich gespannt. Sehen wir uns das Video an.*

Gregg: *Wir haben ihnen Namen gegeben. Während wir einige Aufnahmen durchgehen, sagen wir dir, wie wir sie genannt haben. Diesen ersten Typen nennen wir »Multiple«. Diese Person findet sich an einer Reihe unterschiedlicher Orte zu unterschiedlichen Zeiten. Achte darauf, mit welcher Unverfrorenheit dieser Typ vorgeht. Obwohl es spät in der Nacht ist, handelt es sich um einen gut beleuchteten Ort. Er weiß, dass die Kameras da sind, aber das ist ihm egal.*

Diese Person fährt also vor, er macht sich nicht einmal die Mühe, seinen Wagen ordnungsgemäß zu parken. Warum auch, es ist ja mitten in der Nacht. Steigt aus, geht auf den Briefkasten zu. Was wir gelernt haben, indem wir dieses Video betrachtet haben und es mithilfe künstlicher Intelligenz und anderer Dinge analysiert haben, ist die Absicht. Wenn die Leute mit Betrugsabsichten kommen, sehen sie sich um. Sie bewegen sich zumeist ziemlich rasch. Sie versuchen, die Umschläge hineinzustopfen. Dann verschwinden sie wieder.

In diesem Fall lässt er einige fallen. Er muss sie aufheben. Er bückt sich, hebt sie auf und stopft sie in den Briefkasten. Und dann bewegt er sich mit einem gewissen Maß an Entschlossenheit zurück zu seinem Auto, das auf dem Parkstreifen steht. Er huscht zurück und zischt davon. So sieht das aus.

Dinesh: *Sehen wir uns noch eines an.*

Gregg: *Die hier nennen wir »Steeler Girl«.*

Catherine: *Weil sie ein T-Shirt der Pittsburgh Steelers trägt. Interessant an dieser Person ist, dass das Mobilfunkgerät in South Carolina beheimatet zu sein scheint. Diese Person stammt also noch nicht einmal aus Georgia. Sie war während beider Wahlzyklen hier, ist aber keine Einwohnerin des Staats.*

Gregg: *Betrachten wir die Dinge aus forensischer Sicht, sind für Leute wie uns einige Punkte wirklich interessant. Erstens: Sie trägt eine Maske. Das war zur damaligen Zeit nicht wirklich ungewöhnlich. Aber während sie sich dem Briefkasten nähert, wirft sie keinen Blick auf die Mülltonne, richtig? Das wird später noch wichtig.*

Dinesh: *Sie schaut in die andere Richtung.*

Gregg: *Das andere ist, dass sie OP-Handschuhe trägt. Und was auffiel – was einem unserer Analysten auffiel –, war, dass diese OP-Handschuhe bei den Nachwahlen erst ab dem 23. Dezember bei unseren Maultieren auftauchten. Vor dem 23. Dezember haben wir sie nicht zu sehen bekommen, und der Grund dafür war uns zunächst nicht klar. Dann kam uns die Erleuchtung: Am 22. Dezember hatte ein Gericht in Arizona … in San Luis, Arizona … Leute bestraft, die Briefwahlkästen mit Stimmzetteln vollgestopft hatten. Und das FBI und der Bundesstaatsanwalt in Arizona hatten sie über ihre Fingerabdrücke erwischt. Und am nächsten Tag und den folgenden Tagen gingen die Maultiere dazu über, Handschuhe zu tragen.*

Dinesh: *Dieses spezielle Video ist also von den Stichwahlen in Georgia. Januar '21?*

Gregg: *Ganz genau.*

Catherine: *Dieses hier ist am 5. Januar um 1:00 Uhr morgens.*

Gregg: *Beobachte sie. Achte darauf, was sie tut. Vergiss nicht, sie schaut niemals auf den Mülleimer. Sie nähert sich mit Vorsatz. Stopft ihre Stimmzettel hinein. Es ist ein kleiner Haufen, vielleicht drei, vielleicht vier. Nimmt die Handschuhe ab. Und stopft sie dann in einen Mülleimer, den sie vorher keines Blicks gewürdigt hat.*

Dinesh: *Sie wusste also, dass er dort steht.*

Gregg: *Sie wusste, dass er dort ist, ganz genau. Wir haben sie an einigen Standorten. Wir konnten ihre Bewegungsroutinen in beträchtlichem Ausmaß nachvollziehen.*
Catherine: *Im Verlauf dieser beiden Wahlen sucht sie Dutzende und Aberdutzende Wahlbriefkästen auf.*
Dinesh: *Wen haben wir als Nächstes?*
Gregg: *Den hier nennen wir »Backpack«. Dieser Typ nähert sich. Du wirst sehen, dass er auf dem Fahrrad den Briefkasten ansteuert. Er hat einen Rucksack auf dem Rücken. Er fährt also an dem Briefkasten vorbei, dann kommt er rüber. Er zieht die Stimmzettel aus seinem Rucksack und wirft sie hinein. Aber als er sich aufmacht, ist auch zu erkennen, dass er etwas frustriert ist. Und weißt du, warum? Zu diesem Zeitpunkt war man offenbar dazu übergegangen, von den Maultieren zu verlangen, dass sie Bilder davon machen, wie sie die Stimmzettel hineinstopfen. Offenbar ist das eine Bedingung dafür, dass sie bezahlt werden.*
Also schießen sie ein Foto. Sie stopfen die Wahlunterlagen hinein – sie schießen ein Foto. Kein Selfie, aber ein Bild davon, wie der Stimmzettel in den Briefkasten hineingelangt ist. Er muss also sein Fahrrad abstellen, absteigen, sich hinknien und wenigstens ein Bild von dem Briefkasten machen, offenbar, um sein Geld zu bekommen. Das ist übrigens eines unserer Top-Ten-Maultiere.
Catherine: *Wenn also jemand bloß seinen eigenen Stimmzettel einwirft, welchen Grund in aller Welt hätte er da, noch einmal zurückzukehren und ein Foto von dem Briefkasten zu machen?*
Gregg: *Jetzt zeige ich dir den, den wir »Dog Guy« nennen. Mitten am helllichten Tag – das ist tatsächlich bei einem Wahllokal. Die Leute in der Schlange warten darauf, hineinzukommen und ihre Stimme frühzeitig abzugeben. Sie machen es richtig. Diese Leute stehen also an, und*

*während er die Stimmzettel einwirft ... oder während er
beginnt, die Stimmzettel in den Briefkasten zu werfen,
fängt einer der Typen neben ihm ein Gespräch mit ihm an.
Und auch Dog Guy macht ein Bild. Und er trägt Handschuhe.*
Catherine: *Er greift sich seine Tasche.*
Gregg: *Greift sich die Tasche mit den Stimmzetteln. Sein
Hund sieht sich um. Okay, da kommen einige weitere
Leute hinzu. Dieser Dame ist es egal. Der da auch. Aber
diesem Typen neben ihm, dem ist es nicht egal. Er beobachtet das Ganze. Und spricht ihn an.*
Catherine: *Dog Guy hat bereits Stimmzettel unter
dem Arm, und jetzt hält er den Rest, den er aus der Tasche
gezogen hat, in der Hand.*
Gregg: *Und er muss seine Kamera bereit machen und
fotografieren, während er sie einwirft. Was für eine
Unverfrorenheit. Mitten am Tag. Da sind Leute, die dich
beim Betrügen beobachten. Leute, die es richtig machen.*
Dinesh: *Aber für sie ist es schwierig. Was sollen sie tun,
außer zu beobachten und vielleicht zu sagen:* »Was ist denn
hier los? Was geht hier vor?«
Catherine: *Aber das nehmen sie mit, nicht wahr?
Sie nehmen diese Szene mit und fragen sich, was das alles
zu bedeuten hat, wenn es mitten am helllichten Tag
geschieht und niemand etwas unternimmt, das zu unterbinden.*
Gregg: *Also um solche Dinge geht es ... 4 Millionen
Minuten lang. Und es wiederholt sich wieder und wieder
und wieder.*
Dinesh: *Ein Slogan der Demokraten bei diesen Debatten
lautete* »Make every vote count«, »Sorgt dafür, dass jede
Stimme zählt«. *Ich glaube, wir können hier auf abschreckende
Weise beobachten, dass sie es genau so gemeint haben.
Was sie sagen wollten, war:* »Egal, ob da alle möglichen
illegalen Stimmzettel eingeworfen werden. Zählen wir

sie einfach. Sorgen wir dafür, dass wirklich jede Stimme zählt.« Es wurde nicht verdeutlicht, dass jede legitime Stimme zählen soll. Oder »Sorgt dafür, dass jede legale Stimme zählt«. Es hieß »Sorgt dafür, dass jede Stimme zählt«, sodass jede Stimme, die wir irgendwie auftreiben können egal wie, egal ob bezahlt oder nicht bezahlt, egal ob legal oder illegal , im großen Stapel landet und letztlich den Unterschied ausmachen kann.

Catherine: *Der Zweck heiligt die Mittel.*

Ich hielt es für eine interessante Idee, mit Catherine und Gregg nach Kalifornien zu reisen, damit sie dort meinen Podcast- und Radiokollegen bei Salem Media diese Videos zeigen konnten. Wir stellten eine Gruppe zusammen: Charlie Kirk, Dennis Prager, Larry Elder, Sebastian Gorka und Eric Metaxas. (Hugh Hewitt und Mike Gallagher wollten nicht teilnehmen.) Ich gebe hier Ausschnitte aus den Gesprächen wieder, weil sie zeigen, wie andere auf die Videos reagieren, weil einige naheliegende Fragen aufkommen und weil sie gut widerspiegeln, wie die Gruppe auf die Kombination aus Geotracking und Videobeweisen reagiert.

Catherine: *Das ist »Steeler Girl« – Ihr seht, sie trägt ein Steelers-T-Shirt.*
Charlie Kirk: *Das ist in Pennsylvania?*
Catherine: *Das ist in Georgia. Sie lebt aber in South Carolina. Einfach verrückt.*
Charlie Kirk: *Das ergibt überhaupt keinen Sinn.*
Catherine: *Sie ist Barkeeperin in South Carolina. Das hier ist um 1:00 Uhr morgens am 5. Januar.*
Eric Metaxas: *Aber gehen wir nicht alle um 1:00 Uhr in der Frühe wählen?*
Catherine: *Beachtet ihre Haltung. Beachtet ihre …*

Sebastian Gorka: *Selbstsicherheit.*

Catherine: *Ihre Selbstsicherheit.*

Dinesh: *Halte bitte kurz an. Das mag albern klingen, aber jemand hat mich gefragt, woher wir wissen, dass es sich nicht um normale Post handelt. Nun, das ist ein Wahlbriefkasten. Das ist nicht der Briefkasten des U.S. Post Office, in den man einen Brief an seine Mutter einwirft.*

Sebastian Gorka: *Sie trägt Handschuhe.*

Eric Metaxas: *Und was macht sie mit ihren Handschuhen? Hoppla.*

Gregg: *Sie wird sie ablegen.*

Charlie Kirk: *Als ob sie Meth herstellt.*

Gregg: *Und sie in den Mülleimer werfen, den sie keines Blickes gewürdigt hat, als sie ankam.*

Eric Metaxas: *Sie wusste bereits, dass er da ist. Das musst du noch einmal zeigen. Köstlich! Seht doch, seht doch!*

Sebastian Gorka: *Sie macht das also nicht zum ersten Mal.*

Catherine: *Nein.*

Eric Metaxas: *Hat also Augen im Hinterkopf.*

Sebastian Gorka: *Trägt OP-Handschuhe.*

Catherine: *Und wirft sie dann weg.*

Eric Metaxas: *In einer fließenden Bewegung.*

Charlie Kirk: *In Georgia ist es illegal, Stimmzettel abzugeben, die nicht dir oder einem Mitglied deiner Familie gehören. Was wir gesehen haben, war also etwas Illegales.*

Catherine: *Und diesen Typen nennen wir »Multiple«. Das ist ein Beispiel für zahlreiche eingeworfene Stimmzettel.*

Charlie Kirk: *Wie spät ist es? Da steht 3 … 3:57 Uhr morgens.*

Dennis Prager: *Stoßzeit bei der Stimmabgabe.*

Gregg: *Und der gehört zu unseren Top Ten.*

Charlie Kirk: *Um diese Uhrzeit bin ich immer ganz besonders wach.*

Larry Elder: *Man will ja vor der Warteschlange da sein.*
Eric Metaxas: *Ich will das nur noch einmal wiederholen –
3:57 Uhr.*
Larry Elder: *Keine Handschuhe, glaube ich.*
Eric Metaxas: *Der benötigt einen Schuhlöffel.*
Catherine: *Und wir haben jede Menge Material,
auf dem zu sehen ist, wie sie sie einfach hineinstopfen,
bis sie auf den Boden fallen, weil es zu viele sind.*
Dennis Prager: *Das allein schon ist gelinde gesagt
verdächtig. Wer gibt um 3:57 Uhr einen ganzen Stapel
Stimmzettel ab?*
Gregg: *Und wir können diesen Ping, wo er völlig allein
steht, mit dem nächsten Ort matchen, an den er fährt,
und mit dem Ort, den er danach ansteuert.*
Eric Metaxas: *Wie viele Briefkästen?*
Charlie Kirk: *Steht da in der Tabelle. 24 Besuche.*
Eric Metaxas: *Wir sehen also ein Video von einem
dieser Besuche.*
Catherine: *Genau.*
Larry Elder: *Habt ihr Videos von demselben Typen
an unterschiedlichen Orten?*
Catherine: *Ja.*
Charlie Kirk: *Was vollkommen illegal ist.*
Eric Metaxas: *Könnt ihr einige von den NGOs nennen?*
Catherine: *Die Kreise auf der Karte, das sind die NGOs.*
Charlie Kirk: *Die Maultiere bekommen die Stimmzettel
also von diesen Organisationen?*
Catherine: *Korrekt.*
Dennis Prager: *Ich tue etwas Heldenhaftes – ich lese jeden
Tag die* New York Times.
Eric Metaxas: *Das ist verrückt!*
Dennis Prager: *Das ist mein Martyrium. Die behaupten
also:* »Wovon spricht die Rechte da eigentlich? An all diesen

Orten haben wir vielleicht 4, vielleicht 50 falsche Stimm-
zettel gefunden. Und diese Konservativen reden von Hundert-
tausenden.« Wo also bekommt die Times ihre Zahlen her?
Gregg: Die denken sie sich einfach aus.
Dennis Prager: Sie erfinden sie einfach?
Gregg: Absolut.
Larry Elder: Und diese Stimmzettel sind nicht erfunden.
Catherine: Das sind keine erfundenen Stimmzettel.
Dennis Prager: Stehen da falsche Namen drauf?
Charlie Kirk: Nein.
Sebastian Gorka: Auf einem Stimmzettel steht kein Name,
Dennis.
Dennis Prager: Okay, Moment mal. Angenommen, wir
hätten Zugang zu jedem einzelnen Stimmzettel. Könnten wir
dann beweisen, dass es sich um Manipulation handelt?
Sebastian Gorka: Es ist das perfekte Verbrechen, denn
nachdem es begangen wurde, können die Beweise nicht mehr
zurückverfolgt werden, denn es gibt keine Verbindung
zwischen den Beweisen und der Person, die eigentlich hätte
wählen sollen. Sobald der Stimmzettel im Briefkasten landet,
sobald er aus dem Umschlag genommen ist, verschwindet
die Identität des Wählers.
Dennis Prager: Diese Stimme von John Doe gehört zu einem
John Doe, der tot ist, oder einem John Doe, der umgezogen
ist, richtig? Warum lässt sich das nicht nachweisen?
Dinesh: Es lässt sich nachweisen. Es gibt einen einfachen
Weg, das zu unterbinden, aber nicht so, wie du glaubst.
Es geht nicht darum, in dem Haufen Stimmzettel eben diese
Stimmzettel zu finden. Das geht nicht. Stattdessen müssen
wir diese Typen finden. Catherine und Gregg haben die
Handy-IDs von allen Maultieren. Allen. Jetzt müssen unsere
Strafverfolgungsbehörden aktiv werden und im nächsten
Schritt die Maultiere befragen. »Wer hat euch bezahlt?«

Dennis Prager: *Werden das die Gesetzeshüter in irgendeinem Staat tun?*
Dinesh: *Das ist die große Frage. Die Maultiere werden natürlich nicht einfach so auspacken. Sie wissen, dass sie sich an etwas beteiligt haben, das nicht koscher ist.*
Larry Elder: *Ihr habt sie auf Video. Ihr habt die Beweise. Sie werden es nicht zugeben.*
Charlie Kirk: *Zeigt fünf von diesen Typen an, setzt sie unter Druck, und die fangen schon an zu singen. So bringt man die Mafia zu Fall. Du schnappst dir die Kuriere, und sie werden dich auf die Spur der Bosse bringen.*

Zum Schluss dieses Kapitels möchte ich das Salem-Gremium zu Wort kommen lassen und hören, wie man dort die vorgelegten Beweise sieht. Ich werde später meine eigene Bewertung vornehmen und zeigen, wie man mit dieser kriminellen Operation umgehen sollte. Aber zunächst einmal werde ich in den kommenden Kapiteln genauer auf die Betrugsmasche eingehen und darlegen, welche Infrastruktur die Demokraten aufgebaut haben, damit dieser koordinierte illegale Stimmenhandelsring in die Tat umgesetzt werden konnte. Vorher jedoch hier die vorläufigen Einschätzungen einer Gruppe intelligenter Kommentatoren zu den Geotracking- und Videofakten, die True the Vote vorgelegt hat.

Dinesh: *Okay, Leute, ihr habt es gehört, und ihr habt die Beweise gesehen. Was sagt ihr?*
Larry Elder: *Die Republikaner hatten keine Ahnung, dass etwas Derartiges ablief.*
Charlie Kirk: *Zu seiner Ehrenrettung muss man sagen, dass Trump im Juli tweetete, dass die Briefwahl eine*

*Katastrophe ist. Daraufhin haben ihn Kemp und Ducey und viele andere Leute massiv attackiert.**

Larry Elder: *Aber er verfügte natürlich nicht über diese Erkenntnisse.*

Charlie Kirk: *Mit seinem Instinkt lag er letztlich richtig.*

Larry Elder: *Was ich sagen wollte: Während der Wahl hatten die Republikaner keine Ahnung, was da ablief.*

Eric Metaxas: *Du sprichst über eine außergewöhnliche kriminelle Aktivität.*

Sebastian Gorka: *Wie groß ist der Anteil an den Wahlen, den ihr abgedeckt habt? Habt ihr 10 Prozent der Wahlen abgedeckt? Ich habe das durchgerechnet, und ihr sprecht von 200 000 bis 300 000 Stimmen an nur einigen wenigen Geostandorten. Aber wir sprechen hier von was? 5 Prozent von Amerika?*

Gregg: *Weniger.*

Sebastian Gorka: *Weniger als 5 Prozent, okay. Fall abgeschlossen. Entschuldigung, die Herren, die Dame, Fall abgeschlossen.*

Charlie Kirk: *Für mich sieht das sehr überzeugend aus. Ich glaube, die volle Wahrheit werden wir niemals erfahren. Was dieses Verbrechen so beeindruckend und so einzigartig macht, ist die Tatsache, dass es wirklich schwer ist, das Ganze von hinten zu entwirren, sobald der Stimmzettel erst einmal im System ist. Aber wenn man die Geolokalisierungsdaten hat und dann die tatsächlichen Aufnahmen, auf denen man erkennt, dass sie das tun, von dem du denkst, dass sie es tun, wenn sie Fotos von den Briefkästen machen, die Handschuhe abnehmen, mehrere Male kommen – also für mich ist das Bild sehr deutlich. Ich habe genug*

---

* Anm. d. Übers.: Der Republikaner Brian Kemp ist der Gouverneur von Georgia, der Republikaner Doug Ducey Gouverneur von Arizona.

gesehen. Vergessen wir den Trump-Teil. Die Kontrolle über den US-Senat ging wegen Georgia mit einem winzigen Vorsprung an die Demokraten. Chuck Schumer* ist möglicherweise nur wegen dem, was wir gerade gesehen haben, Mehrheitsführer.

Sebastian Gorka: *Was haben wir empirisch? Wir haben Daten geolokalisiert. Wir haben Aufnahmen von Leuten, die Stimmzettel in großen Mengen einwerfen. Wissen wir, für wen diese Stimmen abgegeben wurden? Das können wir nicht wissen. Allerdings muss man seinen gesunden Menschenverstand einsetzen. Sagen wir, dass wir in Vierteln, in denen Demokraten das Sagen haben, Zentren sehen, wo Briefkästen Hunderte und Aberhunderte Besuche abgestattet werden, um Stimmen für Trump einzuwerfen? Das ist schwer zu glauben. Die Wahl wurde gestohlen, und ich brauche dafür keine fadenscheinigen Theorien über Computer und ausländische Akteure. Sieht man sich die Tradition in diesen Städten an, was wissen wir da seit 50, 60, 70 Jahren über sie? Sie sind Hochburgen des Wahlbetrugs durch die Linken. Dieses Mal hatten wir den perfekten Sturm. Wenn man Dutzende Millionen Stimmzettel per Post verschickt, ist das so, als würde man die Banktresore leeren und das Gold und die Geldbündel auf die Straße legen. Das ist geschehen.*

Eric Metaxas: *Mich macht das krank. Mir fehlen nahezu die Worte. Das Ausmaß an Zynismus bei diesem gewaltigen kriminellen Unterfangen ist meiner Auffassung nach dämonisch. Die Verachtung gegenüber Amerikanern wie meiner alten Mutter und meinem Vater, die ihre Stimme abgegeben haben, ist unamerikanisch und erschreckend. Ich weiß, dass*

---

* Anm. d. Übers.: Charles Ellis »Chuck« Schumer ist ein US-amerikanischer Politiker der Demokratischen Partei. Seit dem 20. Januar 2021 ist er aufgrund der »working majority« der Demokraten Mehrheitsführer des Senats.

dies die meisten Amerikaner absolut krank machen wird. Sie sind nicht so zynisch wie die herrschenden Klassen, die im Fernsehen herumplappern und ihre Kolumnen schreiben. Deshalb bin ich froh, dass du diesen Film machst, denn du sagst ihnen, dass sie nicht verrückt sind. Dass das, was sie vermutet haben, tatsächlich geschieht.

Dennis Prager: Wer mich kennt, weiß, wie verrückt ich bin, wenn es um die Wahrheit geht. Hätte unser Mann gewonnen, und gäbe es ernst zu nehmende Vorwürfe wegen Betrugs, dann würde ich wollen, dass der Name meines Mannes reingewaschen wird. Das wäre eine moralische Pflicht und sogar vorurteilsfreie Selbstsucht meinerseits. »Ihr glaubt, unser Mann wurde unfair gewählt? Dann zeigen wir euch mal, dass dem nicht so ist.« Insofern ist es kein gutes Zeichen, wenn eine Seite keinerlei Überprüfungen will. Allein schon um ihrer selbst willen sollten sie es wollen.

Zweitens: Ich habe mit Leidenschaft für Donald Trump gestimmt, aber ich hoffe doch sehr, dass er ehrlich besiegt wurde. Ich würde lieber ehrlich verlieren, als dass sich herausstellt, dass wir auf diese Weise verloren haben. Meine Liebe zu meinem Land ist mir wichtiger als der Wunsch, eine Debatte zu gewinnen. Aber was wenn, drittens, wenn das, was ihr gezeigt habt, wahr ist. Das Video ist sehr überzeugend. Ich bin als Agnostiker an die Sache herangegangen, weil ich meine Zweifel an der Legitimität der Wahl nur damit begründete, dass es zu viele Unregelmäßigkeiten gegeben hat. Aber ich war nicht bereit, mich festzulegen ... das ist es, was einen Agnostiker ausmacht, er ist nicht bereit, sich festzulegen ... Was ihr uns gezeigt habt, ist furchteinflößend. Ich würde gerne hören, was die andere Seite zu all dem zu sagen hat.

Charlie Kirk: *Sie haben zwei Möglichkeiten, wie sie versuchen können, das zu entkräften. Die eine Methode besteht darin, es herunterzuspielen und Rufmord zu begehen.*
Sebastian Gorka: *Genau.*
Charlie Kirk: *Also werden sie versuchen, Dinesh persönlich schlecht zu machen. Sie werden sagen:»Oh, Trump hat ihn begnadigt« oder sonst etwas, und deshalb versuche er nun, sich bei Trump zu revanchieren und die große Lüge zu füttern. Ich sehe schon die Schlagzeile in der* Washington Post *vor mir:»Von Trump begnadigter Verbündeter veröffentlicht fragwürdigen Film.«*
Und dann werden sie es herunterspielen. Sie werden sagen, es war nur das, Einzelfälle. Das Dritte, was sie tun werden, ist, sich Schützenhilfe von den Behörden zu holen. Ich lese die New York Times *auch. Nicht so viel wie du, Dennis. Sie werden sagen:»Verteidigungsministerium, FBI, Geheimdienste haben alle einstimmig erklärt, es sei die sicherste Wahl gewesen.«*
Jemand, der sich damit nicht auskennt, wird sagen:»Naja, wenn all diese Behörden das sagen, wie kann es da falsch sein?« Also: Rufmord, Herunterspielen, Schützenhilfe seitens der Behörden.
Sebastian Gorka: *Eines noch. Ich wette hier und heute, dass sie sagen werden:»Was in aller Welt denkt sich ein Konservativer dabei, private Bürger zu überwachen? Was tut Dinesh D'Souza den Wählern an?«*
Charlie Kirk: *Verletzung der Privatsphäre.*
Sebastian Gorka: *Und das um 3:00 Uhr morgens.*
Ja, das wird gewiss auch kommen.
Charlie Kirk: *Einschüchterung, wird es heißen. Niemand ist sicher, werden sie sagen. Farbige Gemeinden werden überwacht. Menschen in schwarzen Vierteln werden jetzt um ihr Leben fürchten müssen, da ihre Handy-Signale*

verknüpft werden. Das ist Jim Crow 2.0, Dinesh, genau das ist es.

Sebastian Gorka: *Sei besser bereit, Dinesh.*

Larry Elder: *Ich bin anderer Meinung als diejenigen, die sagen, das sei nicht überzeugend genug. Wir haben hier den schlagenden Beweis. Das ist atemberaubend. Das ist, als würde man O. J. Simpson den Tatort verlassen sehen. Mir ist egal, wie stark deren Parteibrille ist, das kann niemand alles abtun. Einiges davon mag man herunterspielen können. Aber wie erklärt man, dass jemand eine ganze Reihe Wahlbriefkästen mit einem ganzen Stapel unterschiedlicher Stimmzettel abklappert, und das um 3:57 Uhr in der Früh? Wie will man das begründen? Tut mir leid, aber ich denke, eine ganze Reihe Leute in diesem Land wird sagen: »Oh mein Gott!« Und was die Führung beider Parteien angeht, so werden sie damit klarkommen müssen.*

Charlie Kirk: *Das ist ein Overton-Fenster-Moment. Dokumentarfilmern gelingt es immer wieder mal, das bis dahin Undenkbare gesellschaftsfähig zu machen. Michael Moore zum Beispiel. Er hat vor vielen Jahren bei zahlreichen Themen den Rahmen des Overton-Fensters verschoben. Al Gore hat das mit dem Klimawandel getan. Dieses Projekt, 2000 Mules, wird das Overton-Fenster verschieben, was unsere Betrachtungsweise von Wahlen angeht, insbesondere in städtischen Gebieten.*

Das Overton-Fenster umfasst das Spektrum der Themen, die im öffentlichen Diskurs akzeptiert werden. Es reicht von Sachverhalten, die anzusprechen gerade noch erträglich ist, bis hin zu Staatspolitik. Wir alle leben das Overton-Fenster Tag für Tag. Vor 20 Jahren wäre die Vorstellung, dass bei einem Schwimmwettbewerb ein Transgender-Athlet gegen Frauen antritt, unvorstellbar gewesen. Heute ist es an der Universität von Pennsylvania an der Tagesordnung.

Der Polizei die Mittel zu kürzen war einmal undenkbar, heute ist es Staatspolitik.

Und ich denke, dasselbe wird wegen 2000 Mules geschehen. Es wird, um es mit Ernest Hemingway zu sagen, allmählich, dann aber plötzlich eintreten, denn es geht gar nicht mal darum, wie viele Menschen sich den Film ansehen. Vielleicht wird der eine oder andere Parlamentarier darunter sein. Oder Leute, die für das FBI arbeiten. Und schließlich jemand, der über ein ausgeprägtes Gewissen verfügt und der sagt: »Das ist ein Problem.«

Larry Elder: *Man kann das nicht abtun.*

Charlie Kirk: *Und es wird nicht abgetan werden.*

Kapitel 6

Ein Beutezug alter Schule

Unser Fall scheint damit bewiesen: Die Präsidentschaftswahlen 2020 und die Stichwahlen in Georgia wurden geraubt. Es geschah im Namen von Joe Biden und den Demokraten. Was wir bislang jedoch nicht wissen: Was hat den Raubzug ermöglicht? Wie kam es beispielsweise zu den privat finanzierte Wahlbriefkästen, in die man seine Stimmzettel einwerfen konnte? Wer hat das Netzwerk gemeinnütziger Organisationen aufgebaut, die als »Zwischenlager« für Stimmen fungierten? Wer hat dafür bezahlt? Und vor allem – woher bekamen die gemeinnützigen Organisationen die Stimmzettel, die sie dann den Maultieren zum Abliefern übergaben?

Diese Fragen werde ich in den nächsten beiden Kapiteln beantworten. Hier konzentriere ich mich vor allem auf die letzte Frage, nämlich wie die gemeinnützigen Organisationen an die Stimmzettel gekommen sein könnten. Ich sage »gekommen sein *könnten*« und nicht »gekommen sind«, weil man nur auf einem Weg herausfinden kann, wie jede einzelne gemeinnützige Organisation an ihre Stimmzettel gelangte: Die Gesetzeshüter müssen die Maultiere verhaften und sie zum Reden bringen. »Wer hat Sie aufgefordert, das zu tun? Wer hat Sie bezahlt?« Im nächsten Schritt müssen die Aktivisten der Non-Profit-Organisationen angeklagt und zum Reden gebracht werden. »Wer hat das organisiert? Woher haben Sie diese Stimmzettel bekommen?«

Ich wünschte, ich könnte anstelle der Gesetzeshüter die Verhöre durchführen, aber das geht natürlich nicht. Ich muss darauf vertrauen, dass die Behörden ihren Job erledigen. Ich kann jedoch etwas anderes tun und mehrere Methoden aufzeigen, wie die Akteure in den gemeinnützigen Organisationen zum Zwecke des Stimmenhandels in den Besitz von Stimmzetteln gekommen sind beziehungsweise gekommen sein könnten. Es ist ein Raubzug alter Schule, den diese Gruppen da für die Demokratische Partei im Laufe der Jahrzehnte, im Grunde seit über einem Jahrhundert, perfektioniert haben. Nicht vergessen: Wir müssen nicht beweisen, dass es einen Raubzug gegeben hat. Wir *wissen*, dass es ihn gab. Wir müssen nur zeigen, was möglicherweise hinter den Kulissen in Vorbereitung auf den Wahldiebstahl geschehen ist.

Im vorangegangenen Kapitel warf Dennis Prager eine interessante Frage auf: Warum lassen sich illegale Stimmzettel nicht von legalen separieren? Dahinter steht eine weiter reichende Frage: Sind die Stimmzettel, mit denen die 2000 Maultiere hantiert haben, gültig oder nicht? Anders gefragt: Handelt es sich um legitime Stimmzettel von legitimen Wählern, welche die Maultiere einfach nur widerrechtlich in die Wahlbriefkästen einwerfen? Oder handelt es sich um gefälschte Stimmzettel, die nicht die legitime Entscheidung von Wählern darstellen, die also unrechtmäßig in den Besitz Dritter gelangten und unrechtmäßig ausgefüllt wurden?

Vielleicht glauben Sie nun, dass ich behaupten werde, Letzteres sei zutreffend, aber die Wahrheit ist dann doch ein wenig komplizierter. Es stimmt: Es ist praktisch unmöglich, dass legitime Stimmzettel, die ordnungsgemäß abgegeben wurden, bei Maultieren landen. Gleichzeitig handelt es sich bei den Stimmzetteln, über die wir bislang gesprochen haben, größtenteils um legitime und nicht um gefälschte oder unechte Stimmzettel (abgesehen von einigen Ausnahmen). In vielen Fällen sind die Wähler auch tatsächlich qualifiziert, soll heißen, sie sind wahlberechtigt (auch hier gilt, dass das nicht immer der Fall ist) Der Wahlbetrug kommt im Allgemeinen so zustande, dass bezahlte professionelle Aktivisten sich die legitimen Wahlunterlagen von Wahlberechtigten aneignen, um dann im Namen dieser qualifizierten Personen illegale Stimmen abzugeben.

Wir müssen uns etwas ausführlicher mit der Methode der Briefwahl befassen, um zu begreifen, wie dies geschehen kann und wie dieses Procedere in der Vergangenheit immer wieder Fällen von Wahlbetrug Vorschub geleistet hat.

Prager wunderte sich über die Aussage, dass man die Betrügereien der Maultiere nicht aufdecken kann, indem man die illegalen Stimmzettel herausfischt. Das würde voraussetzen, dass auf den eigentlichen Stimmzetteln der Name der wählenden Person steht, aber das ist nicht der Fall. Auf dem Stimmzettel steht, für wen sich der Wähler entschieden hat – ein Haken für Biden anstatt Trump oder für Warnock anstatt Loeffler –, aber die Unterschrift taucht nur auf dem Umschlag auf, der den Stimmzettel enthält.

In den meisten Fällen beginnt der Briefwahlprozess damit, dass man einen Antrag stellt, dass einem die Wahlunterlagen postalisch zugestellt werden. In einigen wenigen Staaten – Kalifornien, Colorado, Oregon und Hawaii – werden die Wahlunterlagen in großen Mengen versandt, ohne dass die Wähler explizit darum bitten müssen. Aber grundsätzlich ist das nicht üblich und trifft auch nicht auf die fünf Staaten zu, mit denen wir uns hier näher befassen. In vier dieser fünf Staaten – Georgia, Arizona, Michigan und Wisconsin – kann jeder Wähler Briefwahlunterlagen anfordern. In Pennsylvania dagegen muss er dafür eine legitime Erklärung abgeben, beispielsweise dass er in einem Pflegeheim oder einer Einrichtung für betreutes Wohnen lebt.

Den Antrag auf Briefwahl soll üblicherweise der Wähler selbst stellen, und das entsprechende Formular hat er persönlich zu unterzeichnen. Dennoch werden diese Regeln nicht immer eingehalten. In Michigan ließ die demokratische Innensenatorin Jocelyn Benson unaufgefordert Tausende Briefwahlunterlagen verschicken. Sie begründete dies mit einem Verweis auf die Covid-Pandemie, auch wenn die Gesetze dieses Staates ihr eine derartige Befugnis gar nicht erteilten.[41]

Trifft der Antrag auf Briefwahl ein, gleichen Wahlbeamte die Namen des Wählers mit dem Wählerverzeichnis ab und schicken dem Wähler dann den eigentlichen Stimmzettel zusammen mit einem Rückumschlag zu. Der Wähler unterschreibt den Rückumschlag und bestätigt damit, dass er wahlberechtigt ist und dass es sich tatsächlich um seine Unterschrift handelt. Der ausgefüllte Stimmzettel (ohne Unterschrift) kommt in den Umschlag. Dieser wird versiegelt und dann entweder persönlich abgegeben oder per Post zurückgeschickt, damit er im Rahmen der Auszählung verarbeitet und gezählt werden kann.

Wahlbeamte sollen diese Unterschriften abgleichen oder bestätigen, bevor sie die Stimmzettel auszählen, aber wir werden sehen, dass dies nicht mit der erforderlichen Sorgfalt oder Disziplin erfolgt. Das Ergebnis: Bei den Wahlen 2020 war der Prozentsatz an ungültigen Stimmzetteln extrem niedrig im Vergleich zu früheren Wahlen. Das bedeutet nicht etwa, dass die Wähler viel gründlicher geworden sind, sondern dass die Wahlbeamten die Regeln weitaus laxer umgesetzt haben.

Aber warum? Es lag nicht etwa an der Inkompetenz der Wahlbeamten, vielmehr hatten sie Anweisung erhalten, es bei der Überprüfung der Unterschriften nicht allzu genau zu nehmen. In Michigan erließ die berüchtigte Jocelyn Benson eine Anweisung, wonach Unterschriften grundsätzlich als gültig anzusehen seien. Über kleinere Abweichungen solle man hinwegsehen, im Zweifelsfall solle eher Gültigkeit als Ungültigkeit angenommen werden. »Na los, weg mit dem Umschlag, macht euch an die Stimmenauszählung!« Und sind die Stimmzettel erst einmal von den Umschlägen getrennt, verschwinden sie im großen Papierhaufen und können nicht wieder separiert werden. Anfang 2021 hob ein Gericht die Benson-Direktive auf, aber für den Ausgang der Wahlen von 2020 war es da bereits zu spät.[42]

Ich möchte Ihnen an dieser Stelle Hans von Spakovsky vorstellen, Rechtsanwalt und ehemaliger Kommissar der amerikanischen Bundeswahlkommission FEC (Federal Election Commission). Zudem ist er Leiter der Heritage-Foundation-Wahlrechtsreforminitiative sowie Senior Legal Fellow im Heritage's Meese Center for Legal and Judicial Studies. Er wird uns erklären, wie ein Wahlbetrug der hier beschriebenen Art stattfinden könnte und stattfindet, denn er ist ein Fachmann für dieses Thema. Gemeinsam mit John Fund hat Hans von Spakovsky das Buch *Our Broken Elections* geschrieben, ein Referenzwerk zum Thema Wahlbetrug.

Dinesh: *Hans, du hast dir gerade einige Maultier-Videos angesehen, unter anderem das, in dem eine Frau einräumt, Teil einer Stimmenhandelaktion gewesen zu sein. Du bist Experte zu diesem Thema. Bist du mit derartigen Maultier-Operationen vertraut?*
Hans: *Bin ich. Und leider überrascht es mich auch nicht. Wir sprechen hier davon, dass Maultiere diese Stimmzettel einsammeln, aber leider ist das in einigen Teilen Amerikas –*

insbesondere in der hispanischen Gemeinde – so weit verbreitet, dass man dort einen eigenen Namen für die Akteure hat. Man nennt sie politiqueros. Es handelt sich dabei um Personen, die von Wahlkampfteams oder Parteien dafür bezahlt werden, in bestimmte Viertel zu gehen und dort Briefwahlstimmen zu sammeln. Dazu üben sie Druck auf die Wähler aus, für einen bestimmten Kandidaten zu stimmen. Sie nötigen sie also, und nicht selten füllen sie gleich den Stimmzettel für sie aus.

Dinesh: Personen, die Wahlbetrug beobachtet haben, sagen, dass Briefwahl das häufigste Vehikel für Wahlbetrug ist, und auch Gerichte haben sich dahin gehend geäußert. Wie kommt das?

Hans: Nun, weil es sich hier um die einzige Form von Stimmabgabe handelt, die nicht unter der Aufsicht von Wahlbeamten und nicht unter den Augen von Wahlbeobachtern erfolgt. Du weißt ja, dass im Wahlprozess Transparenz sehr wichtig ist, aber beim Wähler zu Hause kann niemand verfolgen, was dort geschieht. Und vergessen wir nicht: Im Wahllokal füllt man seinen Stimmzettel aus und wirft ihn direkt in die Wahlurne. Das ist natürlich bei der Briefwahl anders.

Drückst du einem Fremden deine Wahlunterlagen an deiner Haustür in die Hand, hast du keine Kontrolle mehr darüber, ob der den Stimmzettel auch abgeben wird. Vielleicht öffnet er den Umschlag und ändert etwas. Es ist dasselbe, wie wenn du deinen Stimmzettel mit der Post aufgibst – du kannst nicht wissen, ob er überhaupt zugestellt wird. Du weißt einfach nicht, ob er nicht aus dem Briefkasten gestohlen wird, um ihn zu manipulieren oder zu entsorgen.

Dinesh: *In einigen Staaten ist das »Voter Harvesting« erlaubt. Und mit Voter Harvesting meinen wir, dass du deinen Stimmzettel jemand anderem geben und diese Person bitten kannst, ihn für dich abzugeben. Gibt es irgendwelche Staaten, in denen es erlaubt ist, ein Maultier dafür zu bezahlen, Stimmzettel zu Wahlbriefkästen zu liefern?*
Hans: *Nein. Das sollte man nicht tun, denn man versetzt dadurch Dritte – Fremde, Kandidaten, Wahlkampf-mitarbeiter, Parteiaktivisten ... also Menschen, die ein Interesse an einem bestimmten Wahlausgang haben – in die Lage, etwas sehr Wertvolles in die Finger zu bekommen: einen Stimmzettel.*
Dinesh: *Und wenn Geld den Besitzer wechselt, ist es doch auch ein Verstoß gegen den Grundsatz, dass es sich hier-bei nicht um Bestechung handeln sollte, oder? Man sollte Menschen nicht dafür bezahlen, an Wahlen teilzunehmen. Man sollte aus einem Gefühl der Bürgerpflicht heraus zur Wahl gehen, oder?*
Hans: *Ganz genau. Es gibt sogar einen alten Begriff dafür. Man spricht von* walking-around money, *Geld, das be-stimmte Personen von Kandidaten und anderen erhalten, damit sie damit Wähler oder Dritte für das Einsammeln von Stimmzetteln bezahlen. Und noch einmal: Wir können nicht mit Gewissheit sagen, was mit diesen Stimmzetteln geschieht, wenn diese Personen sie in die Hände bekommen.*
Dinesh: *Wir haben gezeigt, dass es da diese Maultiere gibt, die Stimmzettel in unterschiedlichen ... nennen wir sie Zwischenlagern ... abholen. Dabei kann es sich um gemein-nützige Organisationen handeln oder um NGOs oder um Hilfsorganisationen für Obdachlose. Was ich herausfinden möchte, ist: Wie könnten sie an diese Stimmzettel gelangt sein?*

Hans: *Um Shakespeare zu zitieren:* »*Lass mich zählen, wie*«.[*] *Wir haben bei früheren Gelegenheiten unzählige unterschiedliche Methoden beobachtet. Alles von* »*Man stellt für einen Wähler einen Antrag auf Briefwahl, lässt sich die Unterlagen aber an die eigene Adresse schicken*« *über* »*Man geht zu den Wählern und erhält die Stimmzettel dort*« *und das Stehlen von Wahldokumenten aus Briefkästen bis hin zur Herstellung eigener Stimmzettel mithilfe qualitativ hochwertiger Kopierer.*

Dinesh: *Ist es möglich, sich einen Stimmzettel zu besorgen, 500 Kopien davon anzufertigen, sich dann aus dem Wählerverzeichnis Leute herauszusuchen, die länger nicht gewählt haben, und diese Kopien dann selbst auszufüllen? Wenn niemand allzu genau hinschaut, kommt man damit durch?*

Hans: *Ja.*

Dinesh: *Wie?*

Hans: *Die Wählerverzeichnisse sind in chronisch schlechtem Zustand. Die Bundesstaaten arbeiten nicht besonders gewissenhaft, wenn es darum geht, Menschen aus der Liste zu streichen, die nicht länger wahlberechtigt sind, weil sie gestorben sind oder weil sie weggezogen sind. Es ist nicht schwer, sich das Wählerverzeichnis eines Staats und die Wählerhistorie zu beschaffen und das festzustellen. Angenommen, es steht jemand auf der Liste und hat seit 10 Jahren nicht gewählt, dann kann man doch das recht geringe Risiko eingehen, einen Stimmzettel im Namen dieser Person abzugeben, oder?*

Und selbst wenn die Unterschriften abgeglichen würden, handelt es sich dabei um eine sehr ungenaue Methode und

---

[*] Anm. d. Übers.: Tatsächlich handelt es sich nicht um Shakespeare, sondern um den Anfang von Sonett 43 von Elizabeth Barrett Browning, das in der Übertragung von Rainer Maria Rilke so beginnt: »Wie ich dich liebe? Lass mich zählen, wie.«

nicht um eine Wissenschaft. Nimmt sich ein Wahlbeamter die Briefwahlstimmzettel vor, dann hat er es gleich mit Tausenden zu tun. Er hat aber im Durchschnitt nur ein paar Sekunden Zeit, rasch auf die Unterschrift auf dem Umschlag zu schauen und sie mit der Unterschrift in den Akten abzugleichen. Wenn du also eine Unterschrift fälschst, stehen die Chancen ziemlich gut, dass du damit durchkommst. Und wenn die Unterschriften nicht abgeglichen werden, dann ist das Ganze ohnehin ein Kinderspiel.

Dinesh: *Und stimmt es nicht, dass 2020 Leute wie Jocelyn Benson die Stimmenzähler ausdrücklich anwiesen, davon auszugehen, die Unterschriften seien erst einmal gültig, sofern es nicht mehrere eklatante Diskrepanzen gebe? Im Zweifelsfall hieß es also: »Wir winken diese Stimme durch.«*
Hans: *Ganz genau. Und erinnern wir uns an die Staaten, die den Fehler begingen, einfach jedem registrierten Wähler einen Stimmzettel für die Briefwahl zuzuschicken. Wenn ein Betrüger diese Wahlunterlagen für die Briefwahl bekommt, besitzt er bereits 90 Prozent der Informationen, die er zum Ausfüllen benötigt, denn wem schicken sie die Wahlunterlagen zu? Dem ins Wählerverzeichnis eingetragenen Bürger, und zwar genau so adressiert, wie er behördlich registriert ist. Jetzt besitzt man also bereits den Großteil der Informationen, die man braucht, um per Briefwahl einen gefälschten Stimmzettel abgeben zu können.*
Dinesh: *Folgen wir der Spur dieser verschickten Wahlunterlagen, ja? Sagen wir, es gab da Studenten auf einem Campus, und die hatten bei einer Wahl gewählt. Aber dann machten sie ihren Abschluss und zogen in einen anderen Staat, nahmen dort vielleicht eine neue Stelle an. Solange sie in den Wählerlisten stehen, ist es doch so, dass ihre Briefwahlunterlagen an die Wohnheime zugestellt werden. Und dass es für jemanden, der weiß, wann und wo er*

danach zu suchen hat, nicht allzu schwer sein wird,
sie einzusammeln, oder nicht?

Hans: *Ganz genau. Ich arbeite im District of Columbia.
Dort hat man allen registrierten Wählern Briefwahlunterlagen zugeschickt. Ich weiß nicht mehr, wie viele Anrufe
ich von Leuten erhalten habe, die mir daraufhin berichteten,
dass die Post nicht nur ihre Unterlagen, sondern auch
etliche weitere Umschläge mit Briefwahlunterlagen zugestellt
hat – fünf, sechs, sieben Sendungen, allesamt für Personen,
die dort früher einmal gelebt hatten.*

Dinesh: *In deinem Buch sprichst du darüber, dass im
Vorfeld der Wahlen von 2020 ein ganzer Schwung an Klagen
eingereicht wurde. Du sprichst von rund 400 Klagen,
der Großteil davon von der Linken und den Demokraten.
Worauf zielten diese Klagen ab?*

Hans: *Grob gesagt ging es darum, alle Sicherheitsprotokolle
rund um den Wahlprozess loszuwerden und so viele Staaten
wie möglich zu zwingen, auf reine Briefwahl umzustellen.
Sie verklagten den Staat Alabama und forderten, er solle die
Vorschrift nicht durchsetzen dürfen, wonach der Umschlag
in Anwesenheit von zwei Zeugen zu unterschreiben sei.
Wenn man seinen Stimmzettel für die Briefwahl ausfüllt,
verlangen viele Staaten, dass auch ein Zeuge unterschreibt.
Das ist eine der wenigen Möglichkeiten, wie man gewährleisten kann, dass der Stimmzettel auch tatsächlich vom Wähler
selbst ausgefüllt wurde.*

*Aber wegen Covid solle Alabama diese Auflage nicht
durchsetzen können, hieß es in der Klage. Zum Glück haben
sie verloren, aber es gab andere Staaten, wo sie mit dieser
Klage Erfolg hatten. Sie reichten eine ähnliche Klage in
South Carolina ein und versuchten auch dort, die Augen-
zeugenregelung zu kippen. In Alabama wollten sie auch
die Ausweispflicht abschaffen.*

Dinesh: *Wäre es gerechtfertigt zu sagen, dass die Republikaner allem Anschein nach von diesen Klagen überrascht wurden und sich auch nicht sonderlich wirksam dagegen zur Wehr setzten, was dazu führte, dass viele dieser Abläufe verändert wurden?*

Hans: *In einigen Fällen war es zu wenig und zu spät, was auch mit dem zusammenhängt, was ich abgekartete Klagen nenne.*

Dinesh: *Was meinst du damit?*

Hans: *Eine liberale Gruppe verklagt einen befreundeten liberalen Politiker, der auf ihrer Seite steht. Und dieser Amtsträger setzt sich nicht etwa gegen die Klage zur Wehr – und verteidigt damit das Gesetz –, sondern er erklärt: »Na gut, ich kapituliere. Einigen wir uns. Was wollt ihr, dass ich tue?« Und auf diese Weise konnten sie einen Großteil der staatlichen Auflagen aushebeln und loswerden.*

Dinesh: *Kannst du uns einige der Staaten nennen, in denen das geschehen ist?*

Hans: *North Carolina. Es ist auch in Pennsylvania passiert, wo das Gesetz vorschreibt, dass Stimmzettel, die per Briefwahl abgegeben wurden, bis zum Ende des Wahltags eingetroffen sein müssen. Was absolut Sinn ergibt. Stattdessen jedoch forderten die demokratischen Aktivisten: »Oh nein. Ihr müsst bis zu 3 Tage nach dem Wahltag Briefwahlunterlagen akzeptieren.« Und hatten damit Erfolg.*

Dinesh: *Ein ehemaliger Oberster Richter in Wisconsin, Michael Gableman, hat einen Bericht über die Wahlpraktiken in seinem Staat erstellt. Er weist darauf hin, dass gemäß den Gesetzen von Wisconsin Briefwahl nicht zulässig ist, außer unter sehr strengen Auflagen. Und dennoch, so sagt er, hätten eine Reihe Städte in Wisconsin das ignoriert, obwohl es Gesetz ist, und Zuckerberg-Geld angenommen, das unter anderem an die Bedingung gekoppelt war, Wahl-*

*briefkästen aufzustellen. Und sie sind losgezogen und haben
genau das getan.*

Hans: *Das war nicht nur in Wisconsin ein Problem, sondern
auch in anderen Staaten. Wahlbeamte und andere erklärten:
»Wir werden das Gesetz einfach nicht einhalten. Wir werden
die eintreffenden Stimmzettel auch dann zählen, wenn sie
die staatlichen Auflagen nicht erfüllen.«*

Dinesh: *Gableman weist auch darauf hin, dass in Wisconsin
schätzungsweise 90 000 Menschen in Pflegeheimen oder
Einrichtungen für betreutes Wohnen leben. Er hat Videoaufnahmen von Menschen, die ganz offensichtlich körperlich
und geistig eingeschränkt sind – praktisch komatös, sie kennen
ihren Namen nicht, wissen nicht, welches Jahr wir schreiben–,
und dennoch haben sie gewählt. Wie kann das sein? Was ist
da geschehen?*

Hans: *Das war 2020 ein Problem in Wisconsin, aber es
ist ein altes Problem, und das in vielen Städten. Unter dem
Personal in derartigen Einrichtungen sind auch einige
politische Aktivisten. Und was tun die? Sie sorgen dafür, dass
diese Personen ins Wählerverzeichnis eingetragen werden.
Vielleicht sind sie auch schon registriert, dann fordern sie in
deren Namen Briefwahlunterlagen an. Manchmal fälschen
sie auch die Unterschriften und füllen dann in deren Namen
die Stimmzettel aus.*

Dinesh: *Wir haben Problemgebiete wie Campus und
Pflegeheime identifiziert. Was ist mit Einrichtungen für
Obdachlose? Da sind Anlaufstellen – Unterkünfte,
Suppenküchen – für eine Vielzahl von Menschen ohne
festen Wohnsitz. Ich kann mir gut vorstellen, dass
einem Teil von ihnen so etwas wie eine Wahl völlig egal
ist. Wäre es nicht vergleichsweise einfach, diesen Leuten,
wenn sie kommen, zu sagen: »Hey, hör mal. Unter-
schreib mal hier. Wir fordern Briefwahlunterlagen an.*

*Man schickt sie nicht dir zu, weil du keine zustellungsfähige
Adresse hast, sondern hierher in die Unterkunft. Wir kriegen
den Stimmzettel und kümmern uns um den Rest.«*
Hans: *Ein Mensch ohne Wohnsitz ist geistig zurechnungsfähig, er sollte selbst wählen können. Wenn er nur eine
Obdachlosenunterkunft als Adresse angeben kann, dann ist
das okay. Aber das Problem an der Sache: Es ist sehr leicht,
diese Menschen einzuschüchtern und ihnen Angst einzujagen.
»Ich kriege nichts zu essen, ich bekomme kein Dach über
dem Kopf, wenn ich nicht so wähle, wie die Leute hier es mir
sagen.« Genau das traf vor einigen Jahrzehnten in Chicago
zu bei einem der größten Fälle von Wahlbetrug, den das
Justizministerium je zur Anklage gebracht hat.*

*Eines haben viele der Betrügereien rund um die Briefwahl,
die ich bislang gesehen habe und die gerichtlich bestätigt
wurden, gemein: Die Akteure zielen gerne auf die schwächsten
Glieder unserer Gesellschaft ab. Sie gehen in soziale Brennpunkte. Sie picken sich die Älteren heraus. Sie picken sich diejenigen heraus, deren Muttersprache nicht Englisch ist.
Sie picken sich die Obdachlosen heraus.*
Dinesh: *Du sagst, die Stimmenhändler sind nicht von
dem Wunsch getrieben, obdachlosen Menschen, die ansonsten
nicht zur Wahl gehen würden, bei der Stimmabgabe zu
helfen. Es handelt sich vielmehr um den unredlichen Versuch,
an ihre Stimmzettel zu kommen, in ihrem Namen zu wählen,
damit der eigene Kandidat gewinnt, und dafür nutzen sie
die Namen und die Registrierungen anderer.*
Hans: *Ganz genauso ist es. Ich habe vorhin bereits erzählt,
dass man diese Leute in Texas* politiqueros *nennt. In Florida
heißen sie* boleteros.* *Diese Personen werden dafür bezahlt,
in die Viertel zu gehen, zu den Menschen nach Hause, deren*

---

* Anm. d. Übers.: Ein boletero ist im Spanischen eigentlich ein Kartenverkäufer.

*Stimmzettel einzusammeln und die Leute unter Druck zu
setzen oder zu nötigen, auf eine bestimmte Weise zu wählen.
Häufig füllen sie auch den Stimmzettel für sie aus. Ein
Grund dafür ist der, dass sie das in einem Wahllokal nicht
tun können. Die Bestimmungen verbieten es Politikern
und Wahlkampfmitarbeitern, sich in einem Wahllokal oder
auch nur im Umfeld eines Wahllokals politisch zu betätigen.
Leider gelten diese Bestimmungen nicht im privaten Umfeld der Menschen. Außerdem sind dort auch keine Wahlbeobachter, die sie bei ihrem Tun erwischen könnten.*

Dinesh: *Werfen wir rasch einen Blick auf die amerikanische
Geschichte. Beide Parteien haben Wahlbetrug begangen,
und niemand würde ernstlich behaupten, dass dies etwas ist,
wodurch sich nur die eine oder die andere Partei auszeichnet.
Aber ist es nicht auch Tatsache, dass Wahlbetrug in erster
Linie von der Demokratischen Partei begangen wurde?
Ich denke dabei zurück an Tammany Hall* und die Ära der
demokratischen Bosse. Die Wählerunterdrückung durch
die Demokraten im frühen 20. Jahrhundert, insbesondere
der schwarzen Wähler.*

Hans: *Bürgermeister Daley in Chicago.*

Dinesh: *Das sehr enge Rennen zwischen Nixon und Kennedy
1960, das in erster Linie aufgrund von Texas und Cook
County, Illinois, zugunsten von Kennedy ausging. Wir haben
es hier also mit einer Partei zu tun, den Demokraten, die
sozusagen Experte darin ist.*

Hans: *Die meisten Fälle, die mir unterkommen, finden
sich leider bei der Demokratischen Partei.*

Dinesh: *Historisch oder auch aktuell?*

---

*   Anm. d. Übers.: Tammany Hall war eine politische Organisation der Demokratischen
    Partei in New York, die 1786 als Tammany Society gegründet wurde. Der Name
    leitet sich von ihrem Tagungsort ab, der Tammany Hall. Die Seilschaft kontrollierte
    über Jahrzehnte hinweg die Politik in New York City.

Hans: *Historisch und auch aktuell. Und es geht nicht immer nur darum, dass eine Partei der anderen etwas stiehlt. Es gibt auch denjenigen Wahlbetrug, bei dem Demokraten anderen Demokraten etwas stehlen. Das haben wir in einigen Fällen beobachtet. Es gab beispielsweise einen großen Fall in Indiana – eine örtliche Bürgermeisterwahl, Vorwahlen für das Bürgermeisteramt –, und der Fall ging bis zum Obersten Gericht des Bundesstaats. Die Richter stellten fest, dass es bei den Vorwahlen der Demokraten massiven Betrug mit Briefwahlstimmen gegeben habe.*

Dinesh: *Ich lese in den Medien zurzeit ständig, dass es zu Fällen von Wahlbetrug kommen könnte – ein verstorbener Wähler hier, jemand, der weggezogen ist, dort –, aber derartige Fälle seien doch extrem selten. Sie seien dermaßen episodisch, dass wir uns darum keine großen Gedanken machen müssten. Kurz: Sie seien nicht imstande, eine Wahl zu kippen. Würdest du dem zustimmen?*

Hans: *Nein. Betrug kommt oft genug vor, um eine Wahl entscheidend zu beeinflussen. Gehen wir nur ein paar Jahre zurück ins Jahr 2018, als eine Kongresswahl annulliert wurde. Die Heritage Foundation hat vor einigen Jahren eine Datenbank erstellt, dort hinterlegen wir nur zweifelsfrei nachgewiesene Fälle, also solche, bei denen jemand vor Gericht verurteilt wurde oder das Gericht Neuwahlen angeordnet hat. Inzwischen haben wir über 1350 Fälle dokumentiert. Und das ist nur die Spitze des Eisbergs. Verfügt man nicht über die notwendigen Tools, ist es wirklich schwierig, Wahlbetrug auf die Schliche zu kommen. In Staaten wie New York oder Kalifornien muss man sich bei der Stimmabgabe nicht ausweisen. Wie soll man da wissen, ob jemand auftaucht, um im Namen eines anderen zu wählen? Man kann es nicht wissen.*

Dinesh: *Ich erinnere mich, dass Associated Press kurz nach den Wahlen von 2020 eine Geschichte veröffentlichte, in der es hieß:* »*Wir untersuchen jeden nachgewiesenen Fall von Wahlbetrug, um Ihnen darzulegen, in welchem Umfang Wahlbetrug stattfindet.*« *Für mich klingt das so, als würde man sagen:* »*Wir sehen uns jede Verurteilung an, die mit Drogen zusammenhängt, um Ihnen darzulegen, wie viele Menschen in Amerika Drogen nehmen.*« *Natürlich deckt die Anzahl der Verurteilungen nur einen winzigen Bruchteil all derjenigen ab, die Drogen nehmen, richtig?*
Hans: *Genau. Und es gibt sehr überzeugende Berichte über andere Fälle, welche die Wahlbeamten nicht öffentlich machen wollen, weil es ihnen unangenehm ist, wie ich vermute. Das zeigt, dass sie nicht die nötige Kompetenz zu diesem Thema besitzen. Und auch viele Bezirksstaatsanwälte haben keine Lust, sich damit zu befassen. Das weiß ich aus eigener Erfahrung.*

Ich war in Virginia in einem Bezirkswahlausschuss, und wir stellten fest, dass sich mehrere Hundert Menschen registriert hatten, die keine amerikanischen Staatsbürger waren. Viele von ihnen hatten tatsächlich bei Wahlen in Virginia gewählt. Wir schickten diese Informationen an den örtlichen demokratischen Bezirksstaatsanwalt, und wir schickten sie auch an das Justizministerium. Es wäre leicht gewesen, diese Fälle zu untersuchen und Anklage zu erheben, denn entweder ist man Staatsbürger, oder man ist es nicht. Die Bundesbehörden reagierten nicht darauf. Und auch der Bezirksstaatsanwalt hat bei nicht einem einzigen dieser Fälle etwas unternommen.
Dinesh: *Die Demokraten erklären, sie führen all diese Klagen gegen eine Ausweispflicht, die strengere Überwachung der Unterschriften und die Säuberung der Wahlverzeichnisse, um den Menschen die Stimmabgabe zu erleichtern.*

Aber trifft es nicht auch zu, dass sie es den Menschen damit erleichtern zu betrügen?

Hans: *So ist es. Und es gibt keinen Grund für diese Veränderungen, denn es ist leichter denn je, in diesem Land zu wählen. Es ist leicht, sich für die Wahl registrieren zu lassen. Es ist leicht, seine Stimme in einem Wahllokal abzugeben. Die meisten Staaten lassen inzwischen eine vorzeitige Stimmabgabe zu. Staaten wie Georgia und Indiana haben seit über einem Jahrzehnt, nämlich seit 2008, die Pflicht, dass sich Wähler per Foto-ID ausweisen müssen. Und wir haben jetzt die Daten von über einem Jahrzehnt, die zeigen, dass die Wahlbeteiligung nicht nur nicht zurückgegangen ist – Georgia mit seinen Gesetzen hatte eine Rekordzahl registrierter Wähler und eine Rekordwahlbeteiligung.*

Dinesh: *Ich finde es ziemlich interessant, dass sie den Slogan »Make every vote count« verwenden, etwa: »Sorgt dafür, dass jede Stimme zählt«. Da fehlt doch ein Adjektiv. Es heißt nicht, »jede legitime Stimme«, »jede legale Stimme«. Für mich ist das so, als würde jemand, der gerade dabei ist, Falschgeld zu drucken, sagen: »Make every dollar count.« Das ist doch das Mantra eines Betrügers, findest du nicht auch?*

Hans: *Ja, da stimme ich dir zu.*

Wenige Monate vor der Wahl von 2020 hatte die Heritage Foundation einen Bericht veröffentlicht, in dem sich Hans von Spakovsky mit Fällen aus den vergangenen 3 Jahrzehnten befasste, die mit Betrügereien rund um die Briefwahl zu tun haben.[43] Ein Beispiel: 2019 wurde Frank Raia, Kandidat für den Stadtrat in Hoboken, New Jersey, verurteilt, ein »umfangreiches Programm orchestriert zu haben«, das sozial schwache Einwohner ins Visier nahm und bei dem er per Bestechung versuchte, an die Briefwahlunterlagen dieser Menschen zu gelangen. Raia entwickelte seine Pläne anscheinend, nachdem die Gesetze des Staates geändert und die Anforderungen an die Briefwahl gelockert wurden. Zuvor hatte man, um Briefwahlunterlagen erhalten zu können, einen Grund dafür nennen müssen, warum man es nicht ins Wahllokal schafft.[44]

1993 kippte der Oberste Gerichtshof von Kalifornien das Ergebnis einer Schulkommissionswahl wegen weitverbreiteter Betrügereien und »Manipulationen« von Briefwahlunterlagen. Eine örtliche Aktivistengruppe, der Fresno-Ortsverband der Black American Political Association of California (BAPAC), hatte die Registrierung der Wähler und die Organisation der Briefwahl übernommen. Federführend bei dem Projekt war Frank Revis, der das Wähleraufklärungsprojekt von BAPAC leitete. Diese Gruppe – die es auf 13 Sitze in der Kommission abgesehen hatte – kontrollierte, wie Minderheitenwähler ihre Wahlunterlagen erhielten, wie sie sie ausfüllten und wie sie zurückgegeben wurden. Dazu besuchten sie die Menschen zu Hause, brachten sie dazu, sich für die Wahlen registrieren zu lassen und Briefwahlunterlagen zu beantragen. Der Haken an der Sache? Die Unterlagen gingen nicht an die Wähler, sondern an die BAPAC. Den Wählern wurde gesagt, sie sollten das Feld freilassen, in das man eintragen muss, wohin die Briefwahlunterlagen geschickt werden sollen.

Die BAPAC nahm also die Formulare mit ins Hauptquartier und gab als Adresse das Wähleraufklärungsprojekt an (das seinen Sitz im BAPAC-Hauptquartier hatte). Als dort die Briefwahlunterlagen eintrafen, gingen BAPAC-Mitarbeiter zu den Wählern nach Hause und ermunterten sie, ihr Kreuz »in Anwesenheit des BAPAC-Personals« zu machen. Die Mitarbeiter prüften dann die Stimmabgabe, sammelten die ausgefüllten Stimmzettel ein und übergaben sie den Wahlbeamten. Bei der Gerichtsverhandlung wurden Aussagen von Wählern vorgelegt, die erklärten, ihre Unterschrift sei gefälscht worden oder BAPAC-Mitarbeiter hätten ihnen gesagt, für wen sie ihre Stimme abgeben sollten. Auch andere illegale Praktiken wurden geschildert. Der Oberste Gerichtshof des Staats kippte daraufhin das Wahlergebnis, weil die Betrügereien so weitreichend waren, dass sie den Ausgang der Wahl beeinflusst hatten.[45]

1999 wurde der *Miami Herald* mit dem Pulitzerpreis ausgezeichnet, weil er Wahlbetrug bei den Bürgermeisterwahlen in Miami von 1997 auf die Spur gekommen war.[46] Der Amtsinhaber Joe Carollo erhielt damals die meisten Stimmen, doch ihm fehlten 155 Stimmen für eine absolute Mehrheit. Carollo bekam die meisten Stimmen in den Wahllokalen, sein Kontrahent Xavier Suarez kam bei den Briefwählern auf die Mehrheit. Die Situation machte eine Stichwahl erforderlich, die Suarez vor allem deshalb gewann, weil er zwei Drittel der Briefwahlstimmen erhielt.

Der *Miami Herald* deckte zahlreiche Betrugsfälle von Suarez' Verbündeten und seinem Wahlkampfteam auf. Ein früherer Mitarbeiter des Sozialamts, der nun als freiwilliger Wahlhelfer für Suarez unterwegs war, bearbeitete ältere Empfänger von Lebensmittelmarken, ihre Stimme für Suarez abzugeben. Obdachlose wurden busweise ins Rathaus gekarrt, damit sie dort ihre Briefwahlstimmzettel abgeben konnten. Anschließend brachte man sie in den Hinterhof einer Kirche, wo »ein Mann mit einem dicken Geldbündel« jedem 10 Dollar fürs Wählen in die Hand drückte. Anhänger von Suarez wurden angeheuert, bei gefälschten Stimmzetteln als Augenzeuge die Korrektheit zu bezeugen, auch für Stimmzettel von Verstorbenen, von nicht wahlberechtigten Kriminellen und Nicht-Bürgern der Stadt Miami.

Interessanterweise ordnete das erstinstanzliche Gericht wegen der weitverbreiteten Betrügereien Neuwahlen an, aber das Berufungsgericht kassierte das Urteil und setzte stattdessen Carollo wieder als Bürgermeister ein. Begründung: Nach Abzug der unzulässigen Stimmen habe er eine Mehrheit erhalten. Das Berufungsgericht erklärte, man werde »nicht zu derartigem Betrug ermutigen«, indem man einfach Neuwahlen ansetze. Stattdessen solle der Kandidat, der eigentlich gewonnen habe, sein legitimes Amt erhalten.[47]

Als der Oberste Gerichtshof der USA 2008 Indianas neues Gesetz zur Wähleridentifizierung bestätigte, erwähnte er ausdrücklich den Briefwahlbetrug von 2003 bei den Bürgermeister-Vorwahlen in East Chicago, Indiana, als eindeutiges Beispiel für nachgewiesenen Betrug.[48] Der amtierende Bürgermeister Robert Pastrick erhielt weniger Stimmen als sein Herausforderer George Pabey, aber ein deutlicher Vorsprung bei den Briefwahlstimmen bescherte Pastrick letztlich mit 278 Stimmen mehr den Sieg.

Nach einer Gerichtsverhandlung, bei der 165 Zeugen aussagten, kam der Richter zu dem Schluss, der Bürgermeister und seine Spießgesellen hätten »den Prozess der Briefwahl pervertiert und die Integrität und die Ergebnisse dieser Wahl kompromittiert«. Der Richter stellte unter anderem fest, dass Wählern Entschädigungen und Schmiergelder gezahlt worden waren – insbesondere Erstwählern, Bedürftigen und Menschen mit begrenzten Englischkenntnissen. Zudem hatten Anhänger Pastricks regelmäßig Anträge auf Briefwahl und sogar Stimmzettel ausgefüllt, sodass Wähler nur noch den Umschlag unterzeichneten. Diese Stimmzettel wurden dann in die Wahlkampfzentrale von Pastrick geliefert und dort fotokopiert, bevor sie den Wahlbeamten übergeben wurden. Pastricks Wahlkampfteam bewegte auch städtische Mitarbeiter, »die zum Zeitpunkt der Wahlen gar nicht in East Indiana lebten«, zur Stimmabgabe.[49]

Lassen Sie uns zum Abschluss über einen aktuelleren Fall sprechen. Dabei geht es darum, wie 2018 Kongresswahlen in North Carolina annulliert wurden. Unser Mann bei der Heritage Foundation, Hans von Spakovsky, schildert in seinem Bericht diesen Wahlkampf, aber er ist zugleich auch das Thema eines sehr interessanten Buchs, *The Vote Collectors* von Michael Graff und Nick Ochsner. Es geht um den Wahlkampf für den neunten Kongressbezirk, der acht Bezirke entlang der südlichen Grenze des Bundesstaats umfasst. Als am Wahltag die Stimmen zusammengerechnet wurden, holte der Kandidat der Republikaner, Mark Harris, einen Großteil der Briefwahlstimmen und setzte sich dadurch knapp gegen den demokratischen Kandidaten Daniel Kent McCready durch.

Untersuchungen ergaben, dass es bei Harris' Sieg nicht mit rechten Dingen zugegangen war, sondern dass McCrae Dowless, ein verurteilter Versicherungsbetrüger und nun im Auftrag von Harris tätig, illegalen Stimmenhandel betrieben hatte. Graff und Ochsner sagen, Dowless sei in die Politik eingestiegen, um sich an dem Bezirksstaatsanwalt zu rächen, der ihn vor Gericht gebracht hatte.

Dowless arbeitete zunächst für eine Gruppe schwarzer Aktivisten namens Bladen Improvement Association. Dort lernte er, wie man den bevorzugten demokratischen Kandidaten Stimmen zuschanzte. Später überwarf er sich jedoch mit der Gruppe, verließ sie und bot seine Beraterdienste den Republikanern an, um ihnen dabei zu helfen, Stimmen zu generieren.

Egal für welche Partei – Dowless arbeitete nach dem Drehbuch der Demokraten. Er schickte bezahlte Mitarbeiter von Tür zu Tür, ließ Bürger Anträge auf Briefwahlunterlagen (die Dowless und sein Team bereits ausgefüllt hatten) unterschreiben und fotokopierte die Anträge dann, sodass er alle relevanten Informationen besaß: vom Geburtsdatum über die Sozialversicherungs- und Führerscheinnummer bis hin zur Unterschrift (die er dann fälschen konnte).

Dowless und sein Team suchten die Wähler erneut auf, nachdem die Briefwahlunterlagen geliefert worden waren. Sie drängten die Wähler, die von Dowless präferierten Kandidaten zu wählen, den Umschlag für den Stimmzettel abzuzeichnen und Dowless und seinen Leuten den leeren oder unvollständigen Stimmzettel zu überlassen. Dowless' Stieftochter sagte vor dem Wahlausschuss aus, sie habe für Mark Harris und andere republikanische Kandidaten leere oder unvollständige Stimmzettel ausgefüllt.

Genau wie unsere Maultiere achtete auch Dowless sorgfältig darauf, Stimmzettel nicht paketweise an einem Ort einzuwerfen. Stattdessen brachte er Briefwahlunterlagen in kleinen Schüben zur Post, sorgfältig darauf bedacht, dass die Stimmzettel von Postämtern in der Nähe derjenigen registrierten Wähler verschickt wurden, deren Stimmzettel er gerade einwarf. Anders gesagt: Dowless agierte mit der List und Effektivität eines gut ausgebildeten demokratischen Betrügers, auch wenn seine Betrügereien in diesem Fall der anderen Partei zugutekamen.

Ein Geschworenengericht in Wake County befand Dowless im Februar 2019 des schweren Wahlbetrugs für schuldig. (Er starb 2022, bevor sein Fall abschließend entschieden war.) Der Wahlausschuss für den Staat North Carolina gelangte zu dem Urteil, dass der Betrug ein Ausmaß erreicht habe, das Neuwahlen erforderlich macht. Dieses Mal trat Mark Harris nicht an. An seiner Stelle kandidierte Dan Bishop für die Republikaner, setzte sich gegen den Demokraten Dan McCready durch und zog als Abgeordneter für den neunten Wahlbezirk ins Repräsentantenhaus ein.

Wenn ich mir diese Fälle ansehe, die unterschiedliche Wahl-
kämpfe in unterschiedlichen Teilen des Landes zu unterschiedlichen Zeitpunkten betreffen, komme ich zu dem Schluss, dass
Wahlbetrug keineswegs typisch ist, aber auch keineswegs ungewöhnlich. Wahlbetrug kommt vor, und zwar häufiger, wenn
Briefwahl und Wahlbriefkästen involviert sind. Graff und Ochsner schreiben, in Bladen County stelle Dowless insofern einen
Einzelfall dar, als dass man ihn erwischt habe. Unterschiedliche
Gruppen und Akteure hätten in diesem Bezirk im Verlauf vieler
Jahrzehnte bei zahllosen politischen Wahlkämpfen ähnlich un-
sauber gehandelt.

Wenn das System Betrügereien erleichtert, dann werden Betrüger
dies zu ihrem Vorteil ausnutzen. Was die Stimmzettel angeht, so
gibt es zahlreiche Möglichkeiten, wie die an den Maultier-Operationen von 2020 beteiligten Organisationen an sie hätten gelangen können. Eines wissen wir dabei mit Sicherheit: Wie auch immer sie es angestellt haben, das ganze Vorgehen ist in sämtlichen
fünf untersuchten Bundesstaaten ungesetzlich. Insofern sind *alle*
auf diese Weise abgegebenen Stimmen ungesetzlich – das heißt
ungültig – und hätten nicht gezählt werden dürfen.

Kapitel 7

Die Spur des Geldes

Wenn man ein Verbrechen dieser Größenordnung begehen und eine Wahl stehlen will, benötigt man ein gewisses organisatorisches und finanzielles Grundgerüst. Wer also hat das Ganze organisiert? Wer hat dafür bezahlt? War es eine Verschwörung? Oder etwas anderes?

Kurz vor den Wahlen 2020 veröffentlichte die *New York Post* die Geschichte von Hunter Bidens Laptop. Es ging darum, dass Joe Biden direkt an enormen Schmiergeldzahlungen aus China und anderen Ländern beteiligt war. Die Geschichte war so brisant, dass sie allein schon hätte Biden die Präsidentschaft kosten können. Doch die landesweiten Medien unterdrückten diese Geschichte vollständig. Digitale Medien verhinderten sogar die Verbreitung der *New York Post*-Story. Erst nach der Wahl – genaugenommen erst 2022 – räumte die *New York Times* endlich ein, dass es sich tatsächlich um Hunter Bidens Laptop handelte und dass die Geschichte wahr sei.

Das wirft eine interessante Frage auf: Wie gelang es Tausenden Reportern aus Hunderten Medienunternehmen, diese Nachricht zu unterdrücken? Fand da eine gewaltige Telefonkonferenz statt, auf der alle einstimmig erklärten:»Diese Geschichte ist Gift für unseren Mann. Wenn wir das veröffentlichen, ist er am Ende. Also berichtet am besten keiner von uns darüber.« Natürlich ist es so nicht gewesen. Das war auch gar nicht nötig. Und warum nicht? Weil alle auf derselben politischen Seite standen und wussten, was diese Nachricht für sie bedeutete. Einhellig beschlossen sie also, diese Story totzuschweigen, was dieselbe Auswirkung hatte, als hätten sie sich gemeinsam zu diesem Schritt verschworen.

Meiner Meinung nach reicht eine Abstimmungstheorie voll und ganz als Erklärung für den Wahlbetrug, der mithilfe der über 2000 Maultiere in den fünf entscheidenden Staaten durchgeführt wurde. Insofern muss ich nur die unterschiedlichen Elemente des Betrugs aufzeigen: Was ist der Grund für die explosionsartige Zunahme von Wahlbriefkästen in diesen städtischen Gebieten? Wer organisierte die Massenversendung von Briefwahlunterlagen, die widerrechtlich entgegengenommen und manipuliert wurden? Und wer hat die Maultier-Operation und die Non-Profits finanziert, die die Maultiere einsetzten? Selbst wenn sie nicht aktiv eine Verschwörung betrieben, kann es gut sein, dass die unterschiedlichen Akteure konzertiert vorgingen und auf dasselbe Ziel hinarbeiteten.

Die *TIME* dagegen hat eine andere Idee. Molly Ball, eine linksgerichtete Reporterin des Magazins, will eine Verschwörung erkannt haben. Am 4. Februar 2021 veröffentlichte die *TIME* die Titelgeschichte »Die geheime Geschichte der Schattenkampagne, die die Wahlen von 2020 rettete«.[50] Den ganzen Artikel hindurch schreibt Ball davon, wie die Wahl »gerettet wurde«, »geschützt wurde« und »gesichert wurde«, aber wovor? Davor, dass Trump gemeinsam mit Russland die Wahlen manipuliert? Das konnte es nicht sein, denn diese Falschmeldung war zum damaligen Zeitpunkt längst in weiten Teilen widerlegt (allerdings war noch nicht gründlich genug untersucht worden, inwieweit Clintons Wahlkampflager dazu beigetragen hat, diese Geschichte zu streuen).

Vor Wahlbetrug seitens der Republikaner? Niemand hielt das auch nur ansatzweise für eine ernst zu nehmende Gefahr. Man muss den *TIME*-Artikel sehr gründlich lesen, um dessen Prämisse zu erkennen: Es brauchte eine organisierte Verschwörung, um Trumps Wiederwahl zu verhindern. Oder wie Ball es formulierte – »Trumps Angriff auf die Demokratie«. Während der Artikel leugnet, dass die Verschwörung darauf abzielte, den Sieg von Biden und den Demokraten zu garantieren, macht er doch deutlich, dass es in diesem Fall nur einen einzigen Weg gab, die Demokratie zu retten, zu schützen und zu festigen: Der Sieg von Biden und den Demokraten musste garantiert werden.

Ball beginnt mit einem Zitat Trumps: »Es war alles sehr, sehr merkwürdig. Innerhalb weniger Tage nach der Wahl beobachteten wir eine konzertierte Anstrengung, den Sieger zu küren, noch während in vielen entscheidenden Staaten ausgezählt wurde.« Ball schreibt: »Auf gewisse Weise hatte Trump recht. Hinter den Kulissen spielte sich eine Verschwörung ab. ... Dies ist die Insidergeschichte hinter der Verschwörung, die Wahl von 2020 zu retten. ... Die Verschwörer wollen, dass diese Geschichte der Wahl von 2020 erzählt wird, obwohl sie wie ein paranoider Fieberwahn klingt – eine finanziell gut aufgestellte Gruppe einflussreicher Personen aus unterschiedlichsten Branchen und ideologischen Lagern, die hinter den Kulissen gemeinsam daran arbeitet, Einfluss auf die öffentliche Wahrnehmung zu nehmen, Regeln und Gesetze zu verändern, die Medienberichterstattung zu steuern und den Informationsfluss zu kontrollieren.«

Ball schreibt weiter: »Ihre Arbeit berührte sämtliche Aspekte der Wahl. Die Verschwörer bewegten Bundesstaaten dazu, Wahlsysteme und Wahlgesetze zu überarbeiten, und halfen, Hunderte Millionen Dollar aus öffentlichen und privaten Quellen einzusammeln. Sie wehrten Klagen wegen Voter Suppression ab, rekrutierten Heerscharen für Meinungsumfragen und brachten Millionen Menschen dazu, erstmals ihre Stimme per Briefwahl abzugeben. Sie setzten erfolgreich soziale Netzwerke unter Druck, härter gegen Falschinformationen vorzugehen, und bekämpften virale Schmierenkampagnen mit auf Daten basierenden Strategien. ... Nach dem Wahltag hatten sie ein Auge auf sämtliche Brennpunkte, um zu gewährleisten, dass Trump das Ergebnis nicht noch ins Wanken bringen konnte. Sie manipulierten die Wahl nicht, sie festigten den Wahlprozess.«

Balls Artikel wird dermaßen kunstreich präsentiert, dass man jede Zeile einzeln entschlüsseln muss. Meine erste Beobachtung: Ihre Schlussfolgerung, dass es sich nicht um eine Manipulation der Wahl, sondern um eine Festigung des Prozesses handelt, lässt sich aus der Prämisse nicht ableiten. Wenn eine Seite Wahlsysteme und -gesetze zu ihren Gunsten ändert, wenn sie enorme private und öffentliche Geldmittel aufwendet, um ihre Ziele zu erreichen, wenn sie aus den eigenen Reihen Heerscharen von Wahlhelfern aufbietet, wenn sie ein neues, gewaltiges Briefwahlsystem installiert, wenn sie Hand in Hand mit digitalen Plattformen daran arbeitet, die Botschaften der Opposition als »Falschinformationen« zu brandmarken, und wenn sie dann Bemühungen blockiert, das Wahlergebnis zu prüfen oder auch nur öffentlich infrage zu stellen, dann kommt das einer »Manipulation« sehr viel näher als einer »Festigung« der Prozesse.

Eine Sache erwähnt Ball niemals, und ich habe den Eindruck, dass sie diesen Punkt bewusst umschifft: illegaler Stimmenhandel. Im *TIME*-Artikel wird viel auf »Get Out the Vote« (GOTV) eingegangen, die Leute zur Wahl zu bringen und oftmals zum ersten Mal zur Briefwahl zu bewegen. Es finden sich glorreiche Huldigungen von darauf spezialisierten Organisationen wie dem Voter Participation Center und All Voting Is Local, vermeintlich überparteilichen Gruppen, die tatsächlich jedoch mit linksgerichteten Aktivisten besetzt sind, denen es darum geht, in demokratisch dominierten Gebieten die Wahlbeteiligung zu steigern.

Doch an keiner Stelle lesen wir, dass aus der »Wählermobilisierung« bei den Wahlen von 2020 eine »Maultiermobilisierung« wurde. Das Thema Wahlbetrug findet keinerlei Beachtung. Bedenken seitens Trump oder der Republikaner, was Wahlbetrug angeht, tauchen nur im Zusammenhang mit Voter Suppression auf. In Balls verquerer Logik werden Gesetze, die das Betrügen erleichtern, also zu einem Werkzeug zur Bekämpfung von Voter Suppression und mithin zu einem Instrument zum Schutz der Demokratie.

Wertvoll an diesem Artikel ist nicht, was Ball zu vermitteln versucht, sondern vielmehr das genaue Gegenteil des Bilds, das sie bemüht ist zu zeichnen. Ball enthüllt unabsichtlich, wie die Demokraten eine ausgeklügelte Infrastruktur aufbauten, die einen Wahldiebstahl ermöglichte (auch wenn im *TIME*-Artikel nie die Rede von einem Diebstahl ist). Offenkundig wollten sich die Demokraten und die Medien damit brüsten, wie genial und mit welchem Aufwand sie die Wahlen manipuliert hatten, ohne dabei tatsächlich zuzugeben, dass diese Manipulation wirklich und wahrhaftig stattgefunden hat. Sie haben selbstverständlich bloß die Wahlprozesse »gestärkt«.

Ich möchte jetzt auf die Themen »Organigramm der Demokraten« und »Geldflüsse während der Wahlen von 2020« zu sprechen kommen. Zu diesem Zweck möchte ich Ihnen Scott Walter vorstellen, Präsident des Capital Research Center in Washington. Scott und ich kennen uns seit Langem, wir haben zu Beginn meiner beruflichen Laufbahn zusammen beim American Enterprise

Institute gearbeitet, später auch beim Magazin *Crisis*, das ich eine Zeit lang gemeinsam mit Michael Novak herausgegeben habe. Das Capital Research Center hat sehr wichtige Arbeit geleistet und herausgefunden, wie Demokraten die Wahlbüros infiltrierten und wie Linke gewaltige Barmittel in den Non-Profit-Sektor pumpten, um die »Wahlbeteiligung« (*zwinker, zwinker*) zugunsten der Demokraten zu steigern.

Nachfolgend mein Interview mit Scott. In Auszügen war es auch Teil des Films.

Dinesh: *Scott, das Capital Research Center befasst sich damit, wie Geld in den Wahlprozess fließt.*
Scott: *Richtig. Die Menschen stellen sich drei Kapitalströme vor, die in den Golf der Wahlen fließen. Der erste sind die harten Dollars. Man stellt einem Kandidaten einen Scheck aus. Der zweite ist »Soft Money« oder Schattengeld. Das hört sich erst einmal erschreckend an, aber in Wahrheit macht es nur einen sehr kleinen Anteil aus. Und dann gibt es einen dritten Strom, den die Menschen gerne aus dem Blick verlieren, und das ist das Geld für die gemeinnützigen Organisationen nach 501(c)(3).***

Das klingt zunächst einmal komplex, aber C3 bezeichnet einfach nur die Art gemeinnütziger Organisation, die Steuerbefreiungen in Anspruch nehmen kann. Das kann eine Kirche oder Synagoge sein – aber auch die Heilsarmee, Goodwill Industries und dergleichen. Darunter befindet sich

---

* Anm. d. Übers.: »501(c) Organization« (kurz: 501(c)) bezeichnet 29 Typen einer US-amerikanischen Non-Profit Corporation oder Association, also einer gemeinnützigen Handelsgesellschaft oder Körperschaft. Abschnitt C3 des United States Code 501 legt fest, dass Organisationen zur Förderung von Religion, Bildung, sozialen Zwecken, Wissenschaft, Kunst, öffentlicher Sicherheit, Amateursport, Kinderschutz und Tierschutz als gemeinnützig gelten.

*aber auch eine Gruppe, die sich intensiv darauf konzentriert,
die öffentliche Politik zu beeinflussen oder sogar Wahlen
zu gewinnen, obwohl ihnen das Gesetz dergleichen untersagt.
Dieser Kapitalstrom ist gewaltig. Sehen wir uns für den
Wahlzyklus 2018 die Größe dieser drei Ströme an: harte
Dollar, etwa 5 Milliarden; Soft Money oder Schattengeld,
gerade einmal 133 Millionen Dollar. Aber für die C3s, die
Non-Profits, etwa 21 Milliarden Dollar.*

Dinesh: *Was sagen die Bestimmungen der Finanzbehörde
IRS dazu, dass sich diese sogenannten C3-Non-Profits direkt
an der Stimmenwerbung und am Getrommel für eine
spezielle Partei oder einen speziellen Kandidaten beteiligen?*

Scott: *Laut Gesetz ist es gemeinnützigen Organisationen
verboten, sich direkt in irgendeiner Form an Wahlen zu
beteiligen oder eine bestimmte Partei oder einen bestimmten
Kandidaten zu unterstützen. Und laut IRS dürfen sie nicht
nur nicht vorsätzlich in Wahlen eingreifen – einem Kandidaten
helfen –, ihre Bemühungen dürfen noch nicht einmal diesen
Effekt haben. Die IRS betont ausdrücklich, dass diese Organisationen nicht beabsichtigen, ja, noch nicht einmal in irgendeiner Weise bewirken dürfen, dass einer Partei oder einem
Kandidaten geholfen wird.*

Dinesh: *Reden wir jetzt über einige zentrale Aspekte dieses
speziellen Netzwerks, mit dem wir uns befassen. Wir haben
Wahlbriefkästen. Und die meisten Leute würden meinen, dass
sie von den Staaten finanziert werden, dass also der Staat
Georgia für die Wahlbriefkästen in Georgia aufkommt oder
dass der Staat Pennsylvania die Wahlbriefkästen in Pennsylvania aufgestellt hat. Aber das trifft so nicht ganz zu, richtig?*

Scott: *Bei den Wahlen 2020 flossen auf beispiellose Weise
Hunderte Millionen privater Dollar in die Wahlbüros der
Staaten. Das war schockierend.*

Dinesh: *Und wer ist der Hauptgeldgeber dieser Operation?*
Scott: *Die 470 Millionen oder so kamen von Mark Zuckerberg und seiner Frau, hauptsächlich Gelder, die sie bereits in die Silicon Valley Community Foundation gesteckt hatten, die selbst eine C3-Stiftung ist. Und dieses Geld floss weiter an zwei C3s. Der Großteil ging an das Center for Tech and Civic Life (CTCL). Es gab andere Stellen, die deutlich kleinere Beträge gegeben haben – eine Organisation, die 25 Millionen Dollar investierte, war wiederum eine C3-Non-Profit-Organisation, die zu Arabella Advisors gehört, die 2020 nahezu 1,7 Milliarden Dollar einnahmen.*
Dinesh: *Gibt es Belege dafür, dass diese Operation parteiisch ausgerichtet oder ideologisch eingefärbt war?*
Scott: *Es gibt jede Menge Belege dafür, dass es in zahlreicher Hinsicht Parteinahme bei der Umsetzung gab. Das geht damit los, dass sich die Zuckerberg-Stiftung nur an einige wenige Stellen wandte, nämlich an große Städte, in denen garantiert war, dass die Bürger dort mit überwältigender Mehrheit demokratisch wählen würden. Sie lenkten das große Geld also dorthin.*

Und wir alle wissen ja: Das große Geld gibt es nur ganz selten, ohne dass irgendwelche Bedingungen daran geknüpft sind. Nehmen wir an, du bist ein örtlicher Wahlbeamter. Natürlich wollen alle Beamten mehr Geld für ihre Einrichtung, aber du kommst nicht in den Genuss des CTCL-Geldregens, wenn du nicht vorher einen Vertrag mit dem CTCL unterzeichnet hast. Und in dem stehen dann so einige Dinge, die du im Gegenzug für sie tun sollst. Vor allem in Orten wie Philadelphia lautet eine der wichtigsten Bedingungen: viele, viele Wahlbriefkästen. Und viel, viel Briefwahl.
Dinesh: *Wäre es übertrieben zu sagen, dass sich die Republikaner 2020 auf den Wahlkampf konzentrierten – und das könnte auch im weiteren Sinne zutreffen –,*

während sich die Demokraten auf die Prozesse zur Steuerung der Wahl konzentrierten?

Scott: *Durchaus nicht. Was wir seit Jahren beobachten, ist, dass sich die demokratische Seite der Wahlen intensiv auf all die kleinen Regeln und Bestimmungen und Feinheiten des Prozesses konzentriert. Es gibt sogar eine Denkfabrik, das Analyst Institute – kennt praktisch niemand, und es arbeitet gewinnorientiert, deshalb muss es auch nichts offenlegen. Das Analyst Institute konzentriert sich ausschließlich darauf, wie man die Wahlbeteiligung steigert. Das umfasst jede noch so kleine Maßnahme, welche die Dinge Stück für Stück zugunsten der Demokratischen Partei verschiebt. Ins Leben gerufen wurde es vom politischen Direktor der AFL-CIO, seit mittlerweile 2 Jahrzehnten einer der großen Macher der Linken.* *

Dinesh: *In der* TIME *gab es einen sehr interessanten Artikel über die Wahlen von 2020, bei dem es auch um diesen Mann ging, richtig?*

Scott: *Ja. Der wurde von einer sehr weit links angesiedelten Journalistin verfasst, die zuvor ein überschwängliches Porträt von Nancy Pelosi verfasst hatte.* ** *Der Artikel führt aus, was die Autorin selbst als »Verschwörung« und »Bande« bezeichnet. Sie sagt, es sei zum Schutz der Demokratie geschehen, um die Demokratie zu festigen und so weiter. Und ihr Artikel schildert, wie Michael Podhorzer von der AFL-CIO Aberdutzende linksgerichteter, den Demokraten nahestehender Gruppen, Gewerkschaften, Non-Profits, Stiftungen und dergleichen organisiert. Und da erwartet man von uns zu glauben, dass all diese hochgradig parteiischen*

---

*   Anm. d. Übers.: Die AFL-CIO ist mit 12,5 Millionen Mitgliedern der größte Gewerkschaftsdachverband der USA und Kanadas.

** Anm. d. Übers.: Die Demokratin Pelosi ist Sprecherin des amerikanischen Repräsentantenhauses.

Personen, die sich ständig treffen und planen und verschwö-
ren – dass diese Bande einzig den Schutz der Demokratie
im Sinn hatte und niemals auch nur einen Gedanken daran
verschwendet hat, wer denn die Wahl gewinnen könnte?
Dinesh: *Das Zuckerberg-Geld floss durch zwei Organisatio-*
nen. Waren diese mit neutralen Personen besetzt oder mit
parteiischen Aktivisten?
Scott: *Beide C3-Non-Profits, die 2020 Hunderte Millionen*
an Zuckerberg-Kohle erhielten, wurden von Linksgerichteten
ins Leben gerufen und personell ausgestattet. Beim CTCL,
das den Großteil des Geldes einstrich, kamen alle Mitglieder
von einer früheren linksgerichteten C4, also einer stärker
politisch ausgerichteten gemeinnützigen Organisation
namens New Organizing Institute. Dort wurden jedes Jahr
Tausende demokratischer Aktivisten ausgebildet. Die
Washington Post *bezeichnete sie als »das Hogwarts der*
digitalen Zauberei«.
Dinesh: *Eines finde ich erstaunlich: Vor der Wahl*
prognostizierte Trump, dass die Demokraten betrügen
würden. Dass sie Covid zum Vorwand nehmen
würden. Dass sie die Regeln zu ihren Gunsten manipulieren
würden.
Scott: *Die beiden Seiten gehen auf unterschiedliche Weise*
an Wahlen heran. Die Demokraten – und darüber hinaus
insbesondere die Non-Profit-Welt, die sich so sehr anstrengt,
den Demokraten zu helfen – begreifen, dass es auf die
Regeln ankommt, auf die Prozesse, nach denen Wahlen
abgehalten werden. Seit Jahrzehnten schenken sie diesem
Aspekt enorm viel Aufmerksamkeit.
Dinesh: *Abgesehen von dem Zuckerberg-Geld hat deine*
Organisation Capital Research Center noch einen weiteren,
geheimen Geldfluss offengelegt. Erzähl uns davon.

Scott: *Zusätzlich zu den rund 470 Millionen Dollar, die in die Operation mit der Zuckerberg-Kohle flossen, gab es 2020 noch einen zusätzlichen, sehr geheimnisvollen Fonds über 120 Millionen Dollar. Die Gruppe, die als Dreh- und Angelpunkt in dieser Sache fungierte, hieß Voter Registration Project. Wir sind buchstäblich die Einzigen, die je darüber berichtet haben. Keinerlei Berichte dazu in den Mainstreammedien.*

So bedacht auf Geheimhaltung waren die Leute, die das Voter Registration Project leiteten, dass sie auf ihren LinkedIn-Profilen nicht mal den Namen ihres Arbeitgebers aufführten. Die 120 Millionen Dollar stammten aus unterschiedlichen Quellen. Das Geld kam von der Soros-Stiftung und von der Stiftung des Schweizer Milliardärs Hans Wyss. Es kam von Warren Buffetts Stiftung, es kam von Gewerkschaften wie der SEIU und anderen Gewerkschaften für Staatsbedienstete. Es durchlief eine Reihe von Durchlaufstationen wie die Silicon Valley Community Foundation, den Proteus Fund und den Wellspring Fund. Eine Methode, um die ursprünglichen Quellen dieser Gelder zu verschleiern.

Dinesh: *Wenn du von der Silicon Valley Community Foundation sprichst, sprichst du von einer Stiftung, in die sowohl Zuckerberg als auch Jack Dorsey von Twitter Geld gesteckt haben.*

Scott: *Die Silicon Valley Community Foundation ist der Ort, in den Milliardäre wie Zuckerberg und Dorsey Milliarden von Dollar leiten können. Die Stiftung lenkt das Geld dann ins Netzwerk um, und niemand kann im Anschluss mehr sagen: »Ach, das kam von Zuckerbergs oder von Jack Dorseys Konto.«*

Dinesh: *Du hast eine Grafik erstellt, die dieses ausgeklügelte Netzwerk zeigt und den Menschen deutlich macht, wie verworren dieses Geflecht ist.*

Scott: *Wir arbeiten dazu mit etwas, das I2 heißt, einer sehr raffinierten Software für soziale Netzwerke. Der militärische Geheimdienst setzt sie ebenfalls ein, wie auch die CIA und das Finanzministerium, wenn es einem Verdacht auf Geld-wäsche nachgeht. Und so wird dieses gewaltige Spinnennetz mit all den unterschiedlichen Anlaufstellen sowie das Geld, das in alle möglichen Richtungen strömt, offengelegt. Wie auch die Namen der Personen, die zu der einen Organisation gehören, bei einer anderen Institution jedoch eine ganz andere Rolle spielen. Es ist atemberaubend komplex.*

Dinesh: *Aber wurde das Voter Registration Project nicht im TIME-Artikel gelobt?*

Scott: *Es wurde dafür gelobt, die Demokratie gestärkt zu haben, was denen offenbar dadurch gelang, dass sie für Millionen von Dollar Briefwahlunterlagen an ausgesuchte Wähler schicken ließen. Wir sprechen hier übrigens über dasselbe Voter Registration Project, das sich zum Ziel gesetzt hat, in acht ausgewählten Bundesstaaten mehr als 2 Millio-nen zusätzliche Wähler zu aktivieren – von denen man erwartet, dass sie dann überwiegend für die Demokraten stimmen werden.*

Dinesh: *Welche Staaten?*

Scott: *Arizona. Georgia. North Carolina. Nevada. New Mexico. Das sind fünf von den acht.*

Dinesh: *Wir haben also einen illegalen Stimmenhandel, und wir haben Tausende Maultiere. Sie erhalten Geld für das, was sie tun. Du sagst uns, es steht mehr als genug Geld zur Verfügung, jede derartige Operation zu finanzieren. Tatsächlich aber wäre das nur ein Teil einer viel größeren Aktion, die Wahlen zu kontrollieren.*

Scott: *Den linken Gruppen, die die Wahlen für die Demokratische Partei gewinnen wollen, stand mindestens eine halbe Milliarde Dollar außerhalb der üblichen politischen Kanäle zur Verfügung. Wir reden hier nicht von Geldern, die an das Democratic National Committee oder den Biden-Wahlkampf gingen. Wir reden von einer halben Milliarde in gemeinnützigen Fonds, die in Aktionen flossen, Wähler zu registrieren und die Zahl der Stimmen für die Demokraten zu erhöhen.*

Wenn wir Scotts Äußerungen aufgreifen – und die Studien dazunehmen, die das Capital Research Center und andere Quellen durchgeführt haben –, können wir drei unterschiedliche Kassen identifizieren, die es ermöglichten, die Wahlen von 2020 zu rauben:

- Kasse eins enthielt die legalen Mittel, und diese standen größtenteils unter der Kontrolle des Demokraten Marc Elias. Dieses Geld diente dazu, Regeln zu verändern und Standards zur Identifizierung der Wähler aufzuweichen.
- Kasse zwei enthielt die Mittel für das Infiltrieren der Wahl, Geld, das vor allem von Mark Zuckerberg stammte und für Wahlbriefkästen gedacht war und dafür, Vertreter der Linken in die staatlichen und kommunalen Wahlbüros einzuschleusen.
- Kasse drei war die schwarze Kasse, gefüllt durch eine große Gruppe betuchter Demokraten, die gemeinnützigen Organisationen die Mittel zur Verfügung stellten, illegale Maultier-Operationen und andere Betrügereien in die Wege zu leiten.

Marc Elias war einer der Hauptarchitekten des Schwindels, Trump stecke unter einer Decke mit Russland, eine Behauptung, die er im Auftrag von Hillary Clinton streute. Elias heuerte Fusion GPS* an, und das Unternehmen produzierte das sogenannte Steele-Dossier, benannt nach dem ehemaligen britischen Geheimdienstler Christopher Steele. Kurz gesagt erfand Hillarys Wahlkampflager das falsche Narrativ, Trump sei – aus welchen Gründen auch immer - ein »russischer Handlanger« und stecke in Wladimir Putins Tasche. Außerdem hätten Russland und Trumps Wahlkampfteam konspirativ daran gearbeitet, Trump 2016 ins Weiße Haus zu bringen. Mithilfe dieses Narratives konnten das FBI und die Medien dann 4 Jahre lang die Legitimität und die Wirksamkeit von Trumps Präsidentschaft untergraben.

Elias war einer der zentralen Akteure hinter der ganzen Russland-Falschmeldung. Er mag ein skrupelloser politischer Macher sein, aber er kennt sich auch bestens mit dem Gesetz aus. 2008 arbeitete er mit dem Wahlkampfteam von Al Franken zusammen, als es darum ging, den knappen Sieg von Norm Coleman beim Rennen um den Senatssitz aus Minnesota anzufechten. Gut 10 000 Stimmzettel gingen bei dieser Wahl per Briefwahl ein, die aus dem einen oder anderen Grund nicht zugelassen wurden. Normalerweise würde man die Entscheidung anfechten und jeden einzelnen Stimmzettel überprüfen lassen. Diejenigen, die doch für gültig befunden werden, werden in die Auszählung aufgenommen, und das Ergebnis wird entsprechend aktualisiert. Das ist der übliche Ablauf, und wer das Ergebnis anficht, tut dies in der – häufig weit überzogenen – Hoffnung, dass das aktualisierte Ergebnis anders als das der ursprünglichen Auszählung ausfallen wird.

Aber Elias entwarf eine neue, raffinierte Strategie, indem er nur bestimmte Stimmzettel anfocht – diejenigen, die voraussichtlich

---

* Anm. d. Übers.: Fusion GPS ist ein kommerzielles Forschungs- und strategisches Geheimdienstunternehmen mit Sitz in Washington, DC.

zugunsten Frankens ausfallen würden. Aber woher konnte man im Voraus wissen, welche Stimmzettel das sein würden? Elias stellte eine Gruppe Fachleute für »Microtargeting« zusammen, und die ließen jeden Stimmzettel durch eine Datenbank laufen, die mit einer komplexen Mischung aus persönlichen, demografischen und Wahlinformationen gefüttert worden war. Mit diesen Erkenntnissen im Rücken konnten Frankens Anwälte diejenigen ungeöffneten Umschläge identifizieren, die mit der größten Wahrscheinlichkeit ihrem Kandidaten helfen würden.

Elias' Team gab jedem Wähler – jedem Stimmzettel – eine Punktzahl zwischen 1 und 100, abhängig davon, wie wahrscheinlich die Stimme für Franken sein würde und wie wahrscheinlich für Coleman. Elias' Statistiker wussten beispielsweise, dass Stimmzettel, die wegen Abweichungen bei der Meldeadresse angefochten worden waren, eher zu demokratischen Wählern gehörten, während Stimmzettel, bei denen es Schwierigkeiten mit der Unterschrift auf dem Umschlag gab, eher republikanischen Wählern zuzuordnen waren. Die Strategie von Elias zielte darauf ab, die eher demokratisch wählenden Stimmen zu zählen und gleichzeitig dafür zu sorgen, dass die eher republikanisch wählenden Stimmen ungezählt blieben.

Die Strategie ging auf. Nach einer Neuauszählung, die sich über mühsame 7 Monate hinzog, hatte Elias, als Colemans letzte Gegenklage im Sommer 2009 schließlich abgewiesen wurde, Frankens 477 Stimmen Rückstand in einen Vorsprung von 312 Stimmen umgewandelt. Auf diese Weise erhielten die Demokraten ihren 60. Senator und Präsident Obama eine Mehrheit, die sich auch durch Verschleppungstaktiken nicht aushebeln ließ. Ohne diese Mehrheit wäre Obamacare möglicherweise nicht verabschiedet worden. Coleman räumte später ein, er habe die Wahl nicht verloren, weil er weniger Stimmen an den Urnen erhalten habe, sondern weil Elias und die Demokraten über die besseren Anwälte verfügten.[51]

Elias und sein Unternehmen Perkins Coie haben Dutzende US-Senatoren, Gouverneure, Abgeordnete und deren Wahlkampfteams vertreten. Er hat das Democratic National Committee, das Democratic Senatorial Campaign Committee, das Democratic Congressional Campaign Committee, das National Democratic Redistricting Committee und zahlreiche linke Political Action Committees vertreten. Demokratische Wahlkampfteams, Komitees und Kandidaten haben ihm seit 2009 über 170 Millionen Dollar bezahlt, und darin sind nicht einmal die Gebühren enthalten, die gemeinnützige Organisationen und Aktivistengruppen dafür berappten, Gesetze zur Identifizierung von Wählern anzugreifen und auszuhöhlen.[52]

Allein bei den Wahlen von 2020 strich Elias über 60 Millionen Dollar ein – größtenteils dafür, Wahlregeln anzufechten, die sicherstellen sollen, dass tatsächlich nur Wahlberechtigte ihre Stimme abgeben können. Elias verfolgte dabei zwei Hauptziele: Erstens wollte er verhindern, dass die Wahlverzeichnisse bereinigt werden. Menschen, die verstorben, unmündig geworden oder weggezogen waren, würden also ebenso weiterhin in den Wählerlisten stehen wie Menschen, die nicht wählen durften, weil sie verurteilte Schwerverbrecher waren oder sich illegal im Land aufhielten. Das eröffnete Betrügern vielversprechende Möglichkeiten, im Namen dieser Personen zu wählen.

Elias' zweites Ziel: Die Wahlbeamten sollten in ihren Möglichkeiten beschnitten werden, die Gültigkeit von Wahlzetteln durch Ausweiskontrollen zu prüfen sowie Unterschriften abzugleichen. Die Wahlgesetze schreiben vor, dass man sich bei persönlicher Stimmabgabe durch einen gültigen Ausweis zu identifizieren hat.

Und die Bestimmungen für den Abgleich der Unterschriften
schreiben vor, dass die hinterlegte Unterschrift sorgfältig mit der
auf dem Umschlag abgeglichen werden muss. Elias reichte – genauso wie andere demokratische Gruppen – zahllose Klagen ein,
in denen es darum ging, dass diese Bestimmungen sich angeblich
unverhältnismäßig stark auf Schwarze und andere Minderheiten
auswirken und sie damit quasi »entrechten«.

Dieses Argument ist schon auf den ersten Blick absurd. Dieselben schwarzen und anderen Minderheiten angehörenden Wähler haben offenkundig keine Probleme damit, sich auszuweisen,
wenn sie ein Bankkonto eröffnen oder ein Flugzeug besteigen
wollen, wenn sie Sozialleistungen abholen oder von den vielen
anderen Leistungen profitieren möchten, die ohne entsprechende Identifizierung nicht in Anspruch genommen werden können. Und trotzdem behauptet Elias, ohne eine Miene zu verziehen, es sei zu viel verlangt, dass sich diese Personen, bevor sie
ihre Stimme abgeben, ordnungsgemäß legitimieren.

Ähnlich, was den Abgleich von Unterschriften angeht: Auch hier
vertritt Elias die Ansicht, strengere Überprüfungen führten dazu,
dass mehr Stimmen von Wählern aus Minderheiten für ungültig
erklärt werden. Damit handele es sich um Voter Suppression. So
lachhaft diese Argumente auch sein mögen, so hatte Elias doch
einigen Erfolg damit, üblicherweise bei demokratischen Innenministern oder bei von Demokraten nominierten Richtern.

Sobald Elias und andere Demokraten das Schreckgespenst Rassentrennung und Jim Crow heraufbeschwören, sind sogar Republikaner eingeschüchtert – dabei wurden die Jim-Crow-Gesetze
allesamt von demokratischen Legislativen verabschiedet, von demokratischen Gouverneuren unterzeichnet und von demokratischen Beamten durchgesetzt. Und außer Kraft gesetzt wurden

diese Gesetze ohnehin vor Jahrzehnten. Während er also scham-
los längst vergangene dunkle Zeiten heraufbeschwört, arbeitet
Elias daran, rechtliche Einschränkungen zu lockern, was den
Stimmenhandel angeht. Gemeinnützigen Organisationen, so
sein Standpunkt, sollte es erlaubt sein, im Auftrag von Minderheiten angehörenden Wählergruppen Stimmen einzusammeln
und abzuliefern, denn diese Wähler seien angeblich zu eingeschüchtert, zu ungebildet oder zu beschäftigt, um dies selbst erledigen zu können.[53]

2020 nutzten Elias und seine Verbündeten die Covid-Pandemie
dafür, die Wahlregeln in vielen Staaten ändern zu lassen. Einige
Staaten verschickten Anträge auf Briefwahlunterlagen – oder
gleich die Stimmzettel – an jeden einzelnen Namen und jede einzelne Adresse in ihrem Wählerverzeichnis. Sie überzogen demokratische Stimmbezirke mit Wahlbriefkästen und verschickten mit
den Unterlagen auch vorfrankierte Rückumschläge. Einige Staaten
weichten ihre Bestimmungen zum Abgleich der Unterschriften
dermaßen stark auf, dass sie praktisch völlig nutzlos waren.

Das Ergebnis fasste Mollie Hemingway so zusammen: »Alabama,
Arkansas, Kalifornien, Connecticut, Delaware, der District of
Columbia, Georgia, Illinois, Iowa, Kentucky, Maryland, Massa-
chusetts, Michigan, Minnesota, Missouri, Montana, Nebraska,
Nevada, New Hampshire, New Jersey, New York, North Carolina, Ohio, Oklahoma, Pennsylvania, Rhode Island, South Carolina, Texas, Vermont, West Virginia und Wisconsin nahmen allesamt Veränderungen vor, die eine Ausweitung der Briefwahl
begünstigen sollten. Arizona, Colorado, Florida, Oregon und
Washington hatten bereits ein weitverbreitetes oder universelles
Briefwahlsystem eingeführt. Das amerikanische Wahlsystem er-
lebte einen Gezeitenwechsel, und Elias war der Mann, der größtenteils dafür verantwortlich war.«[54]

Mark Zuckerberg, Gründer und CEO von Facebook (das inzwischen Meta heißt), gilt als der Hauptfinanzier für die Wahlbriefkästen. Das war er auch, aber er hat noch viel mehr getan. Mithilfe der beiden obskuren und von demokratischen Aktivisten geleiteten gemeinnützigen Organisationen Center for Tech and Civic Life (CTCL) und Center for Election Innovation and Research (CEIR) stellte Zuckerberg mehr als 400 Millionen Dollar bereit. Sein Ziel: mehr Linksgerichtete in das landesweite System der Wahlverwaltung selbst einzuschleusen.

Ein beispielloses, kühnes und größtenteils absolut legales Vorgehen. Niemand hatte die Möglichkeit vorhergesehen, dass eine Privatperson die Wahlverwaltung der Staaten selbst infiltrieren und in einigen Fällen sogar übernehmen könnte. Dementsprechend gab es 2020 auch keine Gesetze, die dies verboten hätten (mittlerweile schon). Die Folge: Die Demokraten waren gewaltig im Vorteil und konnten Dinge zu ihren Gunsten beeinflussen. Oder wie Mollie Hemingway schreibt: »Das war so, als würden die Dallas Cowboys den Schiedsrichtern der National Football League das Gehalt bezahlen und all ihre Zuarbeiten übernehmen.«[55]

Während Rechtsvertreter der Demokraten wie Elias darauf drängten, im ganzen Land – und insbesondere in den überwiegend von demokratischen Wählern bewohnten Wahlkreisen in den Swing States - mehr Wahlbriefkästen aufzustellen, stellte sich natürlich die Frage: Wer soll das bezahlen? Und Zuckerberg erklärte mehr oder weniger: »Das übernehme ich.« Er begründete dies damit, dass er zur Wahlintegrität beitragen wolle, indem er es den Menschen erleichtere, ihre Stimme abzugeben. Was er nicht dazusagte: Er höhlte gleichzeitig die Wahlintegrität aus, indem er den Demokraten das Betrügen erleichterte.

CTCL und CEIR, Zuckerbergs linksgerichtete Finanzierungskanäle, bezahlten nicht nur für die Wahlbriefkästen, sie nutzten ihre finanziellen Möglichkeiten auch dafür, Bezirke unter Druck zu setzen, damit diese die Wahlbriefkästen auch aufstellten. Grundsätzlich waren die Zuckerberg-Gelder an drei Bedingungen geknüpft: mehr Wahlbriefkästen; »Wähleraufklärung« in sozial schwachen und historisch benachteiligten Gemeinden und für Wähler, deren Muttersprache nicht Englisch ist; Einbindung einer Reihe linksgerichteter Aktivistengruppen in diese Aktivitäten und in die Abläufe der Wahlverwaltung. Oder anders formuliert: Ihr lasst uns die Wahl durchführen, und dafür übernehmen wir fast alle Kosten.

Hätte Zuckerberg nicht die Briefkästen aus eigener Tasche bezahlt, hätten die Demokraten kaum ihre illegalen Maultiere in Gang setzen können. Eine derartige Aktion über das amerikanische Postsystem abzuwickeln wäre nicht so einfach. Interessanterweise ist im Bewilligungsschreiben des CTCL an die Stadt Philadelphia die Rede davon, dass die Briefkästen elektronisch überwacht werden müssten, und das Center stellt zu diesem Zweck auch Mittel zur Verfügung.[56] Dennoch ist es True the Vote nicht gelungen, von Philadelphia Überwachungsvideos von Wahlbriefkästen zu bekommen, und es ist unklar, woran das liegt: Besitzt die Stadt keine Videos, oder hat sie welche und will sie nicht zur Verfügung stellen? Wie auch immer die Antwort lauten mag – worin besteht der Sinn elektronischer Überwachung, wenn man sich die Videoaufnahmen und das Geschehen darauf nicht ansehen kann?

Vor den Wahlen von 2020 waren das CTCL und das CEIR kleine Fische, kaum bekannt. Dann schwammen sie auf einmal in Geld und konnten Hunderte Millionen Dollar für Briefkästen und

Wahlhelfer verteilen. Und dennoch agierten sie vor allem hinter den Kulissen, in den Medien wurde nur sehr wenig über ihre Aktivitäten berichtet. Viel hingegen war 2020 in den Medien über »dunkles Geld« zu hören. Zuckerbergs Schotter war so dunkel, wie es nur geht, dennoch zeigten die Medien nur ein geringes Interesse daran, der Frage nachzugehen, wohin diese Beträge flossen. Im Grunde stimmten sich die Medien mit Zuckerberg ab (sie stimmten sich ab, es war insofern keine gemeinsame Verschwörung), dass sein Projekt ohne großes öffentliches Interesse oder allzu genaue Prüfung über die Bühne gehen konnte.

Es gab einige wenige Medienberichte darüber, dass »Zuck Bucks«, die »Zuckerberg-Kohle«, in die Wahl floss, aber die Mainstreammedien erweckten in erster Linie den Eindruck, Zuckerberg engagiere sich für Schutzmaßnahmen im Zusammenhang mit Covid. Ein politisches Ablenkungsmanöver. »Seht mal, der Typ bezahlt doch bloß für Masken.« Tatsächlich hielt sich Zuckerberg an den demokratischen Marschplan, indem er Covid als Vorwand dafür nutzte, die Wahlabläufe dramatisch zu verändern und ein ausgeklügeltes »Bestechungsgeflecht«, wie Richter Gableman es ziemlich zutreffend nannte, zu installieren.

Nach den Wahlen wurden das *Wall Street Journal* und andere darauf aufmerksam, wie umfassend Zuckerbergs Infiltrierungsmaßnahmen gewesen waren. Vertreter von CTCL und CEIR erklärten, ohne mit der Wimper zu zucken, dass sie bei der Vergabe von Geldern streng neutral und unparteiisch vorgegangen seien. Sie hätten Geld an demokratische Bezirke vergeben, die sich für Biden entschieden, und sie hätten Geld an republikanische Bezirke vergeben, in denen sich Trump durchsetzte. Aber der Schleier der Unparteilichkeit fällt, wenn man einen genaueren Blick darauf wirft, wie viel Geld diese Organisationen demokratischen Bezirken zukommen ließen und wie viel Geld republikanischen. Es zeigt sich, dass Zuckerbergs Finanzspritzen entscheidend dazu beitrugen, Biden und den Demokraten zum Erfolg in den Swing States zu verhelfen.

10 Prozent der Zuckerberg-Mittel – über 30 Millionen Dollar – gingen an Georgia, wo das Geld vor allem in demokratischen Bezirken landete. Dort erhielt man durchschnittlich 7 Dollar pro Wähler, während die republikanischen Bezirke auf durchschnittlich unter 2 Dollar pro Wähler kamen.

In den Bezirken, die kein Geld von Zuckerberg oder nur wenig erhielten, verschoben sich die Gewichtungen gegenüber den Wahlen von 2016 wenig überraschend kaum, während in den Bezirken, auf welche der »Zuckerberg-Geldregen« herniederging, ein spürbarer Ruck Richtung Biden und Demokraten verzeichnet wurde. Dieser Trend setzte sich auch nach dem Wahltag fort, als in Georgia Stichwahlen angesetzt wurden. Zwei Drittel der eingesetzten Mittel gingen an die demokratischen Bezirke Fulton und DeKalb, um dort die Erfolgsaussichten von Jon Ossoff und Reverend Raphael Warnock zu verbessern, den beiden demokratischen Bewerbern für einen Senatssitz.

Mollie Hemingway schreibt: »Das Wahlergebnis in Georgia verschob sich von 2016 auf 2020 um mehr als 5 Prozentpunkte zugunsten des demokratischen Präsidentschaftskandidaten. Das führte nicht nur zu Trumps Niederlage, sondern auch dazu, dass die Demokraten zwei wichtige Siege bei Senatswahlen einfahren konnten.« Die Georgia-Maultiere spielten hier offenkundig eine zentrale Rolle und sorgten allein schon für einen Vorsprung, der ausreichte, das Wahlergebnis zu kippen. Aber Zuckerbergs Hilfsgelder finanzierten in Georgia eine weitreichende demokratische Operation, die deutlich über Maultiere und Wahlbriefkästen hinausging.

Auch in Pennsylvania bewirkte die Zuckerberg-Zuwendungen Spürbares. Laut Capital Research Center flossen über 95 Prozent der »Zuckerberg-Kohle« in Pennsylvania, insgesamt 21 Millionen Dollar, an zehn Bezirke. Biden gewann in acht dieser zehn Bezirke. Bezirke, in denen Biden gewann, erhielten mit dreimal so hoher Wahrscheinlichkeit Geld von Zuckerberg wie Bezirke, in denen Trump gewann. Bei den Trump-Bezirken flossen ungefähr 50 US-Cent pro Kopf, in den Biden-Bezirken waren es fast 3 Dollar. Philadelphia – Dreh- und Angelpunkt der Maultier-Operation der Demokraten – kam auf über 6 Dollar pro Kopf, während der finanziell am stärksten unterstützte republikanische Bezirk rund 1 Dollar erhielt.

In Wisconsin konzentrierte sich Zuckerbergs Geld auf fünf Städte – Milwaukee, Madison, Racine, Green Bay und Kenosha. Und hier lässt sich in aller perversen Pracht beobachten, wie Zuckerbergs Infiltration der Wahlen vor sich ging. Das Center for Tech and Civic Life bot diesen Städten einen bunten Strauß an »Dienstleistungen« an, die allesamt darauf abzielten, den Wahlausgang zu beeinflussen. Im Grunde injizierte das CTCL eine Vielzahl linksgerichteter Organisationen in Wisconsins Wahlprozess, die sich praktisch jeden Aspekt der Wahl vorknöpften, vom Entwurf der Briefwahlunterlagen bis zur Überwachung der Wahlbriefkästen. Alles, um in diesen stark demokratisch eingefärbten Bereichen des Staats die Wahlbeteiligung in die Höhe zu treiben.

In Gemeinschaft mit einer Reihe linksgerichteter Organisationen entwarf das Center for Civic Design Briefwahlunterlagen und Wahlanleitungen. Die dem demokratischen Netzwerk nahestehende Elections Group führte »Wählerinformation« durch. Das Center for Secure and Modern Elections, eine weitere linke Gruppe, half, für die hispanische Wählerschaft in Green Bay spanischsprachige Radiospots zu entwickeln. Die linke Aktivistengruppe Power the Polls half beim »Ballot Curing«. Dabei werden Korrekturen an Wahlzetteln mit fehlenden oder unzutreffenden Informationen vorgenommen. Die linke Gruppe Mikva Challenge rekrutierte Wahlhelfer im Highschool-Alter. Das progressive Brennan Center leistete Unterstützungsarbeit bei »Nachwahlprüfungen« und »Cybersecurity«.

Das vielleicht landesweit eklatanteste Beispiel für die Zuckerberg-Infiltration findet sich in Green Bay. Der dortige Bürgermeister, der Demokrat Eric Genrich, lud Zuckerbergs Vertreter praktisch dazu ein, den Wahlprozess zu übernehmen – sie sollten die Ansprache an die Wähler durchführen, Briefwahlunterlagen einsammeln und Stimmzettel korrigieren, die den rechtlichen Anforderungen nicht genügten und unkorrigiert für ungültig erklärt worden wären. Sogar das Auszählen der Stimmzettel sollten sie überwachen, was einen klaren Verstoß gegen das Gesetz in Wisconsin darstellt. Nur zur Erinnerung: Es stellt eine Straftat dar, wenn diese Prozesse von Personen geleitet und durchgeführt werden, die keine staatlichen Wahlbeamten sind.

Durch eine Reihe E-Mails wissen wir mittlerweile, dass der Zuckerberg-Vertreter Michael Spitzer-Rubenstein in der Nacht vor der Wahl im Besitz der Schlüssel zur zentralen Zähleinrichtung und sämtlichen elektronischen Maschinen war. Der linke New Yorker Aktivist gehört dem National Vote at Home Institute an. Er hat Stimmzettel in seinen Händen gehabt, er hat Wahlhelfern gesagt, was zu tun sei, er war die Kontaktperson für das Hotel, in dem die Auszählung durchgeführt wurde, und er leitete in der Wahlnacht die Auszählung.

Der Demokrat aus einem anderen Staat drängte Kris Teske, dessen rechtmäßige Aufgabe als städtischer Beamter von Green Bay es gewesen wäre, all diese Aufgaben zu erledigen, praktisch ins

Abseits. »Ich bleibe bei Diskussionen außen vor, und bei Meetings hört man mir nicht zu«, schrieb Teske am 9. Juli 2020, als der demokratische Bürgermeister Genrich und Spitzer-Rubenstein ein neues Team ins Leben riefen, das sich um den Wahlbetrieb kümmern sollte – ein Team, dem Teske nicht angehörte. Abgeschoben und frustriert nahm sich Teske wenige Tage vor der Wahl Urlaub und legte sein Amt kurz darauf nieder.

Wenden wir uns nun einem geheimen, von den Demokraten aufgebauten Non-Profit-Netzwerk zu, das in den Monaten vor der Wahl von 2020 über 120 Millionen Dollar von linken Geldgebern einsammelte. Welchem Zweck diente dieses Netzwerk vorgeblich? Der Steigerung der Wahlbeteiligung. Aber diese gemeinnützigen Organisationen waren gleichzeitig auch diejenigen Anlaufstellen, bei denen die Maultiere die ungültigen Stimmzettel abgeholt hatten.

Non-Profits ist es strengstens untersagt, zugunsten einer bestimmten Partei oder eines bestimmten Kandidaten Wahlwerbung zu betreiben: »Laut Internal Revenue Code ist es sämtlichen gemeinnützigen Organisationen des Typs 501(c)(3) strengstens untersagt, sich direkt oder indirekt an politischen Kampagnen für oder gegen einen Kandidaten für ein öffentliches, durch Wahlen zu besetzendes Amt zu beteiligen oder dagegen zu intervenieren.«[57]

Und dennoch setzte sich eine Gruppe von Non-Profit-Organisationen unverhohlen über diese Bestimmungen hinweg und betrieb Stimmenwerbung, die direkt der Demokratischen Partei zugutekam. Die Gesetzeshüter müssten also nicht nur gegen die Maultiere vorgehen, darüber hinaus müsste auch der IRS Ermittlungen aufnehmen und dort, wo es angebracht ist, den Gruppen den Status der Gemeinnützigkeit aberkennen und sie dafür belangen, sich widerrechtlich in die Wahlen 2020 eingemischt zu haben.

Das Capital Research Center gibt an, dass das Geld über die gemeinnützige Organisation Voter Registration Project (VRP) geflossen sei, und zwar für deren »Everybody Votes«-Kampagne. Das VRP ist eine geheimnisvolle Non-Profit, die sich nahezu vollständig aus dem Rampenlicht ferngehalten hat. Es gibt keine Webseite, und offenbar hat noch nie ein Nachrichtenmedium über das Projekt berichtet.

Wer finanziert das VRP? Die Großspender der Linken und der Demokratischen Partei. Da es sich bei vielen dieser Personen um Prominente handelt, ist es umso erstaunlicher, dass das Voter Registration Project dermaßen fern von der Öffentlichkeit agiert. Zwei der bekanntesten Spender sind die Susan Thompson Buffett Foundation (die private Stiftung von Warren Buffett) und die Open Society Foundations von George Soros.

Es sind noch weitere Milliardäre beteiligt, die ihren Namen nicht gerne in der Zeitung lesen. Der Hedgefonds-Manager C. Frederick Taylor hat Geld gegeben, ebenso seine Partner beim Wellspring Philanthropic Fund. Ebenso die Wallace H. Coulter Foundation. 2 Millionen Dollar hat das VRP vom Civic Participation Action Fund bekommen, der von Chuck Feeney finanziert wird.*

Und noch eine ganze Reihe weiterer links stehender Stiftungen mischt mit. Der Proteus Fund gab 13,5 Millionen Dollar, der New Venture Fund 13 Millionen, der Hopewell Fund 7,8 Millionen Dollar, dazu kommen die Tides Foundation, eine Gruppe namens

---

*   Anm. d. Übers.: Chuck Feeney gehört zu den Gründern des Duty-Free-Unternehmens DFS Group. Er hat sein Milliardenvermögen gespendet.

Impact Assets und NEO Philanthropy mit Beträgen zwischen einer halben und einer Million Dollar. Bei allen handelt es sich um »Schattengeld«-Gruppierungen der demokratischen Linken.

Auch Gewerkschaften und Umweltgruppen unterstützten das VRP, darunter die Service Employees International Union (SEIU) und die American Federation of State, County, and Municipal Employees (AFSCME). Knapp 10 Millionen Dollar erhielt das VRP vom League of Conservation Voters Education Fund und einen kleineren Betrag von NextGen America, einer Umweltschutzgruppe, die der Milliardär Tom Steyer gegründet hat.

Und schließlich erhielt das VRP auch Geld von der Silicon Valley Community Foundation, einer Anlaufstelle für linke Tech-Milliardäre. Der Facebook-Schöpfer Mark Zuckerberg, Twitter-Gründer Jack Dorsey, Netflix-Mitgründer Reed Hastings und WhatsApp-Mitgründer Brian Acton haben für die Stiftung gespendet, die dann das Geld verteilt – im Auftrag dieser Leute, aber ohne direkte Verbindung zu ihnen. Die Technologiebosse haben also nicht nur direkt in die Wahlen von 2020 eingegriffen, indem sie auf ihren Plattformen Inhalte unterdrückten oder manipulierten, sie haben auch die Kampagne der Demokraten zur Steigerung der Wahlbeteiligung finanziell gefördert.

Das Voter Registration Project gerierte sich als unparteiische Organisation, die einfach ihre Bürgerpflicht erfüllen und Amerikaner dazu bewegen möchte, zur Wahl zu gehen. Das Capital Research Center hat jedoch Dokumente ausgegraben, die zeigen, dass das Projekt einen speziellen Plan verfolgte, bei dem es darum ging, in Schlüsselstaaten wie Arizona, Florida, Ohio, Georgia und North Carolina 2 Millionen zusätzliche Stimmen für die Demokraten zu generieren.[58]

Allem Anschein nach hat diesen Plan 2015 Corridor Partners entwickelt, ein Beraterunternehmen, das im Auftrag des Schweizer Milliardärs Hansjörg Wyss agiert. Das Projekt wurde John Podesta angeboten, damit dieser es in seiner Funktion als Wahlkampfleiter für Hillary Clinton bei den Präsidentschaftswahlen 2016 umsetzte. Um Maultiere oder sonstige illegale Handlungen geht es in dem Plan nicht, vielmehr heißt es: »Ziel dieser Bemühungen ist es, die Zusammensetzung der Wählerschaft in einer Reihe Staaten grundlegend zu ändern.«

Die »Everybody Votes Campaign« des VRP, die bei den Wahlen 2020 zur Anwendung kam, wirkt wie eine exakte Kopie des Plans von Corridor Partners. Sogar der Preis ist identisch: 105 Millionen Dollar. Beide beziehen sich auf eine Umsetzung über einen Zeitraum von 5 Jahren hinweg (2015–2020). Beide fokussieren sich auf acht Staaten, wenngleich das VRP Änderungen vornimmt und Illinois und Virginia durch Ohio und New Mexico ersetzt. Beide zielen darauf ab, bis 2020 die Zahl der Wähler um über 2 Millionen zu steigern – und zwar Wähler, von denen man erwartet, dass sie in überwältigender Mehrheit der Demokratischen Partei ihre Stimme schenken werden.

Wie hat das VRP diese enormen finanziellen Mittel im Wahlkampf 2020 eingesetzt? Im Wesentlichen wurden die Mittel über State Voices in den Wahlkampf gepumpt. State Voices ist eine landesweit aktive Gruppe, die ein Netzwerk linksgerichteter Organisationen in unterschiedlichen Staaten steuert und koordiniert. Das VRP hat aber nicht nur diese Dachorganisation finanziert, sondern auch mehreren staatlichen und kommunalen Gruppen direkt Geld zukommen lassen: Blueprint NC in North Carolina, ProGeorgia, Minnesota Voice, Pennsylvania Voice und Wisconsin Voices. Und tatsächlich schreibt sich State Voices in ihrem Nachbericht zur Wahl von 2020 auf die Fahnen, die Zahl der Wähler um 2,1 Millionen gesteigert zu haben.

Darüber hinaus spendete das Voter Registration Project 10,4 Millionen Dollar an das Voter Participation Center, der Gruppe, die laut dem Artikel in der *TIME* dafür verantwortlich war, dass 15 Millionen Menschen in den umkämpften Staaten Briefwahlunterlagen erhielten und dass knapp 5 Millionen auch tatsächlich per Briefwahl abstimmten. Weitere Nutznießer sind der League of Conservation Voters Education Fund, der Mi Familia Vota Education Fund, der Fair Share Education Fund, One Arizona, die Ohio Organizing Collaborative und der New Virginia Majority Education Fund.

An diesem Aufbau erkennt man, dass wir es mit einem geheimniskrämerischen Finanznetzwerk zu tun haben, das seine Mittel an diverse Stiftungen verteilt, die in vielen Fällen die Identität der Spender verschleiern. Diese Stiftungen finanzieren Non-Profits, die ihrerseits Geld zu anderen Non-Profits weiterschleusen. Nicht selten reichen diese dann Gelder an weitere Non-Profits weiter. Eine unüberblickbare Menagerie, bevölkert von Wesen, die sich als neutral gerieren, die aber ein gemeinsames Ziel eint – die Demokratische Partei soll die Wahlen gewinnen.

Ich wollte aufzeigen, wer möglicherweise die Maultier-Operation finanziert haben könnte, und ich habe dargelegt, dass es eine Fülle finanziell enorm gut aufgestellter gemeinnütziger Organisationen gibt, die offenbar in klarem Widerspruch zu den IRS-Richtlinien und eindeutig parteiisch agieren. Diese Gruppen haben geholfen, die Regeln der Wahlen von 2020 zu manipulieren, sie haben in einigen Fällen den Wahlprozess selbst infiltriert, und sie haben dabei einen gewaltigen Aufwand betrieben. Vorgeblich zur Steigerung der Wahlbeteiligung, doch tatsächlich ging es vor allem darum, der bevorzugten politischen Partei zum Sieg zu verhelfen.

Kapitel 8

Weggeschaut

Trotz aller Unregelmäßigkeiten bei den Präsidentschaftswahlen von 2020 konnte niemand wirklich unwiderlegbar nachweisen, dass die Wahl gestohlen worden war. Doch dann kam True the Vote, besorgte sich Geotrackingdaten und machte sich an die mühselige Auswertung, die man anschließend mit Videobeweisen aus offen zugänglichen Quellen unterfütterte. Dennoch bleibt die Frage: Kann es wirklich sein, dass in der Republikanischen Partei niemand geahnt hat, dass die Demokraten versuchen würden, die Wahl zu stehlen? Erinnern wir uns daran, das Trump »Wahlbetrug in großem Stil« vorhergesagt hatte. Ausdrücklich erwähnte er Briefwahlen. Die Frage hier lautet, ob das republikanische Establishment Anstalten gemacht hat, den Betrügern das Handwerk zu legen, als sie ihre Taten begingen.

Auf der Suche nach einer Antwort möchte ich ein Gespräch wiedergeben, das auch in dem Film *2000 Mules* eine Rolle spielte. Die investigative Ermittlerin Heather Mullins unterhält sich dabei mit einem Polizisten aus Georgia, der zum Whistleblower wurde. Das Interview wurde Mitte März 2022 in Atlanta aufgezeichnet. Der Polizist bat um Anonymität, aber natürlich ist er den Leuten bekannt, die ihn angestellt und beauftragt haben, für Wahlsicherheit zu sorgen. Er ist zudem bereit, zu bezeugen, was er getan, beobachtet und aufgezeichnet hat. Ich habe seine E-Mail-Kommunikation und seine Rechnungen geprüft, die seine Anstellung während der Stichwahlen in Georgia bestätigen. Es sieht alles korrekt aus.

Heather Mullins: *Wie sind Sie dort hineingeraten ... was war Ihre Aufgabe während der Wahlen von 2020?*
Polizist: *Ich hatte die Aufgabe, die Wahlbriefkästen in meinem Bezirk zu bewachen. Wir hatten drei ... nein, vier, wir hatten vier Wahlbriefkästen. Zwei in einem Zentrum und zwei weitere an einem abgelegeneren Ort. Meine Aufgabe war es im Grunde, diese Briefkästen zu bewachen. Angeheuert hat mich das NRSC [National Republican Senatorial Committee]. Genauer gesagt ein Gentleman namens John, das muss als Name reichen. Ein Mittelsmann nahm Kontakt zu mir auf. John war im Sicherheitsschutz und arbeitete für das NRSC. Er fragte, ob ich Wahlbriefkästen bewachen könne. Und ich sagte:* »Ja, klar, kein Problem.«

Er sagte: »Wir werden dir Summe x dafür bezahlen«, *und ich erwiderte:* »Prima, klingt gut.« *Er sagte, meine Arbeitszeit wäre von 8:00 Uhr morgens bis 8:00 Uhr abends. Es ging um die Tage für die vorzeitige Stimmabgabe. Mein Einsatz begann also am 14. Dezember und endete am 31. Dezember. Dann würden wir am 5. wiederkommen. Für die Nachwahl ... die Nachwahl für den Senat. Die Nachwahl in Georgia für den Senat. Dazu würden wir den Briefkasten von 8 bis 8 überwachen, den ganzen Tag lang.*

Also habe ich in diesen 2 Wochen diese Briefkästen unterschiedslos überwacht. Ich bewegte mich zwischen den jeweiligen Standorten der Briefkästen hin und her und beobachtete sie – 30 Minuten hier, eine Stunde dort. Und dabei bemerkte ich diese Dinge: Leute, die mit Rucksäcken ankamen, große Mengen an Stimmzetteln abluden und sie in den Briefkasten stopften. Ich habe das teilweise aufgezeichnet. Hab Bilder gemacht mit Datum, Uhrzeit und so weiter.

Ich habe auch jede Menge Fahrzeuge gesehen, die aus ländlichen Bezirken eintrafen, also nicht aus der Region, in

der wir uns befanden. Ich sah Nummernschilder aus Texas,
Colorado, South Carolina, North Carolina, und ich fand es
merkwürdig, dass Leute aus all diesen Staaten zu uns kamen.
Diese Leute stiegen aus ... ich beobachtete sie, wie sie aus-
stiegen ... und sie gingen hinüber und stopften Stimmzettel
in den Briefkasten. Ich fand das merkwürdig.

Wir haben das dokumentiert. Haben Nummernschilder
und diese Dinge fotografiert. Und dann habe ich die Bilder
in eine Dropbox hochgeladen. Ich habe das eine Weile
gemacht, und als es dann zur Stichwahl in Georgia kam,
also dem eigentlichen Wahltag am 5. Januar, war ich
frühmorgens dort. Ich war dort, und vor Ort war sehr viel
los, denn eine Menge Leute kamen und gingen.

Mir fiel ein Herr auf, der dort drüben bei der Tür stand.
Vielleicht 7, 8 Meter entfernt. Ich beobachtete ihn und
vermutete, dass er die Briefkästen im Blick behält, aber ich
kannte ihn nicht. Also ging ich rüber zu dem Gebäude
und unterhielt mich ein wenig mit ihm. Er erwähnte, dass
er für die Republikanische Partei von Georgia arbeitet.
Und ich sagte: »Oh.« Und dann sagte er: »Ich mache im
Grunde dasselbe wie Sie. Ich hab ein Auge auf den Wahl-
briefkasten.« Wir standen dort den ganzen Tag.

Gegen 18:30 Uhr bemerkten wir ein Paar, zwei Frauen,
eine hellhäutige und eine weitere Frau. Sie liefen zum
Briefkasten. Und überall auf dem Bürgersteig waren Stacey-
Abrams'-Leute.

Heather Mullins: *Woher wussten Sie, dass es Anhänger*
von Stacey Abrams waren?

Polizist: *Nun, sie trugen diese Masken, auf denen »Wählen!«*
stand. Wir sprechen ja über die Covid-Zeit, nicht? Und
sie waren Teil dieser Initiative. Ich wusste, sie war Teil dieser
Initiative, die die Wahlbeteiligung steigern sollte und so.
Also war es die Demokratische Partei, und es waren Abrams'

Leute – sie interagierten alle miteinander. Und auch der Ortsvorsitzende der Demokraten war dort, kam während des Tags und blieb bis abends um 7:00 Uhr, als die Wahl vorüber war.

Heather Mullins: *Wir reden also über den 5. Januar, den Tag der Stichwahl.*

Polizist: *5. Januar. Der Tag der Stichwahlen. Diese beiden Ladys kamen also angelaufen, und sie hatten einen dicken Stapel Stimmzettel dabei. Wir stehen da, und sie versuchen, die Stimmzettel in den Kasten zu stopfen. Ich sehe das, und der andere Gentleman hat das alles gefilmt. Eine der Frauen drehte sich zu uns um, sah uns an, und ich sagte: »Nun, wir zeichnen Sie auf.« Und sie: »Das dürfen Sie nicht.« Darauf ich: »Doch.« Da wurde sie wütend, rannte auf den Bürgersteig und verschwand.*

Und der andere Gentleman sagte: »Ich hab's, hab alles auf Video. Wir werden das einschicken.« Ich fand das schon ziemlich merkwürdig, wissen Sie? Eine Stimme für jeden, heißt es, aber nein, da kommen Leute mit einem Packen ... jeden Tag beobachte ich, wie zahlreiche Stimmzettel in diese Briefkästen gestopft werden. Manchmal vier, fünf, manchmal zehn. Manchmal noch mehr.

Heather Mullins: *Wie lauteten Ihre genauen Anweisungen seitens des NRSC? Was sollten Sie unternehmen, wenn Sie derartige Aktivitäten beobachteten?*

Polizist: *Wir sollten Bilder davon machen. Aufzeichnen, Uhrzeit, Datum und damit einhergehende Informationen aufschreiben. Alles an Informationen sammeln und dann das Ganze am gleichen Abend in die Dropbox hochladen. Morgens zu Schichtbeginn machte ich ein Bild des Wahlbriefkastens, den ich überwachte, und abends noch eines, wenn wir fertig waren. Und das war der Beweis, dass wir dort waren. Der Beweis, damit sie mich bezahlen konnten.*

Heather Mullins: *Und wurden Sie bezahlt?*
Polizist: *Wurde ich. Man hat mich bezahlt.*
Heather Mullins: *Sie sagen also, das NRSC wurde informiert,
dass Leute an einem bestimmten Datum zu einer bestimmten
Uhrzeit die Briefkästen vollstopften.*
Polizist: *Ja. Und ich dachte mir, dass man mich früher oder
später kontaktieren würde … dass ich eine Aussage würde
machen müssen, irgendetwas Rechtliches und so. Doch da
kam nie etwas.*
Heather Mullins: *Sie sagen, wenn jemand Sie kontaktiert
hätte, wären Sie bereit gewesen, als Zeuge über diese Dinge
zu sprechen und unter Eid auszusagen?*
Polizist: *Das hätte ich tun müssen. Das hätte ich tun
müssen.*
Heather Mullins: *Haben Sie jemals jemanden kontaktiert,
nachdem das NRSC sich nicht bei Ihnen gemeldet hat?*
Polizist: *Das habe ich. Ich habe denen mehrere Nachrichten
geschickt, und ich habe auch einem der Georgia-Abgeordneten,
die eine Anhörung durchführten, mehrere Nachrichten
geschickt. Ich schrieb:»Hey, haken Sie deswegen mal nach.
Was ist damit? Und was ist damit?« Das wurde völlig
ignoriert.*
Heather Mullins: *Was glauben Sie, weshalb wurde es
ignoriert?*
Polizist: *Ich weiß es nicht. Schwer zu sagen. Aber wie gesagt,
ich … alles war einfach … ab diesem Punkt habe ich nicht
mehr darüber nachgedacht. »Okay, war ihnen also nicht
wichtig«, habe ich mir gesagt. Also war es mir auch nicht mehr
wichtig. Bis all dieser Kram auftauchte. Nachdem das alles
hochkam, entwickelte sich das Ganze zu einer großen Sache.*
Heather Mullins: *Würde das, was Sie rund um diese
Wahlbriefkästen beobachtet haben, Ihrer Ansicht nach für die
Strafverfolgungsbehörden ausreichen, aktiv zu werden?*

Polizist: *Oh, unbedingt. Bei dem, was ich gesehen hatte, hätte ich gedacht, dass jemand uns kontaktiert und sagt:* »Hey, hört mal, ich bin Staatsanwalt. Wir brauchen eine Zeugenaussage. Wir müssen dieser Sache nachgehen.« *Ich hielt es damals für wichtig. Aber als nach mehreren Wochen immer noch kein Kontakt oder so etwas erfolgt war, hab ich mir keine Gedanken mehr darüber gemacht. Es war erledigt, vorbei. Die Wahlen waren vorbei und Geschichte.«*

Warum hat die republikanische Führung derart ungewöhnlich auf Fälle von Wahlbetrug reagiert? Um dies zu verstehen, sollten wir uns das Verhalten von zwei zentralen Akteuren ansehen, Georgias Gouverneur Brian Kemp und sein Innenminister Brad Raffensperger. Rein äußerlich haben sie nichts gemeinsam, aber ich nenne sie trotzdem die »Zickzack-Zwillinge«, weil beide dazu neigen, erst in die eine Richtung zu steuern und dann in die entgegengesetzte. Das geht so lange, bis man praktisch überhaupt nicht mehr weiß, wo sie stehen.

Zunächst behaupteten Kemp und Raffensperger, die Wahlen von 2020 in Georgia seien transparent und rechtens verlaufen. Keinerlei Probleme. Dann kam Trumps inzwischen berühmt-berüchtigter Anruf bei Raffensperger, bei dem er diesen bat, zusätzliche Stimmen zu »finden«. Raffensperger setzte sich zur Wehr – und spielte einen Mitschnitt des Telefonats den Medien zu. Diesen Anruf haben die Demokraten bei ihrer zweiten Amtsenthebungsklage gegen Trump als einen ihrer Beweise für ihre Behauptung genutzt, Trump habe versucht, den Ausgang der Wahl zu kippen.

Für die Medien stieg Raffensperger zum Aushängeschild republikanischer Tugendhaftigkeit auf. Weil er sich Bemühungen widersetzt hatte, die Wahlergebnisse zu verfälschen, gehöre er zu den letzten aufrechten Republikanern, hieß es. Beflügelt von seinem neuen Ruhm trat Raffensperger im Januar 2021 bei der Fernsehsendung *60 Minutes* auf und sagte: »Wir hatten sichere, geschützte, ehrliche Wahlen.«[59] Weil Trump rund um die Uhr darauf beharrte, die Wahlen in Georgia seien alles andere als fair verlaufen, bejubelten die Medien nun Raffenspergers anderslautende Aussage. Er wurde zur öffentlichen Nemesis von Trump, und er wusste Gouverneur Kemp auf seiner Seite.

Raffensperger und Kemp schmetterten eine Klage ab, die das Trump-Wahlkampflager und der Vorsitzende der Republikaner in Georgia, David Shafer, eingereicht hatten. »Unsere Klage fußt nicht auf Theorien über die Wahlmaschinen«, sagte Shafer. »Stattdessen zeigen wir mithilfe offizieller staatlicher Daten und lizenzierter Quellen Tausende Beispiele für nichttechnische Unregelmäßigkeiten bei der Stimmabgabe und Betrug in einem Ausmaß, dass das Wahlergebnis infrage gestellt werden muss.« In der Klageschrift wird Raffensperger vorgeworfen, kein korrektes und aktualisiertes Wahlregister geführt zu haben. Wahlhelfer, die Unregelmäßigkeiten meldeten, seien gefeuert worden. Wahlbeamte in Fulton County hätten, auch wenn sie es bestritten haben, am Wahlabend das Auszählen der Stimmen eingestellt, alles weggepackt und die Auszählung erst fortgesetzt, nachdem Beobachter und Kontrolleure gegangen waren.

Laut Klage haben über 2500 verurteilte Straftäter, die eigentlich nicht wahlberechtigt sind, ihre Stimme abgegeben. Über 66 000 Minderjährige seien registriert. Tausende Menschen hätten gewählt, obwohl sie nicht im Wählerverzeichnis des Staats aufgeführt waren. Tausende weitere hätten sich erst in Georgia, dann in einem anderen Staat registriert, sie hätten also nicht wählen dürfen. Über 40 000 Menschen wechselten den Bezirk, ohne sich umzumelden. Über 10 000 Verstorbene gaben ihre Stimme ab. Über

300 000 Menschen beantragten Briefwahlunterlagen erst nach Ablauf der entsprechenden Frist (180 Tage vor der Wahl).

In der Klageschrift werden darüber hinaus Daten zur Wahl von 2020 mit den Wahlen von 2016 und 2018 verglichen. Sie zeigen, dass der Staat Georgia bei Briefwahlunterlagen praktisch keinerlei Abgleich von Unterschriften vorgenommen hat. 2016 wurden 2,9 Prozent der Stimmzettel abgelehnt, 2018 waren es 3,46 Prozent, 2020 dagegen nur 0,34 Prozent. Insgesamt 48 von Georgias 159 Bezirken lehnten bei den Wahlen von 2020 nicht einen einzigen Stimmzettel ab, der per Briefwahl eingegangen war. Hätte man die ganz normale Gründlichkeit walten lassen, wäre eine derartige Quote allein statistisch schon so gut wie unmöglich gewesen.

Aber was war bei den Wahlen von 2020 schon normal. Im März 2020 hatte Raffensperger mit den Demokraten eine »Vereinbarung über eine Kompromisslösung« getroffen. Zuvor hatten Stacey Abrams, Marc Elias und andere eidesstattliche Aussagen schwarzer Demokraten vorgelegt, die erklärten, sie hätten Schwierigkeiten dabei gehabt, an Wahlunterlagen zu kommen und ihre Stimmzettel abzugeben. Nicht wahlberechtigte Bürger aus den Verzeichnissen zu streichen, eine Ausweispflicht beizubehalten und Unterschriften abzugleichen, das alles seien Formen von Voter Suppression, behauptete Abrams.

Indem er der Vereinbarung zustimmte, sorgte Raffensperger im Grunde dafür, dass Georgias bekanntermaßen fehlerbehaftete Wahlregister nicht unter die Lupe genommen wurden, dass die Bestimmungen zur Überprüfung der Identität von Wählern gelockert wurden und dass es praktisch unmöglich wurde, Stimmzettel, die per Briefwahl eingingen, für ungültig zu erklären. Der von den Gesetzen des Staates vorgegebene Briefwahlprozess wurde damit im Grunde völlig umgewälzt.

Stimmzettel mit fehlerhaften oder unzutreffenden Informationen waren in der Vergangenheit einfach aussortiert worden, aber diese Vereinbarung erlaubte es nun, die Sache zu »beheben«, also Korrekturen am abgegebenen Stimmzettel vorzunehmen. In der Vergangenheit waren Unterschriften laut Gesetz mit den Unterschriften abzugleichen, die in Georgias Datenbank registrierter Wähler hinterlegt war. Aufgrund der Vereinbarung musste die Unterschrift nun zu einer beliebigen hinterlegten Unterschrift passen, es reichte auch diejenige, die sich auf dem Antrag zur Zusendung von Briefwahlunterlagen fand. Und schließlich erschwerte es die Einigung massiv und unabhängig von den Gründen, Briefwahlunterlagen abzulehnen. Die Zahl der Personen, die erforderlich waren, um eine Stimme für ungültig erklären zu lassen, verdreifachte sich.[60]

Es wäre schon bemerkenswert, wenn linke Aktivistengruppen den demokratischen Innenminister eines Staats dazu bewegen, derartige Vereinbarungen zu unterschreiben, aber warum sollte ein republikanischer Innenminister, der einen republikanischen Gouverneur hinter sich weiß, so etwas tun? Eine große Frage, auf die es bislang keine Antwort gibt. Einige Republikaner aus Georgia behaupten, Kemp gehöre dem Parteiflügel an, der Trump bekämpft (die »Never Trumper«), und er habe einfach gewollt, dass Trump verliert. Andere behaupten, Kemp und Raffensperger hätten sich von dem Schwergewicht Stacey Abrams einschüchtern lassen, die die beiden unermüdlich mit Rassismusvorwürfen überzog – Vorwürfen, denen sich beide auf keinen Fall ausgesetzt sehen wollten. Gerechterweise muss man dazu sagen, dass im März 2020, als Raffensperger die Vereinbarung unterzeichnete, Covid gerade erst auf der Bildfläche erschienen war. Wie sollte er da absehen, dass die Zahl der Briefwähler bei den bevorstehenden Wahlen derart dramatisch ansteigen würde? Allein diese massive Zunahme hätte eine gründliche Überprüfung der Unterschriften schon sehr schwierig gemacht, aber mit der neuen Vereinbarung waren derartige Kontrollen praktisch hinfällig. Das war der wahre Grund für die verblüffende Diskrepanz zwischen den Zahlen der für ungültig erklärten Briefwahlstimmzettel in den Jahren 2016 und 2018 und der geringen Quote von 2020.

Egal, welche Motive sie letztlich umgetrieben haben, es ist wohl nicht übertrieben zu behaupten, dass die Vereinbarungen, die Raffensperger mit Kemps Segen traf, die Maultier-Operationen erst ermöglichten, die die Demokraten Ende 2020 und Anfang 2021 in Georgia durchgezogen haben. Rückblickend schufen Kemp und Raffensperger damit die Bedingungen, die zu Trumps Niederlage in Georgia führten, aber auch dazu, dass die beiden amtierenden republikanischen Senatoren David Perdue und Kelly Loeffler bei den Stichwahlen ihren Sitz verloren.

Zurück zur Klage des Trump-Wahlkampflagers. Sie wurde in Fulton County eingereicht und der progressiven Richterin Constance Russell zugeteilt, die erklärte, sie werde sich »zur gegebenen Zeit« mit dem Fall befassen, was mehrere Monate nach Bidens Amtseinführung bedeutete. Die Anwälte der Republikanischen Partei von Georgia stellten einen Eilantrag beim Obersten Gericht des Bundesstaats, aber der wurde aus verfahrensrechtlichen Gründen abgelehnt. Das Gericht befand, es handele sich um ein Thema für ein erstinstanzliches Gericht, und verwies den Fall zurück an das Gericht von Fulton County.

Der Fall wurde daraufhin Richterin Adele Grubbs vom Obersten Gericht von Cobb County zugewiesen, die einen Anhörungstermin für den 8. Januar ansetzte, also 2 Tage *nachdem* der US-Senat die Stimmen des Wahlkollegiums offiziell bestätigt hatte. Das bedeutete natürlich, dass der Fall zu diesem Zeitpunkt hinfällig sein würde, also zogen der Parteivorsitzende der Republikaner in

Georgia David Shafer und sein Team den Antrag zurück. »Niemand wollte auch nur in die Nähe dieses Falls kommen«, sagte Shafer. »Sie ließen die Uhr für sich arbeiten.«[61]

Im März 2021 reichte True the Vote Beschwerde beim Büro des Innenministers von Georgia ein und deckte weitverbreiteten Stimmenhandel auf. In den Unterlagen wurden die Ereignisse in Georgia im Detail dargelegt. Ein Whistleblower meldete sich zu Wort und gestand, am Stimmenhandel beteiligt gewesen zu sein und Geld dafür erhalten zu haben. Er verwies auf ein Netzwerk, das im Staat Stimmenhandel betrieb. Catherine und Gregg lieferten Geotracking- und Videobeweise. Sie forderten nicht, dass die Wahl für ungültig erklärt wird. Was sie forderten, war, dass die Gesetzeshüter aktiv werden und die kriminelle Bande zerschlagen.

Die Trump/Shafer-Klage hatte mögliche Szenarien für Wahlbetrug aufgezeigt sowie Unregelmäßigkeiten, die eine gründlichere Betrachtung rechtfertigten. Was sie nicht dokumentierte, war systematischer Wahlbetrug. Das tat die Rechtsbeschwerde von True the Vote, und sie griff dabei auf belastbare Geotrackingfakten und Videoaufnahmen zurück, die von den offiziellen Überwachungskameras des Staats Georgia gemacht worden waren.

Einen Monat lang erfolgte keinerlei Reaktion seitens Raffenspergers Büro. Dann meldete sich ein Ermittler aus Georgias Innenministerium bei True the Vote und fragte nach dem Namen des Whistleblowers. Catherine und Gregg informierten ihn, dass der Whistleblower nur deshalb zu einer Aussage bereit gewesen wäre, weil man ihm Anonymität zugesichert habe. Er wolle sich nicht den Zorn des kriminellen Netzwerks zuziehen, für das er gearbeitet hatte, oder sich dem Risiko einer strafrechtlichen Verfolgung aussetzen. Dem Whistleblower sagten Catherine und Gregg, er könne möglicherweise Immunität aushandeln, doch

das überzeugte ihn nicht. Diese Information wurde dem Büro
des Innenministers übermittelt.

Catherine und Gregg trafen sich vertraulich mit Vertretern von
Raffenspergers Büro und des Georgia Bureau of Investigation
(GBI), darunter GBI-Direktor Vic Reynolds. Sie stellten vorläufi-
ge Geotrackingdaten von der Präsidentschaftswahl wie auch den
Nachwahlen für den Senat zur Verfügung. Später wurden diese
Daten um zusätzliche Datenanalysen ergänzt: um Videos von
Wahlbriefkästen, Dokumente aus der Beweismittelkette und an-
dere erhärtende Beweise.

Raffenspergers Büro versprach, sich die Beweise anzusehen und
sich dann bei Catherine und Gregg zu melden. Wochenlang hörten sie nichts. Dann erschien am 21. Oktober 2021 ein Artikel in
der *Atlanta Journal-Constitution,* verfasst von Mark Niesse und
Greg Bluestein. Die Überschrift lautete:»GBI-Chef: Beweise reichen nicht aus, um GOP-Behauptungen von Wahlbetrug nachzugehen.« Das erschien zunächst einmal merkwürdig. Dass es
Wahlbetrug gegeben hatte, hatte nicht die »Grand Old Party«
(GOP), wie die Republikaner auch genannt werden, behauptet,
sondern eine unabhängige Gruppe, die sich mit der Integrität
von Wahlen befasste – nämlich True the Vote.

In dem Artikel wird aus einem Brief zitiert, den GBI-Direktor
Vic Reynolds an den Vorsitzenden der Republikaner in Georgia,
David Shafer, geschrieben hatte:»Anhand dessen, was vorgelegt
wurde und was nicht vorgelegt wurde, wäre eine Untersuchung
nicht gerechtfertigt«, so Reynolds. Und weiter:»Was nicht vorgelegt wurde, sind andere Beweise, die diese Mobiltelefone mit
Ballot Harvesting in Verbindung bringen. Was an Daten vorliegt,
ist ungewöhnlich, reicht aber nicht für einen hinreichenden Verdacht aus, dass tatsächlich ein Verbrechen begangen wurde.«

Ohne hinreichenden Verdacht würde das GBI nicht die Durchsuchungsbefehle bekommen, die für eine Weiterverfolgung des Falls unerlässlich wären, so Reynolds. Mehr noch: In seinem Schreiben führt Reynolds aus, selbst wenn es einen hinreichenden Verdacht gegeben hätte, wäre sein Büro nicht befugt gewesen, diese möglichen Wahlverbrechen zu untersuchen. »Es hieß, es gäbe eine ›Quelle‹, die das Ballot Harvesting bezeugen kann. Trotz wiederholter Bitten wurde diese Quelle weder dem GBI noch dem FBI zugänglich gemacht.«

Der Artikel endete mit dem mittlerweile vertrauten journalistischen Textbaustein: »Der Vorwurf des Stimmenhandels ist bloß eine aus einer ganzen Flut unbestätigter Behauptungen, wonach Trump die Wahl aufgrund von unrechtmäßigen Aktionen verlor und nicht deshalb, weil er weniger Stimmen als der Demokrat Joe Biden erhielt. Staatliche Wahlbeamte sind in zahlreichen Untersuchungen Vorwürfen des Betrugs nachgegangen und haben Prüfungen und Neuauszählungen vorgenommen. Es ließen sich jedoch keinerlei organisierte Bemühungen feststellen, um Einfluss auf das Ergebnis der Präsidentschaftswahlen zu nehmen.«[62]

Aus gleich mehreren Gründen empörte dieser Artikel Catherine und Gregg. Zunächst einmal war das Schreiben des GBI an die Medien durchgestochen worden. Es enthielt Informationen, die True the Vote vertraulich weitergegeben hatte, und gefährdete die Identität der Personen, die in Greggs Untersuchung verwickelt waren. Anstatt gegen die Maultiere zu ermitteln, entschied sich das GBI dafür, die Namen der Ermittler öffentlich zu machen und sie ins Rampenlicht zu rücken.

Zweitens waren Reynolds' Aussagen schon auf den ersten Blick absurd. Der Anwalt von True the Vote, James Bopp, schrieb in seiner Antwort: »Tatsächlich ungewöhnlich ist die juristische

Analyse, die Direktor Reynolds bezüglich des hinreichenden Tatverdachts vornimmt, denn in anderen Staaten haben ähnliche Informationen durchaus als hinreichender Tatverdacht ausgereicht und zu Verurteilungen im Zusammenhang mit Wahlverbrechen geführt.« Anders gesagt: Geotracking und Videobeweise sind Standardmethoden bei der Bekämpfung von Wahlbetrug, aber Reynolds stellt sich hin und tut so, als reichten die Daten und die Videos nicht für einen hinreichenden Tatverdacht aus.

Vergleichen wir Reynolds' vorgetäuschte Hilflosigkeit mit den Aktionen, die das FBI und Bidens Justizministerium nach den Unruhen vom 6. Januar in die Wege leiteten. Mit exakt denselben Methoden – Geotracking und Videoaufnahmen vom Kapitol – enttarnten sie systematisch Demonstranten, nahmen die Fahndung auf und verhafteten Verdächtige. Da gab es kein müßiges Sinnieren über die Schwierigkeit, einen wie auch immer gearteten Standard für »hinreichenden Tatverdacht« erfüllen zu müssen. Die Mobiltelefone dieser Menschen waren im Kapitol, darüber hinaus gab es teilweise Videobeweise – mehr als genug für einen hinreichenden Tatverdacht. Und wieder einmal sehen wir, wie das Gesetz auf die eine Weise funktioniert, wenn es den Demokraten nützt, und auf eine andere, wenn es den Republikanern nützt.

Noch idiotischer war Reynolds' Beharren darauf, er habe keine Befugnis hinsichtlich dieses Themas. Wenn nicht FBI und GBI systematischem Wahlbetrug nachgehen können, wer dann? Das ist ein schweres Verbrechen, und als solches ist es auch in Georgias eigenen Gesetzen definiert. Diese Taten beeinflussen den Ausgang einer Bundeswahl! Ganz offenkundig fällt dergleichen in den Zuständigkeitsbereich von FBI und GBI. Dennoch erklärte Reynolds, ohne die Miene zu verziehen, dass dem nicht so sei.

Und schließlich verweist Bopp in seinem Schreiben noch darauf, dass »True the Vote sich entschieden hat, die Namen der Informanten nicht zu veröffentlichen. Zum Teil lag das an der heiklen Natur ihrer Enthüllungen und der Gefahr für Leib und Leben, denen sich diese Personen ausgesetzt sähen, würde ihre Identität enthüllt. True the Vote fürchtete, dass Ihr Büro und das GBI zwar Vertraulichkeit zusagten, die Identität der involvierten Personen aber dennoch öffentlich werden könnte. Dass der GBI-Brief an die Medien durchgestochen wurde, hat gezeigt, dass diese Sorge berechtigt war«.[63]

Damit schien die Angelegenheit erledigt, aber Anfang Januar 2022 trat der investigative Journalist John Solomon in der Sendung *Hannity* auf Fox News auf und erklärte, Raffenspergers Büro habe neue Untersuchungen zu illegalem Ballot Harvesting aufgenommen, basierend auf den Beweisen, die True the Vote vorgelegt hatte. Es war das erste Mal, dass ein Bundesstaat auf der Grundlage der Beweise von Catherine und Gregg einen derartigen Schritt einleitete.

In einem Artikel auf seiner Webseite Just the News schreibt Solomon, Raffensperger habe auf neue Informationen reagiert, die True the Vote im November 2021 übergeben hatte und die sowohl Geotrackingdaten als auch Videobeweise umfasste. »Wir verfügen über einige Informationen«, sagte Raffensperger, »und wir werden dem nachgehen.« Raffensperger weiter: »Liefern uns die Menschen glaubwürdige Anhaltspunkte, dann wollen wir sicherstellen, dass wir dem nachgehen. Und aktuell ist dies Thema einer laufenden Untersuchung.«[64]

Wenige Tage später erklärte Raffensperger in der CBS-Sendung *Face the Nation,* er fordere für Georgia einen Verfassungszusatz, wonach es nur amerikanischen Bürgern erlaubt sei, sich an der Wahl zu beteiligen. Indirekt ist das ein Eingeständnis dessen, dass 2020 und bei den Wahlen davor möglicherweise auch Nicht-Staatsbürger gewählt haben. Raffensperger forderte zudem ein landesweites Verbot von Ballot Harvesting – auch dies ein stillschweigendes Eingeständnis, dass eben diese Methoden den Betrug ermöglichten, der bei den Wahlen von 2020 eine so wichtige Rolle spielte.[65]

Was haben Raffenspergers Untersuchungen bislang zutage gefördert? Nicht viel. Sie scheinen im Schneckentempo voranzuschreiten. Bis zum Frühling 2022 gab es nicht eine einzige Vorladung, auch wenn er behauptete, die würden demnächst kommen. Natürlich sind Vorladungen nur der erste Schritt. True the Vote bleibt optimistisch, dass etwas passieren wird – dass Maultiere verhaftet und befragt werden und dass man den Strippenziehern hinter diesem Betrug der Demokraten auf die Schliche kommen wird.

Ich bin mir da nicht so sicher. Wenn ich wetten müsste, würde ich darauf setzen, dass das republikanische Establishment in Georgia die Bösewichte entwischen lässt, denn so sind Republikaner nun einmal: Bloß keinen Ärger machen.

Warum scheinen so viele republikanische Führungspersönlichkeiten den Wahlbetrug der Demokraten einfach zu schlucken? Warum sind ihre neuen Gesetze zur »Wahlintegrität« dermaßen lasch (und machen es den Demokraten bloß ein wenig schwerer, Betrügereien durchzuziehen)? Ein schwerwiegender Grund ist die Angst der Republikaner, als Rassisten hingestellt zu werden – der Standardvorwurf, den Medien, »woke« Unternehmen und

Demokraten erheben, sobald sich die Republikaner gegen Wahlbetrug zur Wehr setzen.

Aber es gibt noch einen weiteren Grund – und der reicht über 40 Jahre bis ins Jahr 1981 zurück.

1981 warfen die Demokraten bei einem Wahlkampf um das Amt des Gouverneurs von New Jersey den Republikanern Wählereinschüchterung vor. Weil sie keinen langwierigen Rechtsstreit wollte, ließ sich die Partei 1982 auf einen gerichtlichen Vergleich ein, der die Möglichkeiten der Republikaner, Wahlbeobachtungen anzustellen, deutlich beschnitt. Da sie nicht auf einer zeitlichen Begrenzung für diese Vereinbarung bestanden, mussten die Republikaner noch fast 4 Jahrzehnte lang in diesen sauren Apfel beißen, und das nicht nur bei Wahlen in New Jersey, sondern im ganzen Land.

Mit der ihnen eigenen Gnadenlosigkeit drängten die Demokraten die Gerichte dazu, die Einigung zu verlängern und die Auflagen sogar noch zu verschärfen. 1987 gab es eine Aktualisierung, 1990 eine Änderung, und später folgten weitere Verlängerungen. Erst 2018 lief die Einigung aus und erlaubte es den Republikanern, endlich wieder normale Wahlbeobachtungsmaßnahmen einzuleiten.[66]

Doch während die Republikaner jahrzehntelang zur Untätigkeit verdammt am Spielfeldrand ausharren mussten, waren die Demokraten nicht untätig, sondern verbesserten ihr Wahlmanagement und ihre Klagestrategien, für die sich dank der Covid-Pandemie ganz ungeahnte Möglichkeiten eröffneten. Die Demokraten drängten auf umwälzende Änderungen der Wahlbestimmungen, und die Republikaner wurden davon auf dem falschen Fuß erwischt. Häufig war ihnen nicht einmal bewusst, was da gerade vor sich ging.

2021 trafen sich Gregg und Catherine mit republikanischen Parlamentariern aus Arizona, um über Gesetze zur Wahlintegrität zu sprechen. Dabei erwähnten die beiden eine Reihe von Konsensvereinbarungen, die Arizonas Innenministerin Katie Hobbs unterzeichnet hatte. Die republikanischen Abgeordneten waren verblüfft, denn sie hörten bei dieser Gelegenheit zum ersten Mal von den Agreements. Die demokratische Innenministerin hatte 2020, ohne die Republikaner zu informieren, bereitwillig Forderungen linker Aktivistengruppen erfüllt und die Wahlbestimmungen im Land geändert.

Als den Republikanern am Wahltag selbst zahlreiche Unregelmäßigkeiten auffielen, wussten sie nicht, was sie nun tun sollten. Allen verzweifelten rechtlichen Bemühungen zum Trotz, standen die Dinge bei Trumps Wahlkampfteam oder dem Republican National Committee (RNC) auch nicht besser. Das Zeitfenster, innerhalb dessen Wahlbetrug nachgewiesen werden musste, war sehr knapp bemessen, und die Ansprüche an die Beweise waren sehr hoch. Gerichte würden sich verständlicherweise schwer damit tun, Wahlergebnisse aufzuheben. Die Republikaner waren also ins Abseits gedrängt worden.

Im unmittelbaren Anschluss an die Wahlen schienen Catherine und True the Vote nach außen hin Stillschweigen zu bewahren. Tatsächlich war die Organisation damit beschäftigt, ihre eigene Rechtsstrategie zu entwickeln. Darin ging es gleichermaßen darum, Gesetze zu schützen und aufzuzeigen, wie Staaten bei den von Zuckerberg finanzierten Wahlbriefkästen, den Maßnahmen zur Wähleraufklärung und den Kampagnen zur Steigerung der Wahlbeteiligung den Schwerpunkt auf überwiegend von Demokraten bewohnte Viertel legten und republikanische Gemeinden benachteiligten. Dem Republikanischen Wähler war hier also identischer Schutz und identisches Recht vorenthalten worden, so die juristische Logik.

Diese Rechtsstrategie schlug True the Vote dem RNC und dem Trump-Wahlkampflager vor. Von allen Klagen war bei dieser die Erfolgsaussicht möglicherweise am höchsten, aber das Lager von Trump entschied sich für einen anderen Weg und versteifte sich auf Verfahrensverstöße. Die Gerichte reagierten darauf unempfänglich, ja, geradezu mit offener Feindseligkeit. Und das RNC schien über gar keine Rechtsstrategie zu verfügen. Dort verlegte man sich vor allem darauf, Geldspenden zu sammeln und ansonsten nicht viel zu tun.

Nachdem die Wahl entschieden war und Biden den Amtseid abgelegt hatte, schien man sich beim RNC damit zu begnügen, nichtssagende und unnütze Protest-Tweets abzusetzen: »In Amerika gibt es keinen Platz für Wahlbetrug.« Und: »Wir werden nicht zulassen, dass die Demokraten die Regeln ändern.« Dabei hatten sie das längst.

Doch während das RNC vor sich hin döste, nahm True the Vote seine eigenen Ermittlungen zum Wahlbetrug auf – und wie sich herausstellte, gab es da jede Menge zu entdecken.

Kapitel 9

Einwände und Gegenargumente

Der Dokumentarfilm *2000 Mules* kam im Mai 2022 heraus und entwickelte sich rasch zur erfolgreichsten politischen Dokumentation der letzten 10 Jahre. Es war sogar der erfolgreichste Dokumentarfilm seit dem Release meines Werks *2016: Obama's America* im Sommer 2012. Die beiden Filme sind nur schwer zu vergleichen, da sie in einem gänzlich anderen Umfeld erschienen. Der Obama-Film lief in den Kinos an, einige Monate später folgte wie üblich die DVD-Veröffentlichung und dann die Verwertung im Fernsehen und in Streamingdiensten.

2000 Mules dagegen war der erste meiner Filme, der in einer Ära der Zensur erschien. Das bedeutete, ich konnte keine Trailer auf YouTube einstellen, und ich konnte keine Anzeigen auf Facebook kaufen. Zudem wollte ich nicht, dass der Film auf Apple iTunes oder Amazon Prime erhältlich war – generell auf keiner Plattform, die ihn unmittelbar nach Erscheinen wieder aus dem Angebot nehmen konnte. Also setzten wir auf eine innovative Vermarktungsstrategie, die aufging – was am Inhalt des Films liegt und auch daran, wie intensiv das Interesse an diesem Thema in den vergangenen 2 Jahren gewesen ist.

Zunächst lief der Film in ungefähr 300 Kinos an. Wir mieteten die Kinos für 2 Tage an, dem 2. und dem 4. Mai, und erwarben praktisch sämtliche Sitze zum vergünstigten Preis. Dann verkauften wir die Eintrittskarten über unsere Website und nutzten ein vergleichsweise kleines Buchungsportal, weil wir von den großen Ticket-Anbietern nicht wieder rausgeworfen werden wollten. Diese Vorgehensweise erwies sich als großer Erfolg, und die meisten Kinos waren voll.

Als Nächstes folgte eine Premiere mit rotem Teppich auf dem Mar-a-Lago-Anwesen, eine prächtige Veranstaltung mit 800 Teilnehmern, »darunter 250 VIPs«, wie meine Tochter Danielle gezählt haben will. Der Kongressabgeordnete Matt Gaetz sagte mir: »Es sind alle da, die bei MAGA Rang und Namen haben.«* Trump hielt eine Rede, aber eigentlich gingen wir davon aus, dass er im Anschluss gehen würde, weil er den Film bereits kannte. (Meine Familie hatte einige Wochen zuvor eine Privatvorführung für ihn veranstaltet; schließlich mieteten wir seine Anlage für unsere Premiere.) Doch nach seiner Rede ließ sich Trump eine große Packung Popcorn bringen und nahm neben mir Platz, um sich *2000 Mules* noch einmal anzusehen.

Unterhaltsam wurde diese Erfahrung für mich durch Trumps Bemerkungen, während der Film lief. »Dinesh«, sagte er. »Diese Anfangsmusik. Wo hast du die her?« »Was meinen Sie?«, erwiderte ich, und er sagte: »Hast du die gekauft? Hat die jemand komponiert?« Ich erklärte ihm, dass wir einen Komponisten beschäftigt hätten. »Mann, das ist gut«, sagt er, und eine Weile darauf: »Dieser Film ist genial. Das wird dein bislang größter Erfolg.«

---

*   Anm. d. Übers.: »Make America Great Again«, kurz MAGA, war der Wahlkampfslogan von Donald Trump und steht mittlerweile sinnbildlich für die Bewegung hinter Trump.

Ich schmunzelte in mich hinein, denn ich weiß, dass Trump Dinge gerne anhand ihrer Quoten bewertet. »CNN, der Sender mit den schlechten Einschaltquoten«, solche Dinge. Und zum Schluss sagte er: »Weißt du, Dinesh, du hast eine wirklich gute Stimme.« Und nach einer Pause: »Das ist gut, weißt du? Ansonsten hättest du jemanden anheuern müssen, der an deiner Stelle als Sprecher durch den Film führt.« Ich erzählte dies im Anschluss Debbie, und sie sagte: »Dieser Trump, das ist vielleicht einer.«

Einige Tage nach unserer großen Premiere folgte eine Online-Premiere, die aus einem spektakulären Kino in Las Vegas übertragen wurde. Den Leuten vom Studio hatte ich gesagt, dass wir mit einer großen Teilnehmerzahl rechneten, und sie erklärten, sie würden technische Möglichkeiten für 10 000 Zuschauer schaffen, was problemlos reichen sollte. Zu ihrem großen Erstaunen kauften dann über 80 000 Menschen Tickets über unsere Webseite, und die Technik musste sich mächtig ins Zeug legen, um die erforderliche Bandbreite für den Stream bereitstellen zu können.

Zum Glück gelang das, und die Premiere war ein durchschlagender Erfolg. Menschen aus dem ganzen Land fanden sich zur Mutter aller Zoom-Meetings vor ihren Bildschirmen ein. Durch das Eröffnungsprogramm führte meine Tochter Danielle, meine Frau Debbie sang die Nationalhymne, dann folgte der Film und im Anschluss eine lebhafte Fragerunde mit Gregg, Catherine, dem Salem-Moderator Eric Metaxas und mir.

Der Film konnte nur über zwei Plattformen gestreamt oder digital heruntergeladen werden, bei Salems Media-Plattform Salem-NOW und bei Locals, einer Plattform, die zu Rumble gehört. Locals hatte nie zuvor einen Film angeboten; für die Mitarbeiter dort war es der Versuch, Filmschaffenden zu zeigen, dass die Plattform für den Vertrieb von Spielfilmen, Comedy-Specials und anderen längeren Inhalten geeignet ist. Rumble-CEO Chris Pavlovski sagte mir:»Dinesh, wenn wir das mit dir zum Laufen bringen, hast du geholfen, die Regeln des Internets neu zu schreiben.« Und das haben wir getan – allein Locals nahm mit dem Stream von *2000 Mules* knapp 5 Millionen Dollar ein.

Der Erfolg des Films führte dazu, dass unabhängige Kinos aus dem ganzen Land anfragten, ob wir *2000 Mules* nicht auf normalem Weg veröffentlichen wollten. Also startete der Film in 400 Kinos erneut – vor allem bei Cinemark und unabhängigen Häusern – und lief dort 3 Wochen recht anständig. Für einen Kinofilm waren die Einnahmen zwar verhältnismäßig bescheiden, aber in diesem Fall hatte der Film ja bereits als Stream und als digitaler Download zur Verfügung gestanden, der übliche Fahrplan für eine Filmveröffentlichung war also komplett auf den Kopf gestellt worden.

Über eine Vertriebsfirma konnten wir unsere DVDs bei Walmart anbieten, wo sie sich sofort zu einem Bestseller entwickelten, und bei Amazon, wo die DVD mehrere Wochen lang die Spitzenposition in der Kategorie»Spielfilme und TV-Shows« besetzte. Alles in allem spielte *2000 Mules* in den ersten 6 Wochen über 13 Millionen Dollar ein, eine erstaunliche Summe für eine politische Dokumentation, die unter derartigen Einschränkungen auf den Markt gekommen war.

Am wichtigsten war allerdings, welchen Einfluss der Film hatte. Ich spreche von dem enormen Widerhall in den konservativen Medien – obwohl Fox News Channel sich weigerte, auch nur den Namen des Films zu nennen – und den gleichermaßen intensiven Reaktionen in den sozialen Medien. Erstaunlicherweise gehörte *2000 Mules* eine Woche lang zu den Topthemen auf Twitter. Als mir auffiel, dass *2000 Mules* nicht mehr trendete, bemerkte ich, dass dafür »Dinesh« zum Trendthema geworden war. Und als weder »Dinesh« noch »*2000 Mules*« unter den Top-Hashtags mehr zu finden waren, bemerkte meine Frau, dass nun »D'Souza« ein Trendthema war. Die kulturellen Auswirkungen des Dokumentarfilms lassen sich auch an dem Erfolg von Rapper Forgiato Blow mit seinem Lied *2000 Mules* ablesen, das bei YouTube gebannt wurde, aber vorher schon Hunderttausende Male abgerufen worden war.

Den enormen Einfluss des Films haben im Juni 2022 auch die Meinungsforscher von Rasmussen Reports dokumentiert. Bei einer bemerkenswerten Umfrage gaben 15 Prozent der Wahlberechtigten – also um die 20 Millionen Menschen – an, sie hätten den Film gesehen. »Von den Wählern, die *2000 Mules* gesehen haben, erklärten 85 Prozent der Republikaner, 68 Prozent der Demokraten und 77 Prozent derjenigen, die sich keiner Partei zugehörig fühlen, der Film habe ihre Überzeugung gestärkt, dass bei den Wahlen von 2020 systematischer und weitverbreiteter Betrug stattgefunden hat.«

Rasmussen weiter: »Von den Wählern, die die Dokumentation gesehen haben, erklärten 78 Prozent, sie würden anderen *2000 Mules* weiterempfehlen, unabhängig davon, ob diese ihre politischen Ansichten teilen. Bei den Republikanern betrug dieser Wert 84 Prozent, bei den Demokraten 73 Prozent und bei den Wählern ohne Parteizugehörigkeit 74 Prozent.«[67]

Die verblüffende Erkenntnis: Die Dokumentation gibt nicht nur Republikanern recht, die seit langem Manipulationen vermutet hatten. Nein, sie überzeugt auch eine klare Mehrheit der Unabhängigen und der Demokraten, dass im Gegensatz zu dem, was sie rund um die Uhr in den Medien zu hören bekommen, bei den vergangenen Präsidentschaftswahlen Betrug seitens der Demokraten ein weitverbreitetes Phänomen gewesen ist.

Spürbar wurden die Folgen der Dokumentation auch in Yuma County, Arizona, wo Sheriff Leon Wilmot neue Untersuchungen zu bezahltem Stimmenhandel im Zusammenhang mit den Wahlen 2020 einleitete. Wilmot erklärte, er untersuche Identitätsbetrug, falsche Registrierungen, doppelte Stimmabgaben und betrügerische Nutzung von Briefwahlunterlagen.

Nach dieser Ankündigung durchsuchten zwei uniformierte Polizisten und zwei Zivilermittler aus dem Büro des Generalstaatsanwalts von Arizona die Räumlichkeiten der gemeinnützigen Organisation Comité de Bien Estar. Geleitet wird Comité de Bien Estar vom Demokraten Tony Reyes, dem Vorsitzenden des Yuma County Board of Supervisors. Der Haftbefehl erlaubte es den Beamten, das Telefon von Gloria Torres zu beschlagnahmen und ihre Wohnung zu durchsuchen. Torres arbeitet für die Organisation und sitzt im Stadtrat von San Luis. Sie wird verdächtigt, illegalen Stimmenhandel koordiniert zu haben, was eine Gefängnisstrafe nach sich ziehen könnte.

Torres saß 2 Jahrzehnte lang im Schulvorstand der Gadsden Grundschule und ist eine politische Verbündete von Guillermina Fuentes, einer ehemaligen Bürgermeisterin von San Luis und Mitglied im Schulvorstand der Gadsden Grundschule. Zu dem Zeitpunkt, als *2000 Mules* erschien, musste sie sich wegen Stimmenhandels vor Gericht verantworten, wobei sie von einem wahren Aufgebot an renommierten Anwälten mit Verbindungen zur Demokratischen Partei unterstützt wurde. Nur wenige Tage nach Erscheinen des Films plädierte sie nicht länger auf »unschuldig«, sondern änderte ihr Bekenntnis in »schuldig«. Sheriff Wilmot untersucht eigenen Aussagen zufolge 16 ähnliche Fälle von Wahlbetrug in Yuma County.[68]

Der Reporter Jerod MacDonald-Evoy vom *Arizona Mirror* machte sich Gedanken, welche Rolle der Film bei diesen Ereignissen gespielt haben könnte, also führte er ein Interview mit dem Sheriff. Anschließend beteuerte er gegenüber seiner Leserschaft: »Der Sheriff von Yuma ermittelt nicht aufgrund von *2000 Mules* wegen Wahlbetrug.« In dem Artikel wird der Sheriff mit den Worten zitiert, sein Büro gehe »seit über einem Jahr gemeinsam mit der Bezirksverwaltung von Yuma County und dem Büro des Generalstaatsanwalts von Arizona gründlich Vorwürfen von Wählerfehlverhalten nach«.[69]

Das sieht David Lara, der Guillermina Fuentes als Erster dabei filmte, wie sie mehrere Stimmzettel in Wahlbriefkästen einwarf, anders. Er sagt, das Büro des Sheriffs habe die Angelegenheit 18 Monate lang ausgesessen und erst nach Erscheinen des Films sei Bewegung in die Sache gekommen. Lara sagte Chanel Rion vom One America News Network, für ihn stehe außer Frage, dass der Film Generalstaatsanwalt Mark Brnovich und den Sheriff von Yuma veranlasst habe, ihre öffentliche Bekanntgabe zu machen.

Erinnern wir uns: True the Vote ist seit über einem Jahr in Yuma aktiv. Es war einer der ersten Orte, an denen Gregg und Catherine auf Unregelmäßigkeiten stießen. True the Vote hat sowohl die örtlichen Behörden in Yuma wie auch das Büro des Generalstaatsanwalts von Arizona informiert. Diese Informationen – im Film gebündelt und dramatisiert – führten zu den Verhaftungen, der Durchsuchung und der folgenden ausgeweiteten Ermittlung. Nichts, was der Sheriff gesagt hat, steht im Widerspruch zu diesen Fakten.

Mehr noch: Kurz nach Erscheinen der Story im *Arizona Mirror* schrieb ich auf Twitter, wenn die angekündigten Ermittlungen des Sheriffs nichts mit *2000 Mules* zu tun haben, dann stellen sie eine unabhängige Bestätigung für den Wahrheitsgehalt dessen dar, was in der Dokumentation behandelt wird. Vor dem Film sprach niemand über illegalen Stimmenhandel, nun waren die Behörden in Arizona plötzlich dabei, die Maultiere zu demaskieren und aufzuzeigen, dass es sich bei deren Tun um kriminelle Aktivitäten handelt, die verfolgt werden können und müssen.

Die Wellen, die *2000 Mules* schlug, sorgten bei der Linken für eine starke Gegenreaktion. Wie abzusehen, bestand der erste Impuls darin, dem Film seine Bedeutung abzusprechen und ihn einfach nur als die neueste Verschwörungstheorie abzutun, bei der man sich gar nicht erst die Mühe machen müsse, sie zu widerlegen. Diese Herangehensweise wählte Kaleigh Rogers auf der Website FiveThirtyEight des progressiven Meinungsforschers Nate Silver. Unter der Überschrift »Es gibt mehr als eine ›Große Lüge‹« begann der Artikel mit der Bemerkung: »Es gibt einen Berg unbegründeter, sich überlappender Behauptungen, die innerhalb des lähmenden Biodoms der ›Großen Lüge‹ aufeinandergetürmt werden: Wähler, die mehrfach wählen; Tote, die wählen; Wahlmaschinen, die Stimmen verschieben; ausländische Nationen, die sich ins System hacken, um Ergebnisse zu verfälschen.«

Die »Große Lüge« sei Rogers zufolge in Wahrheit eine Mischung von Lügen, eine »À-la-carte-Verschwörungstheorie … bei der sich Anhänger nach Belieben herauspicken, was ihrer Meinung nach gut klingt, und links liegen lassen, was nicht so gut klingt«. Dieser Artikel erschien im Februar 2022, also kurz nachdem ich den ersten Trailer veröffentlichte. Rogers hatte den Film also noch nicht einmal gesehen – wie denn auch, es waren ja noch 3 Monate hin bis zum Release.

Was Rogers damit zum Ausdruck bringen wollte: Die im Trailer erwähnten Geotracking- und Videobeweise erforderten keine weitere Überprüfung. Man konnte sie – zusammen mit allen weiteren Beweisen, die True the Vote angehäuft hatte – getrost abtun und auf die große Müllhalde der Betrugstheorien werfen, frei nach dem Motto: »Wenn es für die anderen Theorien keine Beweise gibt, dann muss es bei dieser genauso sein.« Aber diese Schlussfolgerung ist natürlich völlig falsch. Selbst wenn sich frühere Theorien als haltlos erwiesen haben, muss diese für sich betrachtet werden. Das hat der Artikel nicht getan und FiveThirtyEight hat auch später keine Analyse veröffentlicht, in der dies nachgeholt wurde.

Erstaunlicherweise findet sich dieselbe Unlogik aus dem FiveThirtyEight-Artikel in einem Text, der im Mai 2022 – also *nach* Veröffentlichung des Films – in der *New York Times* erschien. Alexandra Berzon, die den Text zusammen mit Danny Hakim verfasste, hatte den Film gesehen. Das weiß ich, weil sie am 4. Mai bei unserer Premiere in Mar-a-Lago anwesend war und ich mich mit ihr darüber unterhalten hatte. Berzon, eine verdrossen wirkende, korpulente Frau, ähnelt auf verblüffende Weise einem der weiblichen Maultiere aus unserem Film – bis sie sich vorstellte, hatte ich mich tatsächlich gefragt, ob sich eines unserer Maultiere irgendwie Zugang zu der Premierenveranstaltung verschafft hatte.

Hakim und Berzon beginnen ihren Artikel mit Beispielen, die für Hohn und Spott sorgen sollen: »Software aus Venezuela, die Stimmen vertauscht. Wahlmaschinen, die von den Chinesen gehackt wurden. Überprüfung auf verräterische Bambusfasern, die beweisen könnten, dass Stimmzettel aus Asien eingeflogen wurden.« Nichts davon stammt aus dem Film oder hat irgendetwas damit zu tun. Und dennoch wählen Hakim und Berzon diese Beispiele als Vorspiel für die Behauptung: »Trump präsentiert seine allerneuste Verschwörungstheorie rund um die Wahl«.[70]

Auf den Webseiten Daily Beast und Mediaite habe ich zwei Überschriften gesehen, die im Grunde dasselbe besagen. Hier die von Daily Beast: »Dinesh D'Souzas Dokumentation über die böse ›Große Lüge‹ ist selbst Fox zu blöd. Ich habe mir den Mist angesehen, damit Sie es nicht müssen – und glauben Sie mir, das wollen Sie auch nicht.« Und hier die von Mediaite: »Die *Washington Post* hat sich den Film von Dinesh D'Souza zur Wahl von 2020 angesehen und die Fakten gecheckt, damit Sie das nicht tun müssen.« Bemerken Sie, wie Medien das Faktenchecken anderer Medien recyceln? Und bemerken Sie auch, wie bemüht die Linke ist, dafür zu sorgen, dass ihr eigenes Publikum diesen Film nicht sieht? Das könnte mit den Ergebnissen der Rasmussen-Umfrage zusammenhängen, wonach der Film auch Unabhängige und sogar Demokraten überzeugt.

Als der Linken und den Mainstreammedien klar wurde, dass pauschales Aburteilen nicht ausreicht und eine ausführlichere Besprechung des Films unausweichlich sein würde, wurden bei Medienunternehmen wie Associated Press, PolitiFact, Reuters und *Washington Post* die »Faktenchecker« von der Leine gelassen. Als eifrigster *2000-Mules*-Kritiker erwies sich Philip Bump, Korrespondent der *Washington Post*. Er verfasste nicht weniger als ein Dutzend Artikel über die Dokumentation, beginnend Anfang 2022. Er ließ sich auf eine lange, streitlustige Fragerunde mit mir ein, die eine Stunde dauerte. Das Transkript auf der Webseite der *Washington Post* umfasst mehrere Tausend Wörter.

Doch nicht nur die Linke hatte etwas an dem Film zu kritisieren, auch der »Never Trump«-Flügel der Republikaner und das rechte Establishment nahmen Anstoß. Die Abgeordnete Liz Cheney aus dem Untersuchungsausschuss zum 6. Januar erklärte während der Anhörungen, der Film sei widerlegt. Belege dafür oder auch nur Quellen für diese vermeintliche Widerlegung präsentierte sie nicht. Die »Never Trump«-Webseite The Dispatch führte ihren eigenen Faktencheck durch und kam zu dem Schluss: »Die Theorie des Films zum Ballot Harvesting ist voller Löcher.« Ben Shapiro nahm in seinem Podcast eine ausführliche Besprechung des Films vor. Das Ergebnis war nicht durchweg negativ, aber Shapiro erklärte die These des Films für nicht überzeugend. Auf seine zentralen Kritikpunkte werde ich in diesem Kapitel eingehen.

Beginnen wir mit dem Refrain vieler Kritiker, wonach das Geotracking von Mobiltelefonen nicht verlässlich genug sei, um Maultieren Wahlbriefkästen zuordnen zu können. Bump schreibt: »Kann eine Handy-Geolokalisierung unterscheiden, ob jemand eine Bücherei besucht oder einen Wahlbriefkasten in dieser Bibliothek aufsucht?« Bump zitiert eine Quelle, die behauptet, Geotracking sei »auf möglicherweise 10 Meter genau«. Weil »Mobiltelefone regelmäßig, aber nicht ständig Ihre Position aufzeichnen«, hieße dies: »Ein Ping direkt neben einem Briefkasten vor einer Bibliothek kann bedeuten, dass Sie einen Stimmzettel einwerfen oder Sie auf dem Weg ins Gebäude gerade daran vorbeigehen. Oder Sie fahren draußen auf der Straße daran vorüber.«[71]

Und Ali Swenson von Associated Press: »Fachleute sagen, selbst die allermodernsten Lokalisierungsdaten von Mobiltelefonen können ein Smartphone nur bis auf wenige Meter Genauigkeit tracken – das ist nicht nah genug, um zu wissen, ob jemand tatsächlich einen Stimmzettel eingeworfen hat oder dort einfach vorbeigegangen oder vorbeigefahren ist. Mehr noch: Wahlbriefkästen stehen häufig bewusst an belebten Stellen, etwa auf dem Uni-Campus, an Büchereien, staatlichen Gebäuden und Wohnanlagen. Angestellte von

Lieferdiensten, der Post, Taxiunternehmen, mit der Wahl betraute Personen und Amtspersonen haben allesamt legitime Gründe dafür, mehrmals täglich an zahlreichen Briefkästen oder gemeinnütziger Organisationen vorbeizukommen.«[72]

Und nun kommt unglaublicherweise auch noch der ehemalige Justizminister Bill Barr mit seiner Aussage vor dem Kongressausschuss, der die Vorgänge vom 6. Januar untersuchte. Die Geotrackingbeweise im Film hätten ihn »nicht beeindruckt«, sagte Barr und erklärte: »Nehmen Sie 2 Millionen Mobiltelefone und finden Sie heraus, wo sie sich in einer großen Stadt wie Atlanta oder sonst wo aufgehalten haben. Allein schon definitionsgemäß werden Sie Hunderte finden, die sich bei diesen Briefkästen aufgehalten und in der Nachbarschaft Zeit verbracht haben. Die Prämisse, wonach man an einem Briefkasten vorbeigeht ... von mir aus auch an fünf Briefkästen oder wie viele es waren ... und schon weiß man, dass es sich um ein Maultier handelt, ist schlicht nicht haltbar.«[73]

Einige Anmerkungen dazu: Erstens können wir aus eigener Erfahrung bestätigen, dass das Geotracking von Mobiltelefonen sehr genau ist. Hier ein Tweet, den jemand am 21. Mai 2022 machte: »Ich höre Leute von links immer wieder sagen, *2000 Mules* sei Quatsch, weil Geotracking bei Handys nicht genau genug ist. Ich habe am Flughafen Miami neulich ein Uber bestellt, und mein Telefon wusste, dass ich an Gate J vor Tür Nummer 28 stehe.«[74]

In eine ähnliche Richtung geht ein Vorfall, von dem mir ein Freund erzählte. Er hatte beim Wandern sein Handy verloren und konnte es im hohen Gras nicht finden. Er startete auf einem seiner anderen Geräte eine »Finde mein Telefon«-Suche und voilà – sie führte ihn direkt zu seinem Smartphone. Mein Freund witzelte: »Nicht etwa lotste mich die Anwendung bis auf 10 Meter an mein Telefon heran. Sie führte mich direkt zu meinem Smartphone.« Was diese Anekdote so wichtig macht, ist, dass wir alle dieses Experiment für uns wiederholen können.

In einem ausführlichen Bericht (»One Nation, Tracked«) bestätigte die *New York Times* schon 2019, wie präzise Geotracking funktioniert. Die Autoren folgten mithilfe von Geotrackingdaten den Bewegungen mehrerer Personen im Weißen Haus, dem Pentagon und sogar auf dem Mar-a-Lago-Anwesen. Ein beispielhaftes Zitat: »Ein einzelner Punkt erschien auf dem Bildschirm und stand für die exakte Position, an der sich um 7:10 Uhr morgens eine Person aus dem Gefolge von Präsident Trump aufhielt. Sie schlenderte ungefähr eine Stunde lang auf dem Gelände des dem Präsidenten gehörenden Clubs Mar-a-Lago in Palm Beach, Florida, herum, wo auch der Präsident verweilte.« Und noch ein Zitat: »Die überprüften Daten stammen von einem Lokalisierungsunternehmen, einem von Dutzenden derartiger Betriebe, die präzise Bewegungsdaten sammeln. Dazu nutzen sie Software, die in Mobilfunk-Apps geschleust wurde. Sie können sehen, wo Sie sich zu jedem Zeitpunkt des Tages aufgehalten haben, mit wem Sie sich getroffen haben, mit wem Sie die Nacht verbracht haben, wo Sie beten, ob Sie eine Entzugsklinik aufsuchen, einen Psychiater oder einen Massagesalon.«[75]

Etwa zu der Zeit, als die Dokumentation veröffentlicht wurde, berichteten die Medien darüber, dass die Seuchenschutzbehörde Centers for Disease Control (CDC) Mobilfunkdaten gekauft hatte, um zu kontrollieren, ob Personen die Social-Distancing-Bestimmungen einhalten. Da fragt man sich: Wie würden die CDC das überprüfen können, wenn Geotracking nicht auf höchstens 2 Meter genau ist?

2018 verhandelte der Oberste Gerichtshof den Fall »Carpenter gegen die Vereinigten Staaten«, bei dem es um digitale Privatsphäre ging. Der Vorsitzende des Obersten Gerichtshofs, Chief Justice John Roberts, schrieb: »Wenn die Regierung den Standort eines Mobiltelefons überwacht, erreicht sie eine Überwachungsgenauigkeit, die nahezu genauso perfekt ist, als hätte sie eine Fußfessel am Telefon des Nutzers angebracht.«[76]

Die konservative Webseite Gateway Pundit führte ein Interview mit dem Technologie-Guru David Sinclair, dem Gründer von Volta Wireless. Das Unternehmen stellt Software und Dienstleistungen zur Verfügung, mit denen Sie verhindern können, dass Ihr Netzwerkbetreiber Ihren Standort, Ihre Identität und Ihre Internetaktivität trackt. Außerdem schützt sie Nutzer vor Geotracking durch Staat oder Technologiekonzerne. Sinclair sagte: »Ich habe den Film gesehen. Ich habe die Gegenargumente von AP und anderen gelesen. Klar ist, dass eine Vielzahl der Faktenchecker nicht über die technischen Grundlagen verfügen, um Kommentare der Art abzugeben, wie sie das getan haben.«

Sinclair sagte: »Diese Telefone nutzen GPS-Daten. Außerdem nehmen sie mithilfe der Sendemasten Triangulationen vor. Diese Technik kommt seit langer Zeit zum Einsatz, um den Standort von etwas zu bestimmen. Man hat an einem Punkt eine Richtantenne, die einen Standort ermittelt, und man hat an einem anderen Punkt eine andere Richtantenne, die denselben Standort ermittelt. Kombiniert man diese Informationen, kann man bis auf einige wenige Fuß genau herausfinden, wo sich etwas befindet.«[77]

Es ist paradox, aber die heftige Kritik, die eine Datenschutzorganisation namens Electronic Frontier Foundation (EFF) an *2000 Mules* übte, bestätigt, wie genau das Geotracking von Mobiltelefonen ist. EFF veröffentlichte einen Artikel unter der seltsamen

Überschrift: »Die wahren Bösewichte des Films *2000 Mules* sind Datenhändler und True the Vote.« True the Vote sei verdammungswürdig, weil die Organisation »in großem Stil die Standortdaten von Tausenden Menschen durchforstet hat, ohne deren Zustimmung oder auch nur Wissen«. Das sei eine Erinnerung daran, »dass wir das Geschäft zwielichtiger Datenhändler aufhalten müssen, die diese massive Verletzung ermöglicht haben.«[78]

Die Bemühungen der EFF um besseren Datenschutz finde ich nicht grundsätzlich schlecht, aber es ist schon interessant, dass sich die Organisation praktisch überhaupt nicht dazu äußert, wenn das FBI Geotracking dafür nutzt, Demonstranten vom 6. Januar hochzunehmen, dass sie nichts sagt, wenn die CDC und andere Behörden Geotracking nutzen, um das Verhalten von Bürgern zu überwachen, und dass sie unverbindlich bleibt, wenn Unternehmen diese Daten für E-Commerce-Zwecke verwenden. Doch wenn jemand das Geotracking dafür verwendet, Wahlbetrug nachzuweisen, erfolgt der große Aufschrei?

Weiter heißt es in dem Artikel, dass die GPS-Daten von Mobiltelefonen »bis auf 5 Meter genau sind«. 5 Meter sind etwa 16 Fuß – das wäre doppelt so präzise, wie es Bump in seinem Artikel für die *Washington Post* behauptet hat. Mit ihrer Beschwerde widerspricht die EFF also den linken Faktencheckern. Die EFF behauptet nicht, Geotracking sei ungenau, ganz im Gegenteil: Sie sagt, weil Geotracking dermaßen präzise ist, sollten Gruppen wie True the Vote es nicht dafür einsetzen dürfen, das Verhalten Dritter zu kontrollieren.

Schön und gut, aber True the Vote hat bloß Technologie angewendet, die bereits in zahllosen anderen Bereichen zum Einsatz kommt, und auf den Stimmenhandel übertragen. Mehr noch: Gregg Phillips sagt, das Geotracking von Mobiltelefonen sei deutlich genauer, als es selbst die EFF angibt. Er hat ausgesagt, dass die Genauigkeit bei günstigen Bedingungen 45 Zentimeter betragen kann. Aber unabhängig davon, ob die korrekte Antwort nun 45 Zentimeter, 5 Meter oder 10 Meter beträgt – die grundsätzliche Aussagekraft der Forschungsarbeit von True the Vote hat weiterhin Bestand. Selbst die skeptischste Einschätzung, was die Genauigkeit der Geolokalisierungsdaten angeht, kann nicht diskreditieren, was True the Vote über die Maultiere zusammengetragen hat.

Warum? Weil True the Vote sehr strenge Kriterien angelegt hat: Maultiere mussten zehn oder mehr Wahlbriefkästen aufsuchen und fünf oder mehr linksgerichtete gemeinnützige Organisationen. Welchen Grund gibt es, sich zehn oder mehr Briefkästen und zahlreichen Stimmzetteldepots auf 10 Meter oder weniger zu nähern? Vergessen wir nicht, dass Wahlbriefkästen einzig und allein dafür da sind, dass man dort Stimmzettel einwirft. Wir sprechen nicht über die Briefkästen der amerikanischen Post, die man möglicherweise mehrmals am Tag aufsucht, um Rechnungen und Briefe aufzugeben. Es gibt nur einen einzigen Grund, einen Wahlbriefkasten aufzusuchen – um Stimmzettel einzuwerfen (oder, falls Sie ein Wahlmitarbeiter sind, um den Briefkasten zu leeren).

Ich habe dieses Thema in den sozialen Medien diskutiert, da ging ein Linker auf mich los und erklärte, er könne anhand meiner Handydaten zeigen, dass ich mich in der Nähe mehrerer Schwulensaunen aufgehalten habe. Und er fragte, wie mir denn der Vorwurf gefallen würde, dass ich Badehäuser für Schwule aufsuche, wenn er das dadurch belegen könne, dass mein Telefon in messbarer Distanz zu diesen Adressen lokalisiert wurde? Ich erwiderte, wenn mein Handy über einen Zeitraum von 2 Wochen in einem Radius von beispielsweise 10 Metern um zehn oder mehr

Badehäuser für Schwule lokalisiert worden sei, wäre die Annahme durchaus vernünftig, dass ich dort regelmäßig einkehre.

True the Vote ging sogar so weit, das Verhaltensmuster dieser Maultiere während der Wahlphase (1. Oktober 2020 bis zum Wahltag) mit ihrem Verhaltensmuster vor und nach diesem Zeitraum abzugleichen, um zu sehen, ob diese Personen aus irgendeinem bizarren und auf den ersten Blick nicht ersichtlichen Grund exakt diese Standorte regelmäßig aufsuchten. Taten sie nicht, wie sich herausstellte. Anders gesagt: Es handelte sich um Kuriere, die ihre Touren zu den Wahlbriefkästen absolvierten, nicht um gewöhnliche Bürger, die zu nächtlichen Spaziergängen neigten oder Bücher zur Bibliothek zurückbrachten.

Wer sich mit dem Geotracking von Handys auskennt, weiß, dass es etwas anderes ist, an einem Objekt vorbeizugehen oder direkt auf dieses Objekt zuzusteuern. Der Unterschied lässt sich ganz einfach feststellen, indem man die Bewegungen des Mobiltelefons grafisch als blinkenden Punkt darstellt. Auf diese Weise lässt sich auf einen Blick erkennen, ob der Punkt sich an einem Briefkasten vorbeibewegt (langsam, wenn die Person zu Fuß geht, oder rasch, wenn sie fährt) oder ob der Punkt zu dem Briefkasten geht, dort innehält, sich dann zurück zu seinem Ausgangspunkt (häufig einem Auto) bewegt und auf den Weg zum nächsten Briefkasten macht. Und greifen wir noch einmal das Beispiel auf, das Philip Bump ins Feld geführt hat: Es gibt also einen offenkundigen Unterschied zwischen dem Besuch einer Bücherei oder dem Aufsuchen eines Wahlbriefkasten, der vor eben diesem Gebäude steht.

Bill Barr scheint diese Unterscheidung fremd zu sein. Irrtümlicherweise glaubt er wohl, dass Personen, die zufällig an Wahlbriefkästen vorbeischlendern oder vorbeifahren, zu Unrecht als

Maultiere gezählt würden. Was für ein Unfug! Nach Barrs Logik (oder besser »Unlogik«) hätte das FBI damit keine Möglichkeit gehabt, die Demonstranten vom 6. Januar individuell zu identifizieren und zu sagen, diese Person hat sich außerhalb des Kapitols aufgehalten, jene Person mehrere Meter innerhalb des Gebäudes, denn in Washington kommen Hunderttausende Menschen am Kapitol vorbei. Aber die Anklageschriften von Bidens Justizministerium nehmen genau diese Unterscheidung vor, und man sollte meinen, als ehemaliger oberster Gesetzeshüter des Landes müsste Barr wissen, was die Technik zu leisten vermag, die regelmäßig zur Aufklärung von Verbrechen und zur strafrechtlichen Verfolgung von Kriminalfällen eingesetzt wird.

Barr scheint nicht nur keine Ahnung zu haben, was Geotracking angeht, er scheint auch nicht zu wissen, was in dem Film tatsächlich zu sehen war. In seiner Aussage erklärt Barr zwei Mal, er suche nach »Fotografien«, die ein und dasselbe Maultier an unterschiedlichen Standorten zeigen, tatsächlich aber gibt es in der Dokumentation keinerlei derartige Fotos, sondern vielmehr Überwachungsvideos, welche die Bundesstaaten selbst aufgezeichnet haben. Als ich Barrs Äußerungen hörte, dachte ich im Stillen: »Hat dieser Typ den Film überhaupt gesehen? Wie unverantwortlich von ihm, sich über eine Dokumentation zu äußern, die er sich gar nicht oder zumindest nicht sehr aufmerksam angeschaut hat.«

Ein ähnliches Gefühl beschlich mich bei der Lektüre von Ali Swensons Artikel für w Wenn man berücksichtigt, was für Videos im Film gezeigt werden, welchen Sinn ergeben da Swensons Bemerkungen, statt um Maultiere könne es sich um Taxifahrer, Lieferdienstkuriere, Postangestellte, Wahlmitarbeiter oder Amtsträger handeln? Ja, Taxifahrer können durchaus an Wahlbriefkästen vorbeifahren, aber warum sollten sie dort hingehen? Dasselbe gilt für Lieferdienstkuriere. Auch Amtsträger haben keinen Grund, zahlreiche Wahlbriefkästen aufzusuchen.

Wahlmitarbeiter haben natürlich einen Grund – aber nur den, die Kästen zu leeren. Die Maultiere auf den Videos holen aber keine Stimmzettel aus den Briefkästen oder füllen Formulare aus. Nein, wir sehen sie, wie sie zahlreiche Stimmzettel in die Briefkästen stopfen. Die angeführten Beispiele sind also albern, und dies umso mehr für jemanden, der den Film tatsächlich gesehen hat.

Tom Dreisbach vom National Public Radio (NPR) beschloss, *2000 Mules* aus einer anderen Richtung anzugreifen, sozusagen von der Seite. Sein Artikel trug die Überschrift:»Ein Pro-Trump-Film suggeriert, seine Daten seien so genau, dass sie einen Mordfall lösten. Das ist falsch.«[79] Wie Sie sehen, müht sich Dreisbach bereits in der Überschrift, den Dokumentarfilm als»Pro-Trump-Film« zu diffamieren. Der Film ist 90 Minuten lang, Trump kommt darin ungefähr 60 Sekunden lang vor. Bei *2000 Mules* geht es um die Integrität unserer Wahlen, nicht um Trump, auch wenn es sich bei ihm natürlich um den Kandidaten handelt, der 2020 um den Wahlsieg betrogen wurde.

Sehen wir uns Dreisbachs Faktencheck an, denn wir haben es hier mit einem absoluten Klassiker des Genres zu tun. Es geht los mit der Prämisse: *2000 Mules* behaupte, einen Mordfall gelöst zu haben. Im Film zeigt Gregg Phillips einen Kreis auf einer Landkarte und sagt, der Kreis umfasse die»einzigen möglichen Schützen«. Weiter erklärte er, er habe»den Großteil dieser Informationen dem Federal Bureau of Investigation übergeben«. Ich sage: »Ich habe gelesen, dass sie zwei Verdächtige verhaftet haben.« Phillips erwidert:»Das haben sie.« Wo in diesem Gespräch behaupten Gregg oder ich, einen Mordfall aufgeklärt zu haben? Dass man die Handy-ID potenzieller Schützen identifiziert hat, identifiziert wie genau auch den Mörder? Natürlich hat das zu bestimmten Verdachtsmomenten geführt. Natürlich ist diese Information hilfreich für die Gesetzeshüter. Natürlich müssen die Gesetzeshüter herausfinden, welche dieser Handy-IDs zu dem tatsächlichen Übeltäter oder den tatsächlichen Übeltätern führen. Dreisbach baut einen Strohmann auf (»Diese Typen behaupten, sie hätten einen Mordfall aufgeklärt.«), um dann erklären zu können:»Alles gelogen.«

Dreisbachs Trumpfkarte (zumindest in seiner Vorstellung) ist die Behauptung, True the Vote habe ihre Geotrackingdaten im Oktober 2021 dem FBI übergeben, dabei »haben Behörden in Georgia bereits im August 2021 zwei Verdächtige im Zusammenhang mit dem Mord an Secoriea Turner verhaftet und anklagen lassen«. Ja und? Inwiefern steht das zu irgendetwas aus dem Film im Widerspruch?

Will Dreisbach andeuten, die Geotrackinginformationen seien nutzlos, weil sie nach den Verhaftungen zur Verfügung gestellt wurden? Für Staatsanwaltschaft und Ermittler ist es normal, Ermittlungen fortzuführen, obwohl Verdächtige verhaftet worden sind. Tauchen nach einer Verhaftung neue Informationen auf, tragen sie oft dazu bei, die Vorwürfe gegen den Angeklagten zu erhärten. True the Vote und ich wollten hier nur eines zum Ausdruck bringen: Dieselbe Geotrackingtechnologie, die helfen kann, Mordverdächtige zu identifizieren, wurde dazu verwendet, Maultiere beim Stimmenhandel zu identifizieren.

Aber Dreisbach ist noch nicht fertig. Er schreibt: »NPR kontaktierte das GBI«, also das Georgia Bureau of Investigation, um zu überprüfen, ob Gregg und Catherine der Behörde tatsächlich Informationen übergeben haben. Dreisbach zitiert Nelly Miles, GBI-Direktorin für Public & Governmental Affairs: »Das GBI hat von True the Vote keinerlei Informationen erhalten, die im Zusammenhang mit den Secoriea-Turner-Ermittlungen standen.« Und Dreisbach legt nach: »Ein Anwalt der Familie von Secoriea Turner sagte NPR, sie hätten ebenfalls noch nie von der Analyse gehört, die Engelbrecht und Phillips vorgenommen hatten.«

Dabei sagt Gregg Phillips im Film unmissverständlich, er habe die Geotrackinginformationen dem FBI, nicht dem GBI übergeben. Wir sprechen hier über völlig unterschiedliche Organisationen mit eigenen Büros und eigenem Personal, die unabhängig voneinander Ermittlungen durchführten. Greggs Behauptung ließe sich also nur widerlegen, indem man das FBI fragt. Das hat Dreisbach getan, und das FBI ließ ihn wissen, dass die Behörde sich nicht zu ihren Quellen äußere.

Also beschloss Dreisbach, sich stattdessen ein Dementi vom GBI zu holen. Er setzte wohl darauf, dass sein Publikum den Unterschied nicht bemerken oder sich bereitwillig auf seine erschwindelte Gegenargumentation einlassen würde. Mehr noch: Was hat die Familie von Secoriea Turner mit alledem zu tun? Informieren FBI und GBI bei Mordfällen üblicherweise die Hinterbliebenen darüber, woher ihre Ermittlungsergebnisse stammen? Natürlich nicht. Wenn sich also eine Familie mit einer Äußerung wie »Davon wissen wir nichts« zu Wort meldet, ist diese Aussage bedeutungslos.

Kommen wir nun zu den Videobeweisen. Für die Linke stellen sie ein ernstes Problem dar, denn sie kann nicht abstreiten, dass es sich um offizielle Überwachungsvideos der Staaten selbst handelt, außerdem lassen sich schwerlich Dinge bestreiten, die das Publikum mit eigenen Augen sieht. Aber selbst das schreckt die Faktenchecker nicht ab. Sie protestieren sowohl gegen meine Interpretation dazu, dass Maultiere das Einwerfen der Stimmzettel fotografiert haben, als auch gegen Greggs Erklärung dafür, warum Maultiere ab einem bestimmten Zeitpunkt bei den Stichwahlen in Georgia Handschuhe trugen.

Fangen wir mit den Fotos an. Hier ein Auszug aus meinem in der *Washington Post* erschienenen Austausch mit Philip Bump:

> **Bump:** *Haben Sie Beweise dafür … dass diese Personen ein Foto machen mussten, um bezahlt zu werden?*
> **D'Souza:** *Ja. Die ganze Untersuchung kam dadurch ins Rollen, dass True the Vote eine Hotline betrieb, über die sich ein Whistleblower aus Atlanta meldete. Er erklärte, er trage Stimmzettel aus, er erhalte 10 Dollar pro Stimmzettel und er sei kein Einzelfall, sondern Teil einer größeren Operation. Wir haben hier also eine direkte Zeugenaussage, dass es sich um eine bezahlte Operation handelt.*
> **Bump:** *Nur dass das nicht stimmt. Im Film bringen Sie dieses Argument nicht vor. Sie präsentieren diesen Whistleblower nicht.*
> **D'Souza:** *True the Vote hat dem Staat Georgia lange vor Erscheinen des Films Berichte vorgelegt. Der Film ist also ein Teil von alledem, aber ein Film ist eben nur ein Film. Es gibt Dinge, die man in einem Film nicht zeigen kann, die aber trotzdem vor Ort getan werden und Teil der Nachforschungen sind.*
> **Bump:** *Ich möchte auf das Thema »Fotos vom Stimmzettel machen« zurückkommen. Ihnen ist sicherlich bewusst, dass bei den Wahlen 2020 eine Menge Menschen Fotos von sich machten, um zu zeigen, wie sie gewählt haben.*
> **D'Souza:** *Wenn sie Fotos von sich selbst machten, könnte man argumentieren, dass sie mit einem Selfie belegen wollten, dass sie abgestimmt haben. Aber ich denke, aus dem Filmmaterial geht hervor, dass sie die Stimmzettel beim*

Einwurf fotografiert haben. Hier handelt es sich um etwas völlig anderes.[80]

Der Punkt, an dem sich Bump reibt, ist auch Reuters aufgestoßen. Der dortige Faktenchecker beharrt darauf, die Clips würden »Männer zeigen, wie sie sich beim Einwerfen ihres Stimmzettels an unterschiedlichen Standorten fotografieren, was den Dokumentarfilmern zufolge als Beweis dafür dienen solle, dass die ›Maultiere‹ ihren Job erledigt haben und bezahlt werden können«.[81]

Das ist schlicht unaufrichtig. Der Film enthält nicht ein einziges Video von einem Maultier, das sich selbst fotografiert. Bei jedem einzelnen Beispiel fotografieren die Maultiere den Wahlbriefkasten oder den Einwurf der Stimmzettel in den Briefkasten. Es ist dieses bezeichnende Detail – natürlich in Verbindung mit dem Bericht des Whistleblowers –, das es so offensichtlich macht, dass die Maultiere die Aufnahmen machen, um zu belegen, dass sie am Wahlbriefkasten waren und ihren Auftrag erledigt haben, auf dass man sie im Gegenzug dafür bezahlen möge. Bei dem »Bike Guy« war es sogar so, dass er vergessen hatte, den Beweis anzufertigen, also kam er noch einmal zurück und machte ein Foto – nicht von sich, sondern vom Wahlbriefkasten.

Reuters und andere Faktenchecker gehen auch auf die Frage ein, warum mehrere Maultiere, die während der Stichwahlen in Georgia zu sehen waren, Handschuhe trugen. AP-Faktencheckerin Ali Swenson hatte dummdreist in den Raum geworfen: »Die Stichwahlen zum Senat in Georgia fanden am 5. Januar 2021 statt, während einiger der kältesten Wochen des Jahres in diesem Staat«, insofern könne doch das »kalte Wetter« die Handschuhe erklären.[82] Wer soll das denn glauben, wenn man bedenkt, dass alle Maultiere mit Latex-Handschuhen zu sehen waren, nicht mit Handschuhen aus Wolle oder Leder?! Tragen wir, um unsere Hände im Winter warm zu halten, üblicherweise blaue Latex-Handschuhe? Ich kann nicht fassen, dass Swenson, als sie das schrieb, den Film tatsächlich bereits gesehen hatte.

Bei Reuters dagegen weiß man, dass eine etwas ausgeklügeltere Erklärung vonnöten sein würde, also setzt man uns dies hier vor: »Die Dokumentarfilmer schienen nicht die Möglichkeit in Betracht gezogen zu haben, dass die Frau Handschuhe trug … als persönliche Schutzmaßnahme vor Covid-19.«[83]

Doch, wir haben in der Tat darüber nachgedacht, die Überlegung aber aus zwei Gründen verworfen. Erstens: Jedes Maultier, das Handschuhe trägt, streift diese sofort nach dem Einwerfen der Stimmzettel ab. Die meisten entsorgen die Handschuhe in einer nahe gelegenen Mülltonne. Aber wenn Wahlbriefkästen Covid übertragen können, dann müssten es viele andere Dinge, die die Maultiere anfassen, doch auch tun. Wenn sie sich also so sehr wegen einer möglichen Ansteckung sorgen, warum behalten sie die Handschuhe nicht an?

Der zweite Punkt ist noch wesentlicher: Die Maultiere, die zwischen dem 1. Oktober und dem Wahltag auf Video erscheinen, tragen keine Handschuhe. Selbst bei den Nachwahlen in Georgia tragen Maultiere bis Mitte Dezember 2020 keine Handschuhe. Erst im Anschluss daran tauchen sie mit Latex-Handschuhen auf. Wir haben es hier mit einem abweichenden Verhalten zu tun, das einer Erklärung bedarf, und Greggs Erklärung lautet: Die Handschuhe tauchen erst einen Tag nach einem Gerichtsurteil aus Arizona auf, demzufolge das FBI einige demokratische Stimmenhändler nicht zuletzt dadurch hochnehmen konnte, dass sich auf zahlreichen Stimmzetteln ihre Fingerabdrücke fanden. Offenbar hatte sich daraufhin unter den Maultieren rasch herumgesprochen: »Ihr tragt besser Handschuhe!«

Das ist nicht nur die beste, sondern auch die einzige Erklärung, die angesichts der vorliegenden Fakten Sinn ergibt. Und dennoch plappert Khaya Himmelman von *The Dispatch* die Covid-19-Erklärung für die Handschuhe stumpf nach und ergänzt:»Wie im ganzen Film entscheidet sich D'Souza für die schändlichste Lesart eines Ereignisses als einzig zulässige Begründung, ohne sich die Mühe zu machen zu erklären, warum andere plausible Erklärungsansätze ausgeschlossen werden müssen.«[84]

Wenden wir uns nun dem möglicherweise schwersten Vorwurf gegen den Film zu, erhoben von Ben Shapiro und aufgegriffen von anderen: Wo sind die Videoaufnahmen, die ein und dasselbe Maultier an unterschiedlichen Wahlbriefkästen zeigen?»Kein Überwachungsvideo zeigte dieselbe Person mehr als einmal«, schrieb Reuters.

Ich will in diesem Punkt nicht widersprechen, sondern aufzeigen, warum es unangemessen ist, eine derartige Forderung an die Macher des Films zu stellen.

Der Grund für die vermeintlich fehlenden Aufnahmen ist der schockierende Mangel an Videoüberwachungsmaßnahmen in den USA – und namentlich in den fünf Staaten, die hier besondere Beachtung finden.

Der Staat Wisconsin fertigte keinerlei Aufnahmen an. Wiewohl er dazu rechtlich verpflichtet gewesen wäre und dies auch angekündigt hatte, gibt es diesbezüglich also kein Material.

Darüber hinaus ist es True the Vote bislang nicht gelungen, irgendwelche Aufzeichnungen aus Pennsylvania zu erhalten. Es mag sie geben, doch bisher haben die Wahlbeobachter kein diesbezügliches Material bekommen.

In Michigan gibt es nur sehr begrenzt Aufnahmen, dasselbe in Arizona. In Maricopa County gab es Überwachungskameras, aber die meisten liefen nicht. Man erhielt keine Erklärung dafür, wer sie abgeschaltet hatte und warum. Selbst in Georgia, von wo der Großteil der Videos stammt, die True the Vote bekommen konnte, trafen viele Bezirke keinerlei Überwachungsmaßnahmen. Andere behaupteten einfach, sie hätten keine Aufnahmen oder könnten sie nicht bereitstellen. Wieder andere lieferten zwar Videoaufnahmen, aber nur für einen sehr eingeschränkten Zeitraum, der nur einen Bruchteil der Gesamtphase für die vorzeitige Stimmabgabe, den Wahltag selbst und die Stichwahlen abdeckt.

Doch selbst wenn Videos zur Verfügung gestellt wurden, war die Qualität größtenteils sehr schlecht. Einige Kameras waren nicht einmal auf die Briefkästen ausgerichtet, bei anderen sind die Aufnahmen dermaßen körnig, dass es unmöglich ist, die Gesichter der Maultiere darauf auszumachen.

Tatsächlich bin ich im Besitz von Aufnahmen, auf denen ein Maultier an mehr als einem Wahlbriefkasten zu sehen ist, aber ich beschloss, diese im Film nicht zu verwenden. Warum? Weil man eben nicht mit *absoluter Sicherheit* sagen kann, dass es sich um ein und denselben Mann handelt. Ja, er ist genauso groß und genauso gebaut, aber der Zuschauer muss unzweifelhaft *erkennen* können, dass die beiden Personen identisch sind. Zwar *weiß* ich, dass es ein und derselbe Typ ist, dies aber nicht aufgrund seiner äußeren Erscheinung, sondern weil es sich an beiden Standorten um dieselbe Handy-ID handelt.

Ich habe in den sozialen Medien ein Bild von diesem Maultier gepostet, auf dem zu sehen ist, wie er bei zwei Gelegenheiten in zwei unterschiedlichen Outfits an ein und demselben Briefkasten auftaucht. Warum dieser Briefkasten? Weil es einer der vergleichsweise wenigen Abgabestellen mit Videoüberwachung war.

Und genau darum geht es. Hätte der Staat sich an die Regeln gehalten und seine Arbeit gemacht, wäre es ein Leichtes gewesen, Maultiere nicht nur an zwei oder drei, sondern an zehn oder mehr Standorten zu beobachten. Tatsächlich könnten wir mithilfe der Geolokalisierung des Handys bestimmen, wann ein Maultier an einem Wahlbriefkasten eintrifft, und müssten dann nur noch die entsprechenden Videoaufnahmen heraussuchen.

Dass ich nicht imstande war, das zu liefern, was Ben Shapiro und andere Kritiker forderten, liegt daran, dass die Staaten die Kameras nicht installiert hatten. Darüber hinaus ist eine solche Forderung ohnehin überzogen, was ich mithilfe einer Analogie deutlich machen möchte und was auch zeigt, dass das, was ich dokumentiert habe, ausreicht.

Nehmen wir an, ein Serienmörder hat in einer einzigen Nacht fünf Häuser aufgesucht und dort fünf Menschen getötet. Was würden wir in einem derartigen Fall an Beweisen voraussetzen, damit für uns seine Schuld zweifelsfrei feststeht?

Sagen wir, der Serienmörder hätte in jedem der Häuser DNA zurückgelassen. Bei dieser Analogie spreche ich natürlich von menschlicher DNA, während wir in unserem Fall über digitale Beweisspuren sprechen, nämlich die einzigartige und unverwechselbare ID eines Mobilfunkgeräts. Beide können gleichermaßen zuverlässig nachweisen, dass sich der mutmaßliche Übeltäter an den Schauplätzen des Verbrechens aufgehalten hat. Nehmen wir nun an, dass es nur in einem der fünf Häuser Überwachungskameras gab. Das entspricht meiner Behauptung, nur

bei jedem zehnten oder zwanzigsten Wahlbriefkasten gab es ordnungsgemäß installierte Überwachungskameras.

Widmen wir uns nun dem Mobiltelefon des Killers. Anhand des
Geotrackings wissen wir, dass er gegen 2:15 Uhr morgens an
Haus Nummer 5 ankam. Wir schauen uns die Aufnahmen der
Überwachungskamera an, und siehe da – der Mann trifft tatsächlich zum erwarteten Zeitpunkt am Tatort ein. Jetzt kommt Ben
Shapiro daher – sagen wir, er ist einer der Geschworenen – und
fragt:»Ja, aber wo sind die Aufnahmen, die zeigen, wie der Kerl
bei den anderen Häusern eintrifft?« Die offensichtliche Antwort
darauf lautet:»Diese Videos können wir Ihnen nicht zeigen, weil
sie nicht existieren. Und sie existieren nicht, weil es in diesen
Häusern keine ordentliche Videoüberwachung gab.«

Aber wenn wir mit letzter Sicherheit bestätigen können, dass dieser Mann an diesen Orten war – und seine DNA reicht dafür
aus –, und wenn wir weiter bestätigen können, dass die Videoaufnahmen in dem einen Fall, in dem sie vorliegen, das Geotracking beziehungsweise die digitale DNA bestätigen, haben wir
dann unseren Fall nicht hieb- und stichfest bewiesen? Ich meine,
schon. Ich bin mir nicht sicher, was ein Gericht in einem derartigen Fall fordern würde, aber wenn es darum geht, einen aufge-
schlossenen Zuhörer davon zu überzeugen, dass der Typ an diesen Orten war, kann man durchaus sagen, dass dies ausreichend
nachgewiesen wurde, so finde ich. Auch wenn es nicht von allen
Standorten ein Video gab.

Gehen wir zu guter Letzt noch auf die Aussage ein, der bezahlte
Stimmenhandel, wie er im Film und in diesem Buch dargestellt
wird, sei völlig legal. Diese Behauptung kommt in unterschiedli-
chem Gewand daher. Zum Beispiel bei Khaya Himmelman aus

dem »Never Trump«-Lager, die in dem Online-Magazin *The Dispatch* schrieb: »Ballot Harvesting geschieht, wenn eine dritte Partei Briefwahlunterlagen im Auftrag von Wählern einsammelt und abliefert. Viele Staaten erlauben es Dritten, Stimmzettel auszuliefern.« *The Dispatch* zitiert David Becker, den Chef des Center for Election Innovation and Research: »Das ist vollkommen legal.«[85]

Ähnlich argumentiert Philip Bump von der *Washington Post,* der erklärt, das zentrale Thema der Dokumentation sei nicht, »dass Wähler Betrug begangen haben. Es geht vielmehr darum, dass den Republikanern nicht gefällt, wie diese Stimmen gezählt wurden.« Bump ist ein wenig klüger als Himmelman und weiß, dass es nicht reicht zu sagen, dass »viele Staaten« das Einsammeln von Stimmzetteln erlauben. Wir müssen uns vielmehr die Regeln der fünf fraglichen Staaten ansehen.

Wie Bump einräumt, sind die Möglichkeiten, Stimmzettel anderer Leute einzusammeln, in Georgia vom Gesetz eingeschränkt, »und jeder, der das getan hat, könnte zum Gegenstand einer strafrechtlichen Ermittlung werden«. Und dennoch, so Bump weiter: »Es gibt keine Beweise dafür, dass derartige Aktionen in irgendeiner Form das Ergebnis in Georgia beeinflusst hätten, außer insofern, als mehr legale Stimmzettel abgegeben wurden.« Bump hämmert uns diesen Punkt weiter ein, indem er behauptet: »Wählt ein Wähler legal, und der Stimmzettel wird dann auf illegale Weise eingereicht …, handelt es sich trotzdem um eine legale Stimme.« Von einer gestohlenen Wahl könne keine Rede sein, so Bump, »außer man glaubt daran, dass es schon Wahldiebstahl ist, wenn man Trump-Gegnern das Wählen erleichtert«.[86]

Hier wird dermaßen viel Verschleierung und Tatsachenverdrehung betrieben, dass man auf einige Punkte genauer eingehen muss. Erstens: Das Ausmaß des Stimmenhandels war in Georgia – wie auch in anderen Staaten – mehr als ausreichend, das Wahlergebnis zu beeinflussen. Das wurde unzweifelhaft in einem früheren Kapitel dieses Buchs aufgezeigt und im Film ebenfalls.

Zweitens: Bump deutet an, dass die Maultiere, die wir in Georgia beim Einwerfen mehrerer Umschläge sehen, bloß die Stimmzettel ihrer engsten Familienangehörigen abgaben. Aber selbst wenn all diese Maultiere regelrechten Großfamilien angehören, warum werfen sie all diese Stimmen dann nicht in einen einzigen Wahlbriefkasten ein? Warum suchen sie stattdessen zehn oder mehr auf? Warum mitten in der Nacht? Warum tragen sie Handschuhe? Warum fotografieren sie den Einwurf der Stimmzettel? Darauf hat Bump keine Antworten, ebenso wenig die anderen Faktenchecker, die in diese Richtung argumentiert haben.

Drittens: Bump vermutet, dass es sich bei den gesammelten Stimmzetteln ausschließlich um legale Stimmzettel handelt und die gemeinnützigen Organisationen sie lediglich in Form einer Art Dienstleistung abliefern – sie erleichtern Trump-Gegnern das Wählen, wie es Bump formuliert. Aber warum sollten aufrechte Bürger, die auf ehrlichem Weg wählen, ihre Stimmzettel linksgerichteten Aktivisten übergeben? Wie kommen diese Organisationen in den Besitz von Hunderttausenden von Stimmzetteln?

Wenn Bump recht hat und diese Organisationen tatsächlich Trump-Gegnern bei der Stimmabgabe helfen wollen, dann verstoßen sie damit gegen die Bestimmungen der Finanzbehörde, denn die untersagt gemeinnützigen Einrichtungen parteiische Wahlaktivitäten aufs Strengste. Zudem ist es in jedem Staat illegal, Maultiere oder andere Dritte dafür zu *bezahlen*, an eigener Stelle zu wählen oder den eigenen Stimmzettel abzuliefern. Selbst in Staaten wie Kalifornien, welche die laxesten Regeln zum Einsammeln von Stimmzetteln haben, ist das nicht zulässig.

Und das ist der zentrale Punkt: Stimmzettel, die auf diesem Weg in die Wahlurne gelangen, sind illegale Stimmzettel, egal, auf welche Weise man sie erhalten hat. Ich habe gezeigt, dass diese Stimmzettel aller Wahrscheinlichkeit nach

- von Bewohnern von Sozialwohnungen stammen, die ihre Stimmzettel einfach Dritten ausgehändigt haben,
- von Campus, aus denen Studenten nach dem Abschluss weggezogen sind,
- von Einrichtungen für Obdachlose, wo man leicht an Stimmzettel kommen kann und die Menschen vermutlich nicht merken, dass jemand an ihrer Stelle gewählt hat,
- von Menschen aus Pflegeeinrichtungen, die zu krank sind, um mitzubekommen, was vor sich geht, und
- von Personen, die verstorben oder aus dem Staat weggezogen sind, deren Namen aber weiterhin im Wählerverzeichnis stehen.

All diese Stimmzettel sollten nicht gezählt werden dürfen, nicht nur, weil es sich größtenteils um erschlichene Stimmen handelt, sondern weil damit auch die legalen Stimmen durch den Prozess des Einsammelns und Auslieferns kontaminiert wurden. Geht es um die Integrität der Wahlen, ist das Wort »Kontrollkette« einer der Schlüsselbegriffe. Gemeint ist damit, dass der Stimmzettel einen sicheren Weg aus den Händen des Wählers bis zur endgültigen Auszählung nehmen muss. Die Kontrollkette trägt wesentlich dazu bei, die Legitimität der persönlich abgegebenen Stimmen zu gewährleisten, und wenn es um Briefwahl geht, ist sie genauso wichtig, in mancher Hinsicht sogar noch wichtiger.

Hier jedoch ist die Kontrollkette ganz offenkundig gerissen. Stimmzettel gelangten in den Besitz von Aktivistengruppen, die ein Interesse am Ausgang der Wahlen haben. Wie können wir sicher sein, dass diese Stimmzettel nicht verfälscht, dass sie von den Aktivisten nicht selbst ausgefüllt wurden? Wie können wir wissen, dass sie die wahre Entscheidung wahlberechtigter Personen abbilden? Wir wissen es nicht, und wir können es nicht wissen. Niemand kann darauf vertrauen, dass diese Stimmzettel legitim sind.

Mehr noch: Sobald Geld fließt, sei es an den Wähler oder an einen Dritten, wird der Stimmzettel automatisch ungültig, denn nun kommt das Thema Bestechung ins Spiel. Insofern ist die Maultier-Operation für sich gesehen schon entscheidend. Ich habe es bereits gesagt, aber ich wiederhole es gerne noch einmal: Kein Staat, unabhängig davon, wie streng oder wie großzügig seine Bestimmungen zum Einsammeln von Stimmzetteln sind, lässt zu, dass Wähler und/oder Maultiere dafür entlohnt werden, ihre Stimme abzugeben beziehungsweise die Stimmen anderer abzuliefern. Werden diese Stimmen gezählt, stellt das einen Wahlbetrug dar, und wenn die Zahl dieser Stimmen ausreicht, den entscheidenden Unterschied auszumachen, was das Wahlergebnis betrifft, ist das Wahlergebnis selbst nicht vertrauenswürdig, es ist vielmehr unglaubwürdig.

Das ist nicht meine persönliche Meinung, sondern die Ansicht jedes Gerichts und jeder Dienststelle, die sich mit dem Thema befasst hat. Wie wir gesehen haben, wurde 2018 das Ergebnis einer Kongresswahl in North Carolina wegen Stimmenhandel annulliert – genau der Art von Handel, um die es bei *2000 Mules* geht. Selbst wenn sich Gerichte geweigert haben, ein Wahlergebnis für ungültig zu erklären, haben sie das zumindest damit begründet, dass die Zahl der illegal abgegebenen Stimmen den Ausgang nicht entscheidend beeinflusst hat. Kein Gericht hat allerdings je entschieden, dass Stimmzettel, die auf unrechtmäßige Weise von bezahlten Agenten abgeliefert wurden, gültige Stimmen darstellen, die gezählt werden sollten.

Kapitel 10

Wie man Wahlbetrug unterbindet

Was Kritiker und »Faktenchecker« unter den Teppich kehren wollen, ist nichts weniger als der größte Wahlskandal der amerikanischen Geschichte. Nie zuvor war eine Präsidentschaftswahl in den USA dermaßen von koordinierten Betrügereien durchzogen, die sich über mehrere wahlentscheidende Staaten erstreckten. Noch nie waren dermaßen viele Menschen an einem Raubzug beteiligt, an Rechtsstreitigkeiten, die den Weg ebnen sollten, an der Finanzierung, an der Organisation und schließlich an der Umsetzung. Vergessen wir nicht, dass der Einsatz der Maultiere bloß den finalen Schritt dieser Operation darstellt.

Und reden wir nicht um den heißen Brei herum: Die Aktion hatte zur Folge, dass nun der falsche Mann im Weißen Haus sitzt. Joe Biden ist Präsident, weil die Demokraten Trump die Wahl gestohlen haben. Gestohlen haben sie diese durch organisierten Betrug in den zentralen städtischen Gebieten von mindestens fünf wahlentscheidenden Staaten. Vielleicht haben sie auch an anderer Stelle (und auf andere Weise) betrogen, aber die krummen Touren, die wir durch die Vorgehensweise der Maultiere in ausgewählten Bezirken von fünf Swing States aufzeigen konnten, haben für sich genommen bereits ausgereicht, Biden in den Sattel zu helfen. Darüber hinaus haben sie den Demokraten Georgias zwei Sitze im US-Senat beschert. Damit ist auch die Mehrheit der

Demokraten im Senat (die Sitzverteilung ist 50 zu 50, aber bei Pattsituationen entscheidet die Stimme der – demokratischen – Vizepräsidentin Kamala Harris) ebenfalls das direkte Produkt von Wahlbetrug. Bleibt die Frage: Was kann man nun wegen alledem unternehmen?

Überaus ärgerlich wird die ganze Angelegenheit dadurch, dass die Demokraten, die dahinterstecken, genau wussten, wie schwer es werden würde, ihnen ihre Schuld nachzuweisen. Und selbst wenn man Beweise fände, wäre es praktisch unmöglich, im Nachhinein das Ergebnis annullieren zu lassen. Auch eine strafrechtliche Verfolgung wäre hochgradig unwahrscheinlich. Man setzte gewissermaßen auf die Untauglichkeit der Republikaner, die Verzagtheit der Republikaner und die mangelnde Bereitschaft der Republikaner, für Ärger zu sorgen. Und darauf setzen sie bis heute. »Tja, nun wisst ihr es. Und, was wollt ihr nun deswegen unternehmen?« Das ist eine Mutprobe, der sich die Republikaner um jeden Preis stellen sollten. Nicht etwa sollten sie, sondern sie *müssen* etwas deswegen unternehmen, ansonsten besiegeln sie ihren eigenen Untergang an den Wahlurnen und verschenken das Land, das ihnen ihrem eigenen Bekunden nach so sehr am Herzen liegt.

Die Wahrheit ist wichtig. Nicht nur, damit wir sie kennen, und nicht nur, damit sich diejenigen bestätigt fühlen, die seit Langem etwas in dieser Richtung geargwöhnt hatten, sondern auch, damit sie als Weckruf dient, aktiv zu werden. Bereits heute haben viele Staaten Gesetze verabschiedet (oder in Vorbereitung), die von den Wählern eine Ausweispflicht verlangen, die ihre Auflagen für die Bestätigung von Unterschriften verschärfen, die Wahlbriefkästen abschaffen oder die es untersagen, dass privates Geld in Wahlbüros fließt und die gesamte Infrastruktur rund um Wahlbriefkästen und Briefwahl finanziert.

Aus Sicht der Demokraten sind Gesetze zur Stärkung der Wahlintegrität sinnlos, denn wozu sollte man die Messlatte höher legen, wo doch die Wahlen 2020 die sichersten Wahlen in der Geschichte waren, wie sie zu beteuern nicht müde werden. Und weil sie so sicher waren, bedeutet dies, dass das System bestens läuft. Und weil es kein Problem gibt, braucht auch niemand eine Lösung. Mehr noch: Durch diese Brille betrachtet, muss jeder, der auf Lösungen dringt, von Hintergedanken getrieben sein. Und dieses Motiv ist natürlich die Unterdrückung von Wählern, Voter Suppression. Republikaner lehnen die Demokratie ab, denn sie wollen Minderheiten und die Armen daran hindern, ihr Wahlrecht auszuüben.

Das ist die gedankliche Logik, die zu dem absurden Slogan führt, dass Gesetze zur Stärkung der Wahlintegrität eine Neuauflage der Jim-Crow-Gesetze darstellen, ein veritables Jim Crow 2.0. In der Tat kontern die Demokraten Jim Crow 2.0, indem sie ihre eigene Flut an Gesetzen verabschieden, die, wie sie sagen, dem Schutz der Demokratie dienen. »Die Demokratie schützen« ist jetzt das Mantra, das roboterhaft in den Medien wiederholt wird. Wir erleben wirklich Surreales: Exakt die Leute, die bei den Wahlen von 2020 die Demokratie ausgehöhlt haben, spielen sich nun zu Hütern und Rettern der Demokratie auf. Der Brandstifter erscheint auf der Bildfläche, und er trägt eine Feuerwehruniform.

Aggressiv drängen Bidens Demokraten darauf, den Wahlprozess landesweit zu vereinheitlichen. Sie wollen mehr Briefwahl. Sie wollen verhindern, dass Staaten Gesetze zur Identifizierung von Wählern verabschieden. Sie wollen den Abgleich von Unterschriften weiter beschneiden, ebenso andere Maßnahmen, die angeblich den demokratischen Prozess einschränken. Sie wollen das Sammeln von Stimmzetteln zulassen und legitimieren. Im Grunde heißt das, sie wollen ihren Betrug legalisieren. Bücher wie dieses wären dann nicht mehr nötig, denn was die Kriminellen und die Kriminellenpartei triebe, wäre damit völlig rechtens. Und dennoch beteuern sie, sie seien die Hüter der Demokratie. Das wären sie in der Tat, wenn denn ihre Logik stimmen würde, aber das tut sie nicht. Ganz im Gegenteil: Ihre gesamte Argumentation ist absurd, denn schon die Prämisse ist verquer. Es handelte sich keineswegs um die sicherste Wahl aller Zeiten, sondern vielmehr um die korrupteste Wahl der Moderne, wenn nicht der gesamten US-Geschichte. Sind die Beweise aus diesem Buch und dem begleitenden Film stichhaltig, dann sind Gesetze, welche die Integrität der Wahlen stärken, nicht nur vernünftig, sondern zwingend erforderlich, will man die Demokratie retten. Und dass diese auf dem Spiel steht, liegt nicht daran, dass Republikaner Wählergruppen unterdrücken, sondern daran, dass die Demokraten systematisch betrügen.

Gesetze zur Wahlintegrität reichen jedoch nicht aus. Nicht einmal Gesetze an sich reichen aus. Um zu verhindern, dass es wieder zu koordiniertem Wahlbetrug kommt, braucht es mehr. Auch die Unabhängigen und die aufrechten Demokraten müssen aktiv werden. Aufrechte Demokraten müssen sich fragen, inwieweit sie Teil einer Partei bleiben wollen, die »demokratisch« im Namen trägt, tatsächlich jedoch demokratische Wahlen untergräbt. Unabhängige müssen entschlossen sein, diese Partei an den Wahlurnen für ihr Handeln abzustrafen.

Die Hauptverantwortung allerdings liegt bei den Republikanern – bei republikanisch dominierten Legislativen, bei republikanischen Innenministern und Justizministern, beim Republican National Committee, bei republikanischen Aktivisten und sogar bei jedem gewöhnlichen republikanischen Wähler. In gewissem Maße ist das beunruhigend, bedeutet es doch, dass unser Schicksal in unseren Händen liegt: Wir sind verantwortlich, wir müssen etwas unternehmen. Gleichzeitig ist es ermächtigend, denn wir sind in der Lage, uns und unser Land zu retten. Aber wie? Wir müssen mehr tun, so viel ist klar, aber was genau können wir tun?

Harmeet Dhillon ist eine bekannte Anwältin aus San Francisco, ehemalige Vorsitzende der Republikanischen Partei in San Francisco und aktuell Vorsitzende des Verbands republikanischer Anwälte. Außerdem ist sie Expert für Wahlrecht. Ich machte Harmeets Bekanntschaft, da studierte sie noch in Dartmouth und arbeitete als Freiwillige für die *Dartmouth Review,* eine aufsässige konservative Campus-Zeitung.

Ich hatte mein Studium damals bereits abgeschlossen und arbeitete in Washington, doch ich saß im Vorstand der Zeitung und lernte auf diese Weise die junge, wilde Harmeet kennen. Lustigerweise ist sie in vielerlei Hinsicht heute noch ganz genauso wie damals. Ich habe sie für den Film *2000 Mules* befragt, habe das Interview aber aus unterschiedlichen Gründen nicht verwendet. Das möchte ich an dieser Stelle nachholen.

Dinesh: *Harmeet, wenn es um Wahlen geht, scheint es einen psychologischen Unterschied zwischen Republikanern und Demokraten zu geben. Republikaner konzentrieren sich auf den Wahlkampf, Demokraten legen ihr Augenmerk auf den Wahlprozess selbst.*
Harmeet: *Ja, ich glaube, das trifft es ganz genau.*
Wozu das führt, haben wir bei den Wahlen von 2020 gesehen.
Dinesh: *Die Demokraten haben offenbar Covid zum Vorwand genommen, Dinge zu tun, die sie schon lange hatten tun wollen.*

Harmeet: *Ja, die Demokraten haben sich Covid und die damit verbundenen Einschränkungen, die republikanische wie auch demokratische Parlamentarier und Gouverneure in den Staaten beschlossen hatten, zunutze gemacht. Und zwar, um das durchzudrücken, was ihnen ansonsten sowohl durch Gesetze der Zentralregierung als auch – wie es der korrekte Weg gewesen wäre – durch Gesetzesänderungen im Rahmen des normalen legislativen Prozesses in den Staaten verwehrt geblieben wäre.*

Dinesh: *Wie sind sie dabei vorgegangen?*

Harmeet: *In Staaten mit weitreichenden Notfallgesetzen wie Kalifornien war die Legislative überhaupt nicht eingebunden. Der Gouverneur traf sich schlicht mit dem Innenminister und verkündete neue Regeln für unsere Wahlen und unsere Stimmabgabe. Er setzte im Grunde sämtliche normalen Regeln aus und Dinge in Kraft, die es zuvor nicht gegeben hatte.*

Dinesh: *Es scheint, als hätten sich in einigen Fällen demokratische Aktivisten einen demokratischen Innenminister gesucht und hätten mit ihm eine gerichtliche Konsensvereinbarung getroffen – in der Theorie waren sie Streitparteien in einem Rechtsverfahren, tatsächlich jedoch arbeiteten sie auf gewisse Weise zusammen.*

Harmeet: *Das ist ein Weg, wie die Demokraten ihr Ziel erreichen können. In einigen Fällen mussten sie nicht zwingend diesen Weg gehen, denn sie verfügten über Richter, die dazu bereit waren. Sie hatten Gouverneure, auch solche aus »roten« Staaten, die bereit waren, derartige Agreements einzugehen. Es waren Republikaner, die in Georgia eine Konsensvereinbarung schlossen, die Georgias Schutzmaßnahmen zur Wahlintegrität spürbar aufweichten und die zu dem Chaos beitrugen, dem absoluten Chaos, das wir bei den Wahlen 2020 in Georgia gesehen haben.*

Dinesh: *Was glaubst du, warum würden Republikaner so etwas tun?*

Harmeet: *Niemand möchte gerne als Rassist hingestellt werden, verstehst du? So kam es dazu, dass weiße Politiker wie Chuck Schumer und weiße Anwälte wie Marc Elias die Bürgerrechtsbewegung an sich gerissen haben. Fortan behaupten sie nun, dass es, obwohl es in den Vereinigten Staaten seit Generationen für People of Color, Einwanderer, Minderheiten, was du willst, Frauen, arme Menschen offene und gerechte Wahlen gab, in Wirklichkeit gar nicht so sei. Weiters behaupten sie, Republikaner würden versuchen, uns zurück in die Jim-Crow-Zeit zu schicken. In einem fort nutzen sie diese auf Rassismus anspielende, hetzerische Rhetorik, und weil sich Republikaner nicht dermaßen attackieren lassen wollen, schwenken sie die weiße Fahne.*

Dinesh: *Das Ironische daran ist doch, dass es die Demokratische Partei war, die diese Jim-Crow-Taktiken einsetzte, um Wähler zu unterdrücken.*

Harmeet: *Ganz genau. Ich bin in North Carolina auf dem Land aufgewachsen. Dort waren es die Demokraten, die die Rassentrennung und Kopfsteuern und andere Methoden durchdrückten, welche ehemaligen Sklaven – und grundsätzlich Minderheiten und armen Leuten – das Wählen erschwerten. Mittels Lesetests und dergleichen. Es waren nicht die Republikaner, die das eingeführt haben. Also: Ja, sie haben sehr rasch die Dinge auf den Kopf gestellt, und jetzt sind die Republikaner in der Defensive – und das völlig ohne Grund. Wahlintegrität funktioniert für alle.*

Dinesh: *Lass uns darüber reden, was Republikaner tun können, um den Prozess wieder in Ordnung bringen.*

Harmeet: *Eine Sache sollte man in diesem Zusammenhang wissen: Viele Amerikaner konzentrieren sich auf die landesweiten Wahlkämpfe oder sogar nur auf die Präsident-*

schaftswahlen. Niemand schert sich sonderlich darum, wer der eigene Abgeordnete oder Staatssenator oder Innenminister ist. Dabei wird an diesen Stellen die Mehrheit der amerikanischen Wahlgesetze produziert.

Ich denke, man kann guten Gewissens sagen, dass die Gesetze in Kalifornien anders sein werden als die in Texas. Das ist in Ordnung, das sieht unsere Verfassung so vor. Aber das ist nur der Ausgangspunkt. Man kann die besten Gesetze des Landes verabschieden. Georgia, Arizona, Montana ... sie alle haben Gesetze zum Schutz der Integrität von Wahlen beschlossen. Aber wenn man keine Anwälte hat, die bereit sind aufzustehen und den Staat zu verteidigen – sei es als Generalstaatsanwalt oder privat praktizierender Jurist –, dann wird man vor Gericht verlieren. Ungewählte Bundes- oder Staatsrichter können im Grunde die Wahlgesetze aushebeln, werden diese nicht kompetent verteidigt.

Aber es gibt noch weitere Dinge, die man tun kann.

Bürger können sich auf unterschiedlichen Ebenen einbringen, sei es durch den Parteiapparat oder durch gemeinnützige Gruppen. Eines der größten Mankos bei den Wahlen 2020 war es, dass Letztere in vielen Swing-States-Jurisdiktionen – vor allem in großen Staaten wie Pennsylvania, Wisconsin, Michigan, Arizona, Nevada – Beobachter daran hinderten, die Auszählung zu verfolgen. Und wer die Stimmen auszählt, entscheidet über den Ausgang der Wahlen. Wir sollten das bei künftigen Urnengängen nicht außer Acht lassen. Es ist von zentraler Bedeutung, dass Bürgerbeobachter auf ernst zu nehmende Weise zugegen sind und im Zweifelsfall Unregelmäßigkeiten anfechten können – die Unregelmäßigkeiten, die bei der Wahl 2020 so weit verbreitet waren.

Dinesh: *Anscheinend dringen die Demokraten darauf, den gesamten Prozess auf die Bundesebene zu verlagern und ihn dem einfachen Bürger aus der Hand zu nehmen.*

Harmeet: *Unsere Wahlen in den USA spielen für die Bürger eine entscheidende Rolle. Damals im ländlichen North Carolina war meine Mutter, seinerzeit eine noch recht frische Staatsbürgerin, für die Republikaner als Beobachterin in Johnston County und sah sich an, was dort in den Wahllokalen geschah. Das ist unser Bürgerrecht. Mit Aktionen wie dem Einsammeln von Stimmzetteln und der Einrichtung sogenannter Wahlzentren machen die Demokraten im Grunde die klassischen Wahlkreise obsolet.*

Es sind die Wahlkreise, in denen die örtlichen Freiwilligen oder die örtlichen Wahlmitarbeiter wissen, wer du bist. Sie kennen deinen Namen, ohne dass du dich ausweisen müsstest, und sie würden merken, wenn da etwas Zwielichtiges abläuft. Wenn sämtliche Kontrollen auf Bezirks- oder Staatsebene erfolgen und nicht mehr auf dem Niveau der örtlichen Wahlkreise, dann verschwindet auf einen Schlag auch dieser lokale Kontrollmechanismus. Wir müssen darauf bestehen, dass man zu dieser regionalen Wahlkontrolle zurückkehrt.

Dinesh: *Harmeet, wann wurde die Wahl von 2020 verloren?*

Harmeet: *In vielen Staaten wurde die Wahl 2020 weit vor dem eigentlichen Wahltag verloren, nämlich in den Monaten zuvor. Als das Geld von Mark Zuckerberg floss und darüber entschied, wer die Wahlbüros in den Bezirken und Wahlkreisen besetzen würde. Als die Regeln gelockert und unterschiedliche Wege erlaubt wurden, seinen Stimmzettel abzugeben – über die Wahlbriefkästen und das Einsammeln von Stimmzetteln. Als Entscheidungen gefällt wurden, die man der Öffentlichkeit aber nicht mitteilte. Entscheidungen wie, dass man Beobachter so sehr auf Abstand halten wollte – Fußballfelder entfernt von dem Ort, an dem die Auszählung stattfand –, dass Wahlbeobachtung praktisch bedeutungslos wurde. Zu diesem Zeitpunkt wurde es für die Republikaner unmöglich, in den umkämpften Staaten zu gewinnen.*

Dinesh: *Du sagst, der Raubzug in der Bank wurde möglich, indem man das Wachpersonal abzog, die Überwachungskameras abschaltete und den Kassierern sagte:* »Hört auf, die Unterschriften auf den Schecks abzugleichen.«
Harmeet: *Ganz genau. Es geschah, als sich die Republikaner nicht auf die grundsätzlichen Dinge konzentrierten wie die, wer die Stimmen auszählt. Nicht nur darauf, wer die Stimmen holt, sondern auch, wer sie zählen wird, sowie auf die Frage: Wie können wir sicher sein, dass die Auszählung sorgsam erfolgt? Republikaner müssen künftig also genauso viel oder mehr Aufmerksamkeit auf die Abläufe der Wahl richten, nicht nur in den Wochen vor einer Wahl, sondern auch in den Monaten und Jahren zwischen den Wahlen, damit gesichert ist, dass wir diese Situation nicht noch einmal erleben.*

Wir müssen unterbinden, dass Geld von außen über den Ausgang unserer Wahlen entscheidet. Es muss gewährleistet sein, dass Bürger sich davon überzeugen können, dass die Auszählung korrekt vonstattengeht und dass eine Prüfkette existiert. Es muss sichergestellt werden, dass die Person, die sich zur Wahl hat registrieren lassen und als in dieser Jurisdiktion wahlberechtigte Person bestätigt wurde, auch tatsächlich diesen Stimmzettel ausgefüllt hat. Es muss dafür gesorgt werden, dass es spürbare Strafen gibt für Menschen, die unsere Wahlen korrumpieren: indem sie zweimal wählen, Unterschriften fälschen, sich unrechtmäßig ins Register eintragen lassen, um in gewerblichen oder verschiedenen Jurisdiktionen ihre Stimme abzugeben, und in mehr als einem Staat wählen.
Dinesh: *Für den gewöhnlichen Menschen – da nehme ich mich auch nicht aus – geht Wählen so: Man geht in eine Kabine, zieht den Vorhang zu, füllt den Stimmzettel aus, fertig. Was du sagst, ist, dass der Prozess, den wir als gegeben akzeptiert haben, inzwischen so instabil ist, dass er unsere*

Aufmerksamkeit benötigt und dass wir aktiv werden müssen, um ihn zu schützen.
Harmeet: *Absolut. Die Menschen können sich auf jeder Ebene des Prozesses einbringen. Das Mindeste, was man tun kann, ist, als Beobachter bei der Auszählung der Stimmen zugegen zu sein. Aber darüber hinaus ermutige ich Republikaner und alle, denen der Ausgang unserer Wahlen am Herzen liegt, sich als Wahlhelfer einzutragen. Wahlhelfer werden im ganzen Land eingestellt. Es ist eine zeitlich begrenzte Aufgabe. Aber sie sind vor Ort und erledigen ihren Job. Sie müssen bei dieser Arbeit unparteiisch sein, aber sie sind an der Front und können mit eigenen Augen verfolgen, was vor sich geht. Beobachten Sie etwas, das nicht in Ordnung ist, können Sie Alarm schlagen. Insofern ist es sehr wichtig, diese Art der Kontrolle auszuüben.*

Genau wie bei Harmeet steht auch bei Catherine Engelbrecht und Gregg Phillips das Kitten des Wahlprozesses im Mittelpunkt ihres Engagements. Im Gegensatz zu Harmeet legt Catherine den Schwerpunkt allerdings darauf, die Wählerlisten auszumisten und ein Auge darauf zu haben, was an diesen Wahlbriefkästen geschieht. Hier ein Auszug meines Gesprächs mit ihr zu der Frage, wie man die Integrität der Wahlen verbessern kann:

Dinesh: *Wie können die Bürger zur Säuberung der Wählerlisten beitragen?*
Catherine: *In den meisten Staaten haben die Menschen die Möglichkeit, einen nicht qualifizierten Eintrag anzufechten, was im Grunde bedeutet, sie lenken die Aufmerksamkeit ihrer örtlichen Behörde auf dieses Problem. Vielleicht ist die Person weggezogen, vielleicht ist sie verstorben, vielleicht gibt es einen doppelten Eintrag. Es gibt eine Vielzahl von Gründen, aber im Prinzip geht es darum, den Bezirk darauf*

aufmerksam zu machen. Das ist wichtig, denn überraschen-
derweise können viele Bezirke ihr Wählerregister nicht
bereinigen, weil sie im Rahmen einer Konsensvereinbarung
agieren oder ihnen Klagen drohen. Es gibt eine Reihe Gründe
dafür, dass die Dinge nicht so laufen, wie sie es sollten. Und
das Gegengift ist eine Beteiligung der Bürger.

Dinesh: Aber wie findet ein Bürger so etwas heraus?
Soll ich, wenn mein Nachbar nach South Dakota umzieht,
den Bezirk kontaktieren und denen sagen: »Hey, Mr. Smith
wohnt nicht länger hier. Er lebt jetzt in South Dakota.
Sorgt doch bitte dafür, dass er nicht mehr im Wählerverzeichnis
steht.« Kann man das machen?

Catherine: Es ist buchstäblich so einfach. True the Vote hat
ein entsprechendes Programm, und wir machen das in
einer anderen Größenordnung. Wir helfen, die Daten zu
organisieren, und wir gehen methodisch vor, aber ja – wir
Bürger sollten unseren Teil dazu beitragen, dass bei unseren
Kommunalwahlen akkurate Daten zur Verfügung stehen,
dass ausreichend Personal gestellt wird und dass wir an so
vielen Orten, zu so vielen Zeiten und auf so viele Arten
und Weisen teilnehmen, wie wir können. Das verändert Dinge.
Beobachtung und aktive Teilnahme verändern Dinge.

Dinesh: Ich habe ja meinen Podcast. Was, wenn ich meinem
Publikum sagen würde: »Hey Leute. Was haltet ihr davon,
wenn ihr euch in der Woche oder den zwei Wochen vor der
Wahl – vorausgesetzt es gibt die Möglichkeit der frühzeitigen
Stimmabgabe – euer gutes altes Handy schnappt und zum
nächstgelegenen Wahlbriefkasten schlendert. Stellt euer Auto
dort ab, besorgt euch ein paar Cheeseburger und eine große
Coke, schaltet die Handykamera ein und zeichnet alles auf,
was an diesem Briefkasten geschieht. Macht das so lange,
wie es euch gefällt. Und wenn ihr geht, sorgt dafür, dass jemand anderes euren Platz einnimmt.« Könnte ich das tun?

Catherine: Ja, aber ich halte es für effektiver, wenn wir von unseren gewählten Amtsträgern fordern, dass sie diese Briefkästen mit Überwachungskameras versehen und die Aufnahme dann livestreamen. So bleibt das Ganze transparent. Und die Bürger können die Briefkästen dann auf diesem Wege beobachten. Auf diese Weise können wir den Schleier des Geheimnisses lüften, was da wirklich vor sich geht.

Alles schön und gut, aber reicht das aus? Wir haben hier sehr viel über Reformen geredet und darüber, wie man verhindern kann, dass es erneut zu Betrügereien kommt, aber hinter all dem lauert unausgesprochen ein noch größeres Thema, und ich möchte nicht schließen, ohne es angesprochen zu haben: Was ist mit dem Betrug, der sich bereits zugetragen hat? Ganz am Anfang habe ich die Frage gestellt: Wenn man ein Land stiehlt, muss man es dann wieder zurückgeben, oder nicht? Ich greife diese Frage jetzt in ihrem vollen Umfang auf.

Catherine, Gregg und ich haben Ende April 2022 in Memphis vor Mitgliedern des Republican National Committee eine Präsentation abgehalten. Gregg und Catherine gaben den anwesenden RNC-Mitgliedern einen Einblick in ihre Fakten, und die Reaktionen fielen tumultartig aus. »Wusste ich's doch!«, brach es aus vielen heraus. Ein, zwei sagten, sie seien voller Skepsis zu der Veranstaltung gekommen, müssten aber nun ihre bisherige Haltung, dass es sich bei den letzten Wahlen um sichere Wahlen gehandelt habe, neu überdenken.

Die Diskussion wandte sich dann der Frage zu, die Lyndon Johnson gerne zum Ende von Meetings stellte: »Und daraus folgt was?« Es begann eine lebhafte und produktive Erörterung der unterschiedlichsten Schritte, die das RNC und andere ergreifen könnten. Mir fiel jedoch ganz besonders auf, was Catherine in ihrer Antwort als Allererstes sagte: »Wir versuchen nicht, das Ergebnis der Wahlen von 2020 zu kippen.«

Da stieg in mir ein Urimpuls auf, wie ihn möglicherweise die Menschen empfunden hatten, die am 6. Januar 2021 nach Washington zogen, um zu protestieren. Ich wollte sie unterbrechen und rufen: »Und warum nicht? Warum sollten wir eine betrügerische Wahl hinnehmen? Warum nicht das Wahlergebnis aufheben lassen, wenn es doch unrechtmäßig zustande gekommen ist?« Mir war klar: Dieser Impuls war unmittelbar, emotional und auf gewisse Weise primitiv. Nach gründlicherer Überlegung würde mein Urteil möglicherweise anders ausfallen. Aber während ich darüber nachdachte, wurde mir auch klar, dass es nicht falsch war, so zu fühlen. Wenn jemand nur deshalb im Oval Office sitzt, weil dem systematischer Betrug durch seine eigenen Leute und seine eigene Partei vorausgegangen ist, warum sollte diese Person dann weiterhin die Früchte ihres unrechtmäßigen »Siegs« genießen und politische Entscheidungen treffen dürfen – katastrophal schlechte noch dazu, möchte ich dazusagen –, Entscheidungen, die ansonsten niemals so getroffen worden wären?

Erinnern Sie sich, wie Lance Armstrong seine Olympiamedaille und die sieben Tour-de-France-Titel aberkannt wurden, nachdem die Behörden zu dem Schluss gelangt waren, dass er die ganze Zeit über verbotene leistungssteigernde Mittel eingenommen hatte? Erinnern Sie sich, wie Strafverfolgungsbehörden aus mehreren Ländern in jahrzehntelanger Arbeit dafür gesorgt haben, dass jüdische Familien Kunstwerke und Wertsachen zurückerhielten, die ihnen die Nazis in den 1930er-Jahren gestohlen hatten? Der Grundgedanke hier ist folgender: Wenn man etwas stiehlt – egal ob Kunst, Geld, sportliche Erfolge oder sogar eine Präsidentschaftswahl –, dann muss man das, was gestohlen wurde, wieder zurückgeben.

In diesem Fall haben die Demokraten das Recht des amerikanischen Volks gestohlen, sich ihren Anführer selbst auszusuchen. Sie haben uns unsere Stimme gestohlen. Ich jedenfalls möchte, dass sie zurückgeben, was sie sich unrechtmäßig unter den Nagel gerissen haben, und ich gehe fest davon aus, dass ich nicht der Einzige bin, der so empfindet. Tatsächlich empfindet die Republikanische Partei – oder zumindest eine deutliche Mehrheit der Partei – auf diese Weise. Und wenn die Wiedergutmachung darin besteht, dass der senile Tattergreis und seine gackernde Komplizin aus dem Weißen Haus hinausbefördert werden, dann würde ein Teil von mir diese Szene mit lautem Jubel begleiten.

Nun gut, vielleicht sollte das geschehen. Aber ist es auch wahrscheinlich? Im Juli 2017 verfasste Julia Azari von der Webseite FiveThirtyEight einen interessanten Artikel, der die Frage behandelt, was geschieht, wenn eine Präsidentschaftswahl durch Betrug entschieden wird. Sie schrieb dies unter dem Eindruck der Wahlen von 2016, und die Betrugsmöglichkeit, über die sie sinnierte, behandelte eine russische Einmischung in unsere Präsidentschaftswahlen. Was, wenn unumstößliche Beweise dafür auftauchten, dass Trump gemeinsame Sache mit Russland gemacht hatte, um Hillary Clinton aus dem Rennen zu werfen? Was, wenn sich herausstellte, dass Trumps Präsidentschaft das Produkt eines Betrugs war?

Für einen derartigen Fall gebe es keine eindeutige Lösung, schreibt Azari: »In der Verfassung steht sinngemäß, dass eine Wahl rechtmäßig ist, wenn das Wahlkollegium sie für rechtmäßig erklärt hat.«[87] Zu dieser Einschätzung gelangte 2016 auch Jack Maskell in seiner Analyse »Rechtliche Prozesse zum Anfechten des Ausgangs einer Präsidentschaftswahl«. Maskell sagt im Grunde, sobald eine gemeinsame Sitzung des Kongresses die Auszählung der Stimmen des Wahlkollegiums bestätigt habe, seien alle rechtlichen Mittel erschöpft.

Aber selbst Maskells Artikel enthält einen interessanten Aspekt. Wenn es Beweise für groß angelegten Betrug gäbe, Betrug, der ausreichend gewesen wäre, den Ausgang entscheidend zu verändern, dann, so räumt Maskell ein, sei das gesamte Ergebnis infrage gestellt und das übliche rechtliche Prozedere würde nicht mehr gelten. Maskell schränkt ein, dass es in einem derartigen Fall nicht ausreiche, Betrug nachzuweisen, man müsse auch belegen, dass, »ohne den angeblichen Betrug oder die angebliche Unregelmäßigkeit die Wahl anders ausgegangen wäre«. Nun, in unserem Fall scheint diese Anforderung erfüllt.

Logischerweise spricht Maskell nicht ausdrücklich über 2020, dennoch scheint er sich spürbar unwohl damit zu fühlen, wohin seine eigene Logik ihn führt. Rasch bemüht er sich um Schadensbegrenzung: »Selbst wenn die Zahl illegaler, betrügerischer oder falsch verbuchter Stimmen nachweislich den zum Sieg erforderlichen Vorsprung übersteigt, muss dieser Nachweis in den meisten Staaten nicht zwingend das Ergebnis der Wahl ungültig machen oder kippen. Der Grund ist, dass es einer Klägerin schwerfallen könnte nachzuweisen, für wen diese Stimmen abgegeben wurden oder abgegeben worden wären.«[88]

Stimmt, aber wenn die Klägerin nachweisen könnte, dass diese Stimmen mit hoher Wahrscheinlichkeit nicht an den zum Sieger Gekürten gegangen wären, dann hätten wir ein ernstes Problem, nicht wahr? Maskell versucht, derartige Gedanken abzuwürgen, indem er erklärt, dergleichen wäre »beispiellos in der jüngeren amerikanischen Geschichte« und Studien hätten gezeigt, dass Betrug ziemlich selten vorkommt. Aber »selten« bedeutet eben auch, *dass* es vorkommt, und in diesem Fall scheint es, als ob der unglaubliche Vorgang, dass eine Präsidentschaftswahl gestohlen wurde, tatsächlich stattgefunden hat.

In ihrem Artikel für FiveThirtyEight zitiert Azari einen Präzedenzfall auf kommunaler Ebene – eine Wahl in New York im Jahr 1976. Der eigentliche Fall ist nicht von Belang, aber sehr erhellend. Ein Bezirksgericht aus New York befasste sich damals mit Vorwürfen von Wahlbetrug an mehreren städtischen Standorten. Das Gericht erklärte, Bundesgerichte würden eine legitime Rolle dabei spielen, offene und gerechte Wahlen zu gewährleisten. Das gelte auch auf Ebene der Präsidentschaftswahlen.

»Es lässt sich wohl kaum ein schwererer Schlag für das öffentliche Vertrauen in den Wahlprozess vorstellen als die Wahl eines Präsidenten, dessen Vorsprung durch betrügerische Registrierung oder Stimmabgabe, durch Wahlfälschung oder andere illegale Methoden zustande gekommen ist.« Anders gesagt: Das Gericht entschied, dass Präsidentschaftswahlen keineswegs eine Kategorie darstellen, die jenseits gerichtlicher Rechtsmittel rangiert. Wenn Ergebnisse von Wahlen auf Kommunal- oder Staatsebene bei Nachweis ausreichend schweren Betrugs aufgehoben werden können (wie es bei mehreren Gelegenheiten der Fall war), dann gilt dies mutmaßlich auch für eine Präsidentschaftswahl.

Im New Yorker Beispiel wies das Gericht den Vorwurf zurück, dass der Betrug ausreichend groß war, das Ergebnis entscheidend zu beeinflussen. Doch die Urteilsbegründung des Gerichts lässt keinen Zweifel: Wäre der Betrug groß genug gewesen, hätte sich das Gericht in der Pflicht gesehen zu handeln. Wir wissen, dass 2018 eine Wahl zum Kongress gekippt und dass neu gewählt werden musste aus exakt diesem Grund: Ein Wahlausschuss kam zu dem Ergebnis, dass der Betrug so schwerwiegend war, dass er einen entscheidenden Unterschied ausmachte.

Trotz alledem muss ich gestehen: Dass Biden seines Amts enthoben oder die Präsidentschaftswahlen von 2020 neu abgehalten werden, erscheint mir unwahrscheinlich. Vielen wird es ohnehin als Fantasterei vorkommen, und man wird mir Verantwortungslosigkeit dafür vorwerfen, dass ich das Thema überhaupt angeschnitten habe. Wahrscheinlicher ist, dass die Kräfte, die in diesem Land das Sagen haben, sich sehr bemühen werden, diesen Beweisen nicht nachgehen zu müssen, mögen sie noch so stichhaltig sein. Sie werden danach streben, den Status quo zu erhalten und zahlreiche Erklärungen dafür finden, warum das Verbrechen des Jahrhunderts nicht rückgängig gemacht werden kann. Die Ungerechtigkeit mag noch so groß sein, aber die Verfassung lässt keine Rückabwicklung zu. Die Frist für Widersprüche ist abgelaufen.

Ein Rechtsmittel ohne Verjährung allerdings bietet die Verfassung. Ich spreche von einem Amtsenthebungsverfahren. Das bedeutet, ein republikanischer Kongress könnte, unmittelbar nachdem er die Mehrheit errungen hat, ein Amtsenthebungsverfahren gegen Joe Biden in die Wege leiten. Auch wenn dies etwas ist, das die Republikaner hassen.»Sollen wir Biden anklagen, nur weil die Demokraten zweimal versucht haben, Trump seines Amtes zu entheben?« Ja. Warum ihnen nicht etwas von ihrer eigenen Medizin zu schmecken geben? Wie sonst will man sie dazu bringen, aufzuhören?

In diesem Fall gibt es allerdings mehr als ausreichend Grund dafür, ein Amtsenthebungsverfahren gegen Biden anzustrengen – angefangen mit dem koordinierten Betrug, mit dessen Hilfe seine Partei ihm ins Weiße Haus verhalf. War sich Biden dieser Vorgänge bewusst? Das ist Teil einer allgemeineren Frage: Ist sich Biden überhaupt irgendetwas bewusst? Meine Vermutung – und es ist tatsächlich nur eine Vermutung: Viele führende Demokraten wussten von dem Betrug. Sie wussten es, weil sie beteiligt waren. Möglicherweise war Biden beteiligt, möglicherweise nicht. Es ist vorstellbar, dass die Top-Demokraten Biden versicherten, er müsse keinen großen Wahlkampf betreiben (und auch ansonsten nicht viel tun), weil sie alles im Griff hätten. Biden konnte sich da heraushalten, denn das System würde sich schon um den »Big Guy« kümmern – ganz im Stil der korrupten Methoden, mit denen seine Familie ausländischen Organisationen und ausländischen Regierungen Geld abknöpft.

Natürlich ist selbst ein Amtsenthebungsverfahren keine nachhaltige Lösung, denn an dem grundsätzlichen Problem, dass eine Partei – die Demokratische Partei – sich ihren Wahlsieg erschwindelt hat, ändert sich dadurch nichts. Indem man Biden absägt, würde sich ja im Prinzip gar nichts ändern (immer vorausgesetzt, dass derartige Anstrengungen von Erfolg gekrönt wären). Ist Biden weg, würde Kamala Harris nachrücken, obwohl sie damit genauso unrechtmäßig ins Amt gekommen wäre wie ihr Vorgänger. Auch sie hat direkt von dem Raubzug profitiert.

Ich will es ganz deutlich sagen: Im Namen der Gerechtigkeit brauchen wir einen neuen Präsidenten und eine neue Regierung. Im Namen der Ehrlichkeit müssen wir anerkennen, dass Donald Trump die Wahl gewonnen hat. Idealerweise würde er als Präsident vereidigt. Das ist zwar praktisch ausgeschlossen, aber es ist das, was eigentlich geschehen sollte. Joe Biden sollte draußen sein, Trump wieder drinnen. Dass die Demokraten die Wahlen von 2020 entweiht haben, sollte zur Folge haben, dass der Preis an den eigentlichen Sieger geht. Das mag ein weit hergeholter und unrealistischer Gedanke sein, aber nur so lässt sich die Integrität des demokratischen Prozesses wiederherstellen, nachdem sie bei den Wahlen von 2020 auf eklatante und kriminelle Weise beschädigt wurde.

Anhang

Quellen

Sämtliche Links in den Quellenangaben waren bei Redaktionsschluss online zugänglich. Möglicherweise haben Seitenbetreiber in der Zwischenzeit Links hinter einer Paywall versteckt. Dies liegt nicht im Verantwortungsbereich von Autoren und Verlag. Für Links, die nach der Veröffentlichung von den Seitenbetreibern gelöscht oder verändert wurden, übernehmen Autor und Verlag keine Verantwortung. Manche verlorene Links können mithilfe der Wayback Machine im Internet Archive aufgefunden werden: *https://archive.org/web/*.

1 International Churchill Society,
   https://winstonchurchill.org/resources/quotes/truth-is-incontrovertible/.

2 Susie Madrak, »Morning Joe: Addressing Election Conspiracies
   ›Whack-a-Mole‹«, *Crooks & Liars,* 24. Mai 2022,
   https://crooksandliars.com/2022/05/morning-joe-addressing-election.

3 Randy E. Barnett, *Our Republican Constitution*
   (New York: Broadside Books, 2016).

4 »Remarks by President Biden to Mark One Year Since the January 6
   Deadly Assault on the U.S. Capitol«, Weißes Haus, 6. Januar 2022,
   *https://www.whitehouse.gov/briefing-room/speeches-remarks/
   2022/01/06/remarks-by-president-biden-to-mark-one-year-since-the-
   january-6th-deadly-assault-on-the-u-s-capitol/*.

5 William Cummings, »You Can Have the Election Stolen from You,
   Hillary Clinton Warns 2020 Democrats«, *USA Today,* 6. Mai 2019;
   Bill Chappell, »Jimmy Carter Says He Sees Trump as an Illegitimate
   President«, NPR, 28. Juni 2019,
   *https://www.npr.org/2019/06/28/737008785/jimmy-carter-says-
   he-sees-trump-as-an-illegitimate-president*.

6 Siehe beispielsweise Katy Waldman, »Why We Shouldn't Talk
   about Normalizing Donald Trump«, *Slate,* 17. November 2016,
   *https://slate.com/human-interest/2016/11/stop-talking-about-
   normalizing-donald-trump-that-s-having-the-debate-on-his-terms.html*.

7 Mollie Hemingway, *Rigged* (Washington, D.C.: Regnery, 2021), S. vii.

8   Catherine Kim, »Poll: 70 Percent of Republicans Don't Think
     the Election Was Free and Fair«, *Politico*, 9. November 2020,
     *https://www.politico.com/news/2020/11/09/republicans-free-fair-
     elections-435488*;
     Max Greenwood, »Nearly Three-Quarters of GOP Doubt Legitimacy
     of Biden's Win: Poll«, *The Hill*, 30. Dezember 2021,
     *https://thehill.com/homenews/campaign/587700-nearly-three-quarters-
     of-gop-doubt-legitimacy-of-bidens-win-poll/*.

9   Jen Kirby, »Trump's Own Officials Say 2020 Was America's Most
     Secure Election in History«, Vox, 13. November 2020,
     *https://www.vox.com/2020/11/13/21563825/2020-elections-most-secure-
     dhs-cisa-krebs*.
     »It's Official: The Election Was Secure«, Brennan Center for Justice,
     11. Dezember 2020,
     *https://www.brennancenter.org/our-work/research-reports/its-official-
     election-was-secure*.

10   Justin Klawans, »Michigan Charges 3 Women with 2020 Voter
     Fraud, Says These ›Rare‹ Cases Prove Election Secure«, *Newsweek*,
     11. Oktober 2021,
     *https://www.newsweek.com/michigan-charges-3-women-2020-
     voter-fraud-says-these-rare-cases-prove-election-secure-1637846*.

11   Brad Dress, »AP Finds Fewer than 475 Cases of Potential Voter
     Fraud in Six 2020 Battleground States«, *The Hill*, 15. Dezember 2021,
     *https://thehill.com/homenews/presidential-campaign/585901-ap-
     finds-fewer-than-475-cases-of-potential-voter-fraud-in-six/*.
     »State Details of AP's Review of Potential Voter Fraud Cases«,
     AP News, 14. Dezember 2021,
     *https://apnews.com/article/joe-biden-arizona-donald-trump-voter-
     registration-tucson-c64bba90b8c074bf8bdfd2c751b6b0f2*.

12   Manu Raju, »Top Republicans Stand Up for Rounds after Trump's
     Attack: ›He Told the Truth‹«, CNN, 11. Januar 2022,
     *https://www.cnn.com/2022/01/11/politics/mike-rounds-republican-
     defense/index.html*.
     Gabriel Pietrorazio, »Sen. Lindsey Graham Says ›We Could Do More
     in Congress and Should‹ to Stop Russia«, ABC News, 13. Februar 2022,
     *https://abcnews.go.com/Politics/sen-lindsey-graham-future-bright-
     gop-ahead-midterms/story?id=82850371*.

13 Christen Smith, »Ballot Harvesting Video in Pennsylvania Draws Criticism«, The Center Square, 12. Oktober 2021, *https://www.thecentersquare.com/pennsylvania/ballot-harvesting-video-in-pennsylvania-draws-criticism/article_3b5be18e-2b76-11ec-9a25-f3e5be9dbfec.html.*

14 Danny Hakim und Nick Corasaniti, »Trump Campaign Draws Rebuke for Surveilling Philadelphia Voters«, *New York Times*, 22. Oktober 2020, *https://www.nytimes.com/2020/10/22/us/politics/trump-campaign-voter-surveillance.html.*

15 Chris Brennan, »Trump Campaign Is Warned about Videotaping Philly Voters Dropping Off Mail Ballots«, *Philadelphia Inquirer*, 22. Oktober 2020, *https://www.inquirer.com/politics/election/trump-campaign-surveillance-philadelphia-mail-ballot-drop-boxes-20201022.html.*

16 Todd Shepherd, »Exclusive: Trump Campaign Calls Out Mayor Kenney over ›Two Ballots‹ Picture«, *Delaware Valley Journal*, 23. Oktober 2020, *https://delawarevalleyjournal.com/exclusive-trump-campaign-calls-out-mayor-kenney-over-two-ballots-picture/.*

17 Miranda Devine, »Project Veritas Uncovers ›Ballot Harvesting Fraud‹ in Minnesota: Devine«, *New York Post*, 27. September 2020, *https://nypost.com/2020/09/27/project-veritas-uncovers-ballot-harvesting-fraud-in-minnesota/.*
James O'Keefe, *American Muckraker* (New York: Post Hill Press, 2022), S. 191–95.

18 Maggie Astor, »Project Veritas Video Was a ›Coordinated Disinformation Campaign‹, Researchers Say«, *New York Times*, 29. September 2020, *https://www.nytimes.com/2020/09/29/us/politics/project-veritas-ilhan-omar.html*;
Thomas Moore, »New York Times Defends Itself against Project Veritas Defamation Suit«, *The Hill*, 13. April 2021, *https://thehill.com/homenews/media/547995-new-york-times-defends-itself-against-project-veritas-defamation-suit/.*

19 Terri Jo Neff, »Concerned Citizens Provided FBI with Videos of Ballot Abuse, Harvesting in Yuma County«, Arizona Free News, 16. Juni 2021, *https://azfreenews.com/2021/06/concerned-citizens-provided-fbi-with-videos-of-ballot-abuse-harvesting-in-yuma-county/.*

20   True the Vote, Election Integrity: A Citizen's Guide to Ensuring
      Honest Elections,
      https://cdn.fs.teachablecdn.com/6nJnTKfkQ8ehBoSHE6kj.

21   »A Sampling of Recent Election Fraud Cases from across the United
      States«, Heritage Foundation, *https://heritage.org/voterfraud.*

22   553 U.S. 181, 128 S. Ct. 1610, 1610 (2008).

23   Siehe beispielsweise Terry Golway, *Machine Made: Tammany Hall
      and the Creation of Modern American Politics* (New York: Liveright
      Publishing, 2014).

24   John Fund und Hans von Spakovsky, *Our Broken Elections*
      (New York: Encounter Books, 2021), S. 172–173.

25   Martin Tolchin, »How Johnson Won Election He'd Lost«,
      New York Times, 11. Februar 1990,
      *https://www.nytimes.com/1990/02/11/us/how-johnson-won-
      election-he-d-lost.html.*
      David Greenberg, »Was Nixon Robbed?«, *Slate,* 16. Oktober 2000,
      https://slate.com/news-and-politics/2000/10/was-nixon-robbed.html;
      Josh Zeitz, »Worried about a Rigged Election? Here's One Way to
      Handle It«, *Politico,* 27. Oktober 2016,
      *https://www.politico.com/magazine/story/2016/10/donald-trump-
      2016-rigged-nixon-kennedy-1960-214395/.*

26   Michael Graff und Nick Ochsner, *The Vote Collectors*
      (Chapel Hill: University of North Carolina Press, 2021).

27   Christina A. Cassidy, »Report Shows Big Spike in Mail Ballots during
      2020 Election«, AP News, 16. August 2021,
      *https://apnews.com/article/health-elections-coronavirus-pandemic-
      election-2020-campaign- 2016-f6b627a5576014a55a7252e542e46508.*

28   Stuart A. Thompson und Charlie Warzel, »Twelve Million Phones,
      One Dataset, Zero Privacy«, *New York Times,* 19. Dezember 2019,
      *https://www.nytimes.com/interactive/2019/12/19/opinion/
      location-tracking-cell-phone.html.*

29   »What You Need to Know about Location-Based Ecommerce
      Marketing«, Campaign Creators, 9. April 2022,
      *https://www.campaigncreators.com/blog/location-based-
      ecommerce-marketing.*

30   Robert Windrem und Alex Johnson, »Bin Laden Aides Were Using
      Cell Phones, Officials Tell NBC«, NBC News, 3. Mai 2011,
      https://www.nbcnews.com/id/wbna42881728.

31 Mark Harris, »How a Secret Google Geofence Warrant Helped Catch the Capitol Riot Mob«, *Wired,* 30. September 2021, *https://www.wired.com/story/capitol-riot-google-geofence-warrant/.*

32 Rick Rojas, »›It's Got to Stop‹: Atlanta's Mayor Decries a Surge of Violence as a Girl Is Killed«, *New York Times,* 6. Juli 2020, *https://www.nytimes.com/2020/07/06/us/atlanta-mayor-8-year-old-killed.html.*
    Jenny Jarvie, »›You're Not Welcome Here.‹ The Painful Racial Reckoning Playing Out in a Wendy's Parking Lot«, *Los Angeles Times,* 15. Juli 2020, *https://www.latimes.com/world-nation/story/2020-07-15/around-the-ruins-of-a-burnt-wendys-an-atlanta-community-struggles-to-create-peace.*

33 Matt McNulty, »Two ›Bloods Gang Members‹, 19 and 23, Are Charged over Death of Eight-Year-Old Girl Gunned Down during BLM Riots at Atlanta Wendy's Where Rayshard Brooks Was Shot Dead by Cop«, *Daily Mail,* 13. August 2021, *https://www.dailymail.co.uk/news/article-9892337/2-indicted-connection-Atlanta-shooting-death-girl.html.*

34 Tim Craig, »Brutal Killing of a Woman and Her Dog in an Atlanta Park Reignites the Debate over City's Growing Crime Problem«, *Washington Post,* 16. September 2021, *https://www.washingtonpost.com/national/brutal-killing-of-a-woman-and-her-dog-in-an-atlanta-park-reignites-the-debate-over-citys-growing-crime-problem/2021/09/13/eae59cb2-0740-11ec-a266-7c7fe02fa374_story.html.*

35 Leigh Egan, »›We Are Getting Close‹: Police Give Update on Atlanta Songwriter & Pet Dog Found Sliced to Death in Popular Atlanta Park«, Crime Online, 4. Januar 2022, *https://www.crimeonline.com/2022/01/04/we-are-getting-close-police-give-update-on-atlanta-songwriter-pet-dog-found-sliced-to-death-in-popular-atlanta-park/.*
    Morse Diggs, »Piedmont Park Murder: ›A Familiarity‹ between Victim and Killer, Investigators Say«, Fox 5 Atlanta, 10. Januar 2022, *https://www.fox5atlanta.com/news/piedmont-park-murder-a-familiarity-between-victim-and-killer-investigators-say.*

36 »Table 10: Ballot Collection Laws«, National Conference of State
    Legislatures, 17. Mai 2022,
    *https://www.ncsl.org/research/elections-and-campaigns/vopp-table-
    10-who-can-collect-and-return-an-absentee-ballot-other-than-
    the-voter.aspx* siehe auch »Ballot Harvesting (Ballot Collection)
    Laws by State«, Ballotpedia,
    *https://ballotpedia.org/Ballot_harvesting_(ballot_collection)_laws_
    by_state.*

37 True the Vote, Klageschrift an Georgias Innenminister Brad Raffen-
    sperger, 30. November 2021.

38 Office of the Special Counsel, »Second Interim Investigative Report
    on the Apparatus & Procedures of the Wisconsin Elections System«,
    der Staatsversammlung von Wisconsin am 1. März 2022 übergeben.

39 Cybersecurity and Infrastructure Security Agency Elections Infra-
    structure Government Coordinating Council, »Ballot Drop Box«,
    *https://www.eac.gov/sites/default/files/electionofficials/vbm/Ballot_
    Drop_Box.pdf.*

40 Paul Bond, »Film Claims It Has Video of ›Mules‹ Stuffing Ballot
    Boxes in 2020 Election«, *Newsweek*, 2. März 2022,
    *https://www.newsweek.com/film-claims-it-has-video-mules-stuffing-
    ballot-boxes-2020-election-1679583.*

41 David Eggert, »Michigan Mails Absentee Ballot Applications to All
    Voters«, Associated Press, 19. Mai 2020,
    *https://apnews.com/article/health-elections-jocelyn-benson-voting-mi-
    state-wire-5ce654fb8df4d29be57b593055cb99a6.*

42 Beth LeBlanc, »Judge Rules Benson's Ballot Signature Verification
    Guidance ›Invalid‹«, *Detroit News*, 17. März 2021,
    *https://www.detroitnews.com/story/news/politics/2021/03/15/
    judge-rules-secretary- state-bensons-ballot-signature-verification-
    guidance-invalid/4699927001/.*

43 Hans von Spakovsky, »Four Stolen Elections: The Vulnerabilities of
    Absentee and Mail-In Ballots«, Heritage Foundation, 16. Juli 2020,
    *https://www.heritage.org/election-integrity/report/four-stolen-elections-
    the-vulnerabilities-absentee-and-mail-ballots.*

44 Corey W. McDonald, »Developer's Conviction for Voter Fraud
    Reverberates throughout Hoboken«, *Jersey Journal*, 26. Juni 2019,
    *https://www.nj.com/hudson/2019/06/developers-conviction-for-
    voter-fraud-raises-questions-of-vote-by-mail-ballots-in-hoboken.html.*

45 Gooch v. Hendrix, 5 Cal. 4th 266 (1993).

46 »1999 Pulitzer Prizes, Journalism«, The Pulitzer Prizes,
    https://www.pulitzer.org/prize-winners-by-year/1999.
    (Hier sind sämtliche Artikel des *Miami Herald* aufgeführt,
    die für den Pulitzerpreis in Betracht gezogen wurden.)

47 »In Re: the Matter of the Protest of Election Returns and Absentee
    Ballots in the November 4, 1997, Election for the City of Miami,
    Florida, 707 So. 2d at 1174«, Third District Court of Appeal of
    Florida, 1998.

48 Crawford v. Marion County Election Board, 128 S. Ct. 1610 (2008).

49 Pabey v. Pastrick, 816 N.E. 2d 1138 (Ind. 2004).

50 Molly Ball, »The Secret History of the Shadow Campaign That Saved
    the 2020 Election«, *TIME*, 4. Februar 2021,
    https://time.com/5936036/secret-2020-election-campaign/.

51 Sasha Isenberg, *The Victory Lab*
    (New York: Broadway Books, 2016), S. 10–11.

52 Kirk Bado, »New Congressional Maps Reapportion Marc Elias's
    Responsibilities«, *National Journal*, 29. April 2021.

53 Marc Elias, »How to Fix Our Voting Rules before November«,
    The Atlantic, 5. April 2020,
    *https://www.theatlantic.com/ideas/archive/2020/04/how-fix-
    voting-right-now/609454/*.

54 Mollie Hemingway, *Rigged* (Washington, D.C.: Regnery, 2021), S. 20.

55 Ebd., S. 37.

56 Center for Tech and Civic Life, Schreiben an die City of Philadelphia,
    21. August 2020. Dem Autor wurde das Schreiben vom Capital
    Research Center zur Verfügung gestellt, die es ihrerseits aus öffent-
    lich zugänglichen Aufzeichnungen bezogen haben.

57 »The Restriction of Political Campaign Intervention by Section 501(c)
    (3) Tax-Exempt Organizations«, IRS, aktualisiert: 23. September 2021,
    *https://www.irs.gov/charities-non-profits/charitable-organizations/
    the-restriction-of-political-campaign-intervention-by-section-501c3-
    tax-exempt-organizations#:~:text=Under%20the%20Internal%20
    Revenue%20Code,candidate%20for%20elective%20public%20office*.

58 Parker Thayer, »The Left Weaponizes Charitable Cash to Win
    Political Battles«, Capital Research, Oktober 2021.

59 »Georgia Official Raffensperger: ›We Had Safe, Secure,
    Honest Elections‹«, CBS News, 10. Januar 2021,
    *https://www.cbsnews.com/video/georgia-official-raffensperger-we-
    had-safe-secure-honest-elections/*.

60 Mark Niesse, »Lawsuit Settled, Giving Georgia Voters Time to Fix
    Rejected Ballots«, *Atlanta Journal-Constitution*, 7. März 2020,
    *https://www.ajc.com/news/state--regional-govt--politics/
    lawsuit-settled-giving- georgia-voters-time-fix-rejected-ballots/
    oJcZ4eCXf8J197AEdGfsSM/*.

61 John Fund und Hans Von Spakovsky, *Our Broken Elections*
    (New York: Encounter Books, 2021), S. 207.

62 Mark Niesse und Greg Bluestein, »GBI Chief: Not Enough Evidence
    to Pursue GOP's Ballot Fraud Claim«, *Atlanta Journal-Constitution*,
    21. Oktober 2021,
    *https://www.ajc.com/politics/gbi-chief-not-enough-evidence-to-pursue-
    gops-ballot-fraud-claim/YLBIKVC6OZFG7D3QIXR54UFPWU/*.

63 Schreiben von James Bopp an Gouverneur Brian Kemp,
    22. Oktober 2021.

64 John Solomon, »Georgia Opens Investigation into Possible Illegal
    Ballot Harvesting in 2020 Election«, *Just the News*, 4. Januar 2022,
    *https://justthenews.com/politics-policy/elections/georgia-opens-
    investigation-possible-illegal-ballot-harvesting-2020*.

65 Stephen Sorace, »Georgia Secretary of State Calls for
    Election Reform, Says Noncitizens Should Not Be Allowed to Vote«,
    Fox News, 9. Januar 2022,
    *https://www.foxnews.com/politics/georgia-secretary-of-state-
    election-reform-noncitizens-voting*.

66 Siehe beispielsweise Van R. Newkirk II,
    »The Republican Party Emerges from Decades of Court Supervision«,
    The Atlantic, 9. Januar 2018,
    *https://www.theatlantic.com/politics/archive/2018/01/the-gop-just-
    received-another-tool-for-suppressing-votes/550052/*.

67 »›2000 Mules‹: Documentary's Message Resonates with Voters«,
    Rasmussen Reports, 3. Juni 2022,
    *https://www.rasmussenreports.com/public_content/politics/public_
    surveys/2000_mules_documentary_s_message_resonates_with_voters*.

68 Ray Stern, »Yuma County at Center of Election Conspiracies Linked to ›2000 Mules‹ Documentary«, Arizona Central, 31. Mai 2022, https://www.azcentral.com/story/news/politics/elections/2022/05/31/what-know-arizona-election-fraud-case-yuma-county-2000-mules/9911102002/.

69 Jerod MacDonald-Evoy, »The Yuma Sheriff Isn't Investigating Election Fraud Because of ›2000 Mules‹«, 19. Mai 2022, Arizona Mirror, https://www.azmirror.com/2022/05/19/the-yuma-sheriff-isnt-investigating-election-fraud-because-of-2000-mules/.

70 Danny Hakim und Alexandra Berzon, »A Big Lie in a New Package«, New York Times, 29. Mai 2022, https://www.nytimes.com/2022/05/29/us/politics/2000-mules-trump-conspiracy-theory.html.

71 Philip Bump, »›Ballot Trafficking‹ Is the Next Front in the Unending Fight over 2020«, Washington Post, 6. April 2022, https://www.washingtonpost.com/politics/2022/04/06/ballot-trafficking-is-next-front-unending-fight-over-2020/.

72 Ali Swenson, »Fact Focus: Gaping Holes in the Claim of 2K Ballot ›Mules‹«, Associated Press, 3. Mai 2022, https://apnews.com/article/2022-midterm-elections-covid-technology-health-arizona-e1b49d2311bf900f44fa5c6dac406762.

73 Barbara Sprunt, »Here's What the Jan. 6 Panel's References to ›2,000 Mules‹ Is About«, NPR, 13. Juni 2022, https://www.npr.org/2022/06/13/1104647454/jan-6-2-000-mules-trump-election.

74 Nicco (@harambe‑fren), »I keep hearing people on the left . . . «, Twitter, 21. Mai 2022, 7:56 Uhr, https://twitter.com/harambe_fren/status/1527981710817873921?ref_src=twsrc%5Etfw.

75 Stuart A. Thompson und Charlie Warzel, »One Nation, Tracked: How to Track President Trump«, New York Times, 20. Dezember 2019, https://www.nytimes.com/interactive/2019/12/20/opinion/location-data-national-security.html.
Thompson und Warzel, »One Nation, Tracked: Twelve Million Phones, One Dataset, Zero Privacy«, New York Times, 19. Dezember 2019, https://www.nytimes.com/interactive/2019/12/19/opinion/location-tracking-cell-phone.html.

76   Theo Wayt, »CDC Bought Cellphone Data to Track Vaccination, Lockdown Compliance: Report«, *New York Post*, 4. Mai 2022, *https://nypost.com/2022/05/04/cdc-bought-cell-phone-data-to-track-lockdowns-vaccination-docs/.*
Carpenter v. United States, 585 U.S., No.16–402 (2018), *https://www.supremecourt.gov/opinions/17pdf/16-402_h315.pdf.*

77   Jim Hoft, »Exclusive: Wireless Services CEO Destroys Ignorant Attacks by Fake Fact-Checkers on ›2000 Mules‹«, Gateway Pundit, 26. Mai 2022, *https://www.thegatewaypundit.com/2022/05/exclusive-wireless-services-ceo-destroys-weak-attacks-fake-fact-checkers-2000-mules-fact-checkers-dont-technical-foundation-comments-making/.*

78   Will Greenberg, »Data Brokers and True the Vote Are the Real Villains of ›2000 Mules‹ Movie«, Electronic Frontier Foundation, 23. Mai 2022, *https://www.eff.org/deeplinks/2022/05/data-brokers-and-true-vote-are-villains-dinesh-dsouzas-latest-movie.*

79   Tom Dreisbach, »A Pro-Trump Film Suggests Its Data Are So Accurate, It Solved a Murder. That's False«, NPR, 17. Mai 2022, *https://www.npr.org/2022/05/17/1098787088/a-pro-trump-film-suggests-its-data-are-so-accurate-it-solved-a-murder-thats-fals.*

80   »Discussing the Gaps in ›2000 Mules‹ with Dinesh D'Souza«, *Washington Post*, 17. Mai 2022, *https://www.washingtonpost.com/politics/2022/05/17/discussing-gaps-2000-mules-with-dinesh-dsouza/.*

81   »Fact Check: Does ›2000 Mules‹ Provide Evidence of Voter Fraud in the 2020 U.S. Presidential Election?«, Reuters, 27. Mai 2022, *https://www.reuters.com/article/factcheck-usa-mules/fact-check-does-2000-mules-provide-evidence-of-voter-fraud-in-the-2020-u-s-presidential-election-idUSL2N2XJ0OQ.*

82   Swenson, »Fact Focus: Gaping Holes in the Claim of 2K Ballot ›Mules‹«.

83   »Fact Check: Does ›2000 Mules‹ Provide Evidence of Voter Fraud in the 2020 U.S. Presidential Election?«, Reuters, *https://www.reuters.com/article/factcheck-usa-mules/fact-check-does-2000-mules-provide-evidence-of-voter-fraud-in-the-2020-u-s-presidential-election-idUSL2N2XJ0OQ.*

84   Khaya Himmelman, »Fact Checking Dinesh D'Souza's ›2000 Mules‹«,
      The Dispatch, 21. Mai 2022,
      https://thedispatch.com/p/fact-checking-dinesh-dsouzas-2000?s=r.

85   Ebd.

86   Philip Bump, »How the Falsehoods Survive«,
      Washington Post, 6. Januar 2022,
      https://www.washingtonpost.com/politics/2022/01/06/
      how-falsehoods-survive/;
      Philip Bump, »›Ballot Trafficking‹ Is the Next Front in the Unending
      Fight over 2020«, *Washington Post*, 6. April 2022,
      https://www.washingtonpost.com/politics/2022/04/06/ballot-
      trafficking-is-next-front-unending-fight-over-2020/.

87   Julia Azari, »What Happens If the Election Was a Fraud? The
      Constitution Doesn't Say«, FiveThirtyEight, 6. Juli 2017,
      https://fivethirtyeight.com/features/what-happens-if-the-election-
      was-a-fraud-the-constitution-doesnt-say/.

88   Jack Maskell, »Legal Processes for Contesting the Results
      of a Presidential Election«, Congressional Research Service,
      24. Oktober 2016,
      https://sgp.fas.org/crs/misc/R44659.pdf.

Register

A

Abrams, Stacey 42, 177, 182–183

AFL–CIO (American Federation of Labor and Congress of Industrial Organizations) 154

Aktivisten 51, 74, 98, 123–125, 129, 133–134, 150, 155, 161, 164, 168, 225, 231, 229–231

Alabama 132, 163

Amtseinführung 21, 45, 68, 184

Amtsenthebungsverfahren 12, 180, 243–244

Analyst Institute 154

Antifa 74

AP. Siehe: Associated Press

Apple 70, 192

Arizona 24, 27, 49, 63, 65, 79, 82–83, 86, 90, 92–93, 96–97, 103, 106, 109, 125, 157, 163, 172, 192, 199–201, 217–219, 233

Arizona Mirror 200–201

Associated Press 27–28, 138, 203–204, 207, 211, 216

Atlanta (Georgia) 73, 76, 82, 85, 87–90, 175, 205, 215

Atlanta Journal-Constitution 186

Atsinger, Ed 33, 47

Azari, Julia 240, 242

B

Ball, Molly 147–150

BAPAC. Siehe: Black American Political Association of California

Barnett, Randy 17

Becker, David 222

Benson, Jocelyn 26, 126–127, 131

Berzon, Alexandra 202

Bezirksstaatsanwalt 28, 63, 138, 143

Biden, Hunter 143

Biden, Joe 12–14, 21, 23–24, 27, 29, 40, 45, 79, 81, 92, 94–96, 98, 123, 125, 146, 148, 158, 166-168, 184, 187–188, 193, 211, 226, 228, 243–244

Bin Laden, Osama 70

Bishop, Dan 62, 144

Black American Political Association of California 140–141

Black Lives Matter 73–74, 76

Bladen County Improvement Association 62 ,143

Bladen County (North Carolina) 61, 145

BLM. Siehe: Black Lives Matter

Blow, Forgiato 198

Bluestein, Greg 186

Boleteros. Siehe auch: Politiqueros

Bond, Paul 104

Bopp, James 187–189

Brennan Center 169

Briefwahl 26, 38, 61, 63–64, 84, 125–126, 128-135, 139–145, 157, 159, 163, 168, 182–185

Brnovich, Mark 200

Brooks, Rayshard 73–74

Buffett, Warren 156, 171

Bump, Philip 203–204, 208, 210, 215–216, 222–223

Bureau of Alcohol, Tobacco and Firearms 42

Bush, George W. 22

C

Capital Research Center 150–151, 155, 158, 168, 171–172

Carlson, Tucker 46

Carollo, Joe 141

Carpenter v. United States 208

Carter, Jimmy 21, 64

CDC. Siehe: Centers for Disease Control

CEIR. Siehe: Center for Election Innovation and Research

Center for Civic Design 168

Center for Election Innovation and Research 164, 222

Center for Secure and Modern Elections 168

Center for Tech and Civic Life 153, 155, 164–166, 168

Centers for Disease Control 206, 208

Chermak, Chris 36

Chicago (Illinois) 135–136

China 146

CISA. Siehe: Cybersecurity and Infrastructure Security Agency

Clinton, Hillary 21, 60, 147, 159, 173, 240

Coleman, Norm 159–160

Colorado 125, 163, 177

Comite De Bien Estar 199

Conley, Julian 75–76

Cook County (Illinois) 61, 136

Corridor Partners 173

Covid-19 34, 64, 101, 126, 132, 155, 163, 166, 177, 183, 191, 217–219, 231–232

Cramer, Kevin 34

CTCL. Siehe: Center for Tech and Civic Life

Cybersecurity and Infrastructure Security Agency 25, 101–102, 107

D

D'Souza, Danielle (Gill) 82, 195–196

D'Souza, Debbie 30, 34–35, 39–40, 42–44, 48, 66–67, 70, 196

DeKalb County (Georgia) 83, 102, 167

Democratic National Committee 158, 161

Detroit (Michigan)   83, 91, 103

Dhillon, Harmeet   230–236

The Dispatch   204, 218, 222

District of Columbia   132, 163

DNA   13, 16, 78, 220–222

Dorsey, Jack   29, 156, 172

Dowless, McCrae   61–62, 143–145

Dreisbach, Tom   212–214

Dunn, Mike   37

E

East Chicago (Indiana)   142

E-Commerce-Marketing   70

EFF. Siehe: Electronic Frontier
Foundation   207–209

Elder, Larry   112–117, 121–122

Electronic Frontier Foundation
207–209

Elias, Marc   158–164, 182, 233

Eshelman, Fred   44–46

Everybody Votes Campaign   173

F

Facebook   14, 29, 39–41, 164,
172, 194

Fair Fight   42–43

FBI (Federal Bureau of
Investigation)   42, 50 71–72,
75–77, 109, 120, 159, 187–188, 208,
211, 213–214, 217

Ferry, Moses   61

FiveThirtyEight   201–202,
241–243

Florida   24, 48, 135, 163, 172

Fonda, Jane   34

Fox News   24, 189, 197, 203

Franken, Al   159–160

Franklin, Benjamin   17

Fuentes, Guillermina   50, 199–200

Fulton County (Georgia)   102,
103, 181, 184–185

Fund, John   32, 60, 127

G

Gableman, Michael   100–101,
133–134, 166

Gaetz, Matt   195

Gateway Pundit   46, 207

GBI (Georgia Bureau
of Investigation)   73, 186–189,
213–214

Geldgeber   44, 170–172

Genrich, Eric   169–170

Geolokalisierung.
Siehe: Geotracking

Georgia   27, 42, 72, 79, 82–90,
92–93, 95–97, 103, 106–109, 113,
118, 125, 139, 152, 157, 163, 167,
172, 175–177, 180–186, 190, 213,
215–217, 223, 226, 231–233,

Georgia-Stichwahlen   23–24, 35,
104, 109, 123, 167, 175–177, 184,
215–219

Geotracking   67–67, 70–72, 78, 86, 88, 102, 105, 112, 116–118, 175, 185–188, 189, 202, 204–211, 213, 221–223

Geotrackingdaten   105, 189

Gericht.
Siehe auch: Gerichtshof, Oberster

Gerichtshof, Oberster   19, 30, 38, 45, 46, 67, 71, 100, 128, 133–135, 137, 140–142, 184, 191–193, 225, 242

Gewerkschaften   80, 155, 156

Giuliani, Rudy   43

Google   71

Gore, Al   22, 121

Gorka, Sebastian   112–113, 115–121

GPS   159, 207–208

Graff, Michael   61, 143, 145,

Graham, Lindsey   35

Green Bay (Wisconsin)   168–169

Grubbs, Adele   184

Gwinnett County (Georgia) 102–103

H

Hakim, Danny   202

Harris, Kamala   227

Harris, Mark   61–62, 143–145

Hawaii   81, 125

Heimatschutzbehörde   14, 25

Hemingway, Mollie   22, 31, 163, 167

Heritage Foundation   58–59, 127, 137–139, 143

Himmelman, Khaya   218, 222

Hobbs, Katie   192

I

Illinois   61, 136, 163, 173

Indiana   59, 137, 139, 142

Inlandsterroristen   14, 29

Innenminister   26, 72, 84, 107, 126, 180, 183–186, 231–233

IRS (Internal Revenue Service) 41, 152, 170, 174

J

Jackson, Andrew   60

Janness, Katie   76–77

Januar 2021, 6.
Siehe: Sturm auf das Kapitol in Washington 2021

Jim-Crow-Gesetze   61, 121, 162, 229, 232

Johnson, Lyndon   61, 238

Juarez, Alma Yadira   50

Justizministerium der Vereinigten Staaten   29, 188, 211

K

Kalifornien 49, 67, 81, 112, 125, 137, 140, 163, 223, 231–233

Kemp, Brian 72, 117, 180–181, 183–184

Kennedy, John F. 61, 136

Kenney, Jim 37

Kerry, John 22

King Street Patriots 41

Kirk, Charlie 112–117, 120–122

Kongress 19, 22, 35, 41, 242, 244

Krebs, Chris 25

L

Lackawanna County (Pennsylvania) 36

Lara, David 49–52, 200

League of Conservation Voters Education Fund 172, 174

Lincoln, Abraham 61

Lindell, Mike 30–31

Loeffler, Kelly 11, 79, 125, 184

M

MacDonald–Evoy, Jerod 200

Madison, James 18

Mar-a-Lago 68, 195, 202, 206

Maricopa County (Arizona) 83, 90, 103, 219

Maskell, Jack 240-241

McClellan, George 61

McConnell, Mitch 23, 35

McCready, Dan 62, 143, 144

Mediaite 203

Medien, soziale 25, 29, 39, 44, 48, 149, 197, 209, 219

Meta. Siehe: Facebook 164

Metaxas, Eric 112–114, 117–118, 196

Michigan 26–28, 79, 82, 86, 91–95, 96, 103, 125–127, 163, 221, 234

Miles, Nelly 213

Milwauke (Wisconsin) 83, 91, 104, 168

Minnesota 37–39, 81, 159, 163, 173

Mohamed, Liban 38

Montana 163, 233

Mullins, Heather 175–179

N

National Republican Senatorial Committee 176, 178–179

Nevada 27, 157, 163, 233

New Hampshire 81, 163

New Jersey 81, 92, 139, 163, 191

New Mexico 157, 173

New Organizing Institute 155

New York 60–61, 136, 163, 169, 242

New York Times 37–38, 66, 114, 120, 146, 202, 206

NGOs (Nichtregierungsorganisationen) 83–85, 114, 129

Niesse, Mark 186

Nixon, Richard 61, 136

Non-Profits. Siehe auch: NGOs 45, 51, 65, 90, 124, 129, 144, 151–155, 158, 164, 170–171, 174, 199, 205, 209, 223

North Carolina 61, 133, 143–144, 157, 163, 172–173, 177, 225, 233–235

NRSC. Siehe: National Republican Senatorial Committee 176, 178–179

O

O'Keefe, James 37

Obdachlosenunterkünfte 83, 134–135, 224

Ochsner, Nick 61, 143, 145

Ohio 22–26, 163, 172–174

One America News 46, 200

Oregon 125, 163

Ossoff, Jon 167

Our Broken Elections (Buch von Fund und Spakovsky) 32, 60, 127

Overton-Fenster 121

P

Pabey, George 142

Pastrick, Robert 142

Pavlovski, Chris 197

Pennsylvania 27, 36, 39, 79, 82, 83, 86, 92–93, 96, 97, 106, 112, 121, 126, 133, 152, 163, 168, 173, 218, 233

Perdue, David 11, 79, 184

Philadelphia 37, 60, 83, 92, 96, 103, 153, 165

Philadelphia Inquirer 37

Phoenix 83, 90

Podesta, John 173

Podhorzer, Michael 154

Politiqueros 128, 135

Powell, Sidney 43

Prager, Dennis 33, 112, 114–116, 119, 124–125

Project Veritas Proteus Fund 37–39, 156–157

R

Raffensperger, Brad 72, 84–85, 180–184, 185–186, 189–190

Raia, Frank 139

Rasmussen Reports 198

Republican National Committee 33, 192–193, 229, 238

Reuters 203, 216–218

Revis, Frank 140

Reyes, Tony 199

Reynolds, Vic 186–188

Rigged (Buch von Hemingway) 22, 31

Rittenhouse, Kyle   100

RNC. Siehe: Republican National Committee   33, 192–193, 229, 238

Roberts, John   207

Rogers, Kaleigh   201–202

Rounds, Mike   34–35

Russell, Constance   184

S

Salem Media   33, 47, 112, 196

San Luis   49, 52–53, 55, 109, 199

Scarborough, Joe   15

Schumer, Chuck   118, 232

Schwarzgeld   151, 153, 165, 171–172

SEIU. Siehe: Service Employees International Union   156, 172

Senat der Vereinigten Staaten   20, 23, 34–35, 61, 79, 104, 118, 159, 167, 176, 184–186, 216, 227–228

Service Employees International Union   156, 172

Shafer, David   181, 185

Shapiro, Ben   204, 218–221

Shapiro, Josh   37

Silicon Valley Community Foundation   153, 156, 172

Sinclair, David   207

Snyder, Gary Garcia   49–50

Solomon, John   46, 189

South Carolina   108, 112, 132, 163, 177

Spakovsky, Hans von   32, 60, 127, 139, 144

Spitzer–Rubenstein, Michael   169–170

State Voices   172–173

Stevens, John Paul   59

Sturm auf das Kapitol in Washington 2021   13, 33, 71–72, 87, 188, 203, 208, 239

Suarez, Xavier   141

Swenson, Ali   204, 211, 216–217

Swing States   29, 66, 83, 95, 164, 167, 226

T

Tammany Hall   60, 136

Teske, Kri   169–170

Texas   32–33, 39–44, 61, 135–136, 162, 177, 233

TIME   147, 149, 154, 157, 174

Torres, Gloria   199

True the Vote   36, 40–49, 57–58, 63, 66, 73, 79–84, 85, 95, 98, 102–104, 116, 165, 175, 185–190, 192–193, 200–202, 208–210, 213, 215, 219, 238

Trump, Donald   10–12, 21–26, 31–34, 37, 43, 65, 68, 94–98, 118–120, 125, 147–150, 155, 158–159, 166–168, 175, 180–181, 183–185, 187, 192–193, 195–196, 203–204, 206, 212, 222–224, 227, 240, 243–244

Turner, Secoriea 73–76, 213–214

Twitter 29, 39–41, 156, 172, 197

U/V
Verfassung der Vereinigten Staaten 18–19, 240, 243

Verschwörung 146–148, 154

Verschwörungstheorien 46, 201–203

Virginia 138, 173–174

Voter Participation Center 149, 174

Voter Registration Project 115–117, 127–129, 156–157, 171–174

Voter Suppression 19, 29, 61, 148–150, 162, 182

VRP. Siehe: Voter Registration Project 156–157, 171–173

W
Wähleraufklärung 140, 165, 192

Wählereinschüchterung und -unterdrückung. Siehe: Voter Suppression 37, 191

Wahlintegrität 57, 164, 186, 233–234, 238

Wahlkollegium 19, 79, 184, 240

Wahllokale 40, 110, 128, 136, 139

Wählmaschinen 22, 25, 30, 181, 201

Wahlprozess 128, 151, 168, 174, 229, 231

Wahlsicherheit 101, 175

Walter, Scott 150–158

Warnock, Raphael 125, 167

Washington Post 120, 155, 203, 208, 215, 222

Washington, D.C. Siehe auch: District of Columbia 132, 150, 163, 211, 231, 240

Wayne County (Michigan) 83, 91

Weiße Haus, Das 10, 12, 20, 23, 68, 98, 159, 206, 226, 240, 243

Whistleblower 44, 49, 63, 84, 86, 104, 175, 185, 215–216

Wilmot, Leon 199

Wired 71

Wisconsin 27, 79, 82, 86, 91–93, 95–97, 100, 106, 125, 133–134, 163, 168, 173, 218, 233

Wyss, Hansjörg 156, 173

X/Y/Z
YouTube 14, 39, 194, 198

Yuma County (Arizona) 50, 55, 83, 90, 199–200

Zuckerberg, Mark 29, 133, 153, 155–158, 164–169, 172, 192